21世纪职业教育教材·公共管理系列

劳动争议处理实务

（第二版）

主　编　王远东　赵学昌

内 容 简 介

本书突破传统教材模式,紧紧围绕人力资源管理专业的人才培养目标,从人力资源管理工作岗位的实际需要出发,突出了项目课程的以下特点:

(1) 按争议类型划分工作项目。教材根据劳动争议的不同类型,设计了劳动合同和集体合同争议处理、工作时间和休息休假争议处理、工资争议处理、劳动安全卫生争议处理、女职工和未成年工特殊保护争议处理、职业培训争议处理、社会保险和福利争议处理、劳动监督争议处理等八个项目。

(2) 用工作任务引领专业知识。教材每个项目都以具体的工作任务为核心,按照工作任务的需要选择专业理论知识和实践知识。

(3) 用典型案例构筑学习情境。教材每个项目均以情境案例为依托安排具体的工作任务,教师、学生在典型情境中以完成工作任务为目标边教、边做、边学。

这种教材设计充分体现了以学生为主体,工作任务为核心,突出学生法律逻辑思维与推理能力、对法律规范的理解与解释能力、掌握证据和事实的能力、法律文书写作能力、法庭辩论能力、诉讼程序能力等实践能力培养,有利于达到课结事会的教学目标。

图书在版编目(CIP)数据

劳动争议处理实务/王远东,赵学昌主编.—2版.—北京:北京大学出版社,2018.9
(全国职业教育规划教材·公共管理系列)
ISBN 978-7-301-29931-9

Ⅰ.①劳… Ⅱ.①王… ②赵… Ⅲ.①劳动争议–处理–中国–高等职业教育–教材 Ⅳ.①D922.591

中国版本图书馆 CIP 数据核字(2018)第 220193 号

书　　　名	劳动争议处理实务(第二版)
	LAODONG ZHENGYI CHULI SHIWU (DI-ER BAN)
著作责任者	王远东　赵学昌　主编
策划编辑	周　伟
责任编辑	周　伟
标准书号	ISBN 978-7-301-29931-9
出版发行	北京大学出版社
地　　　址	北京市海淀区成府路 205 号　100871
网　　　址	http://www.pup.cn　新浪微博:@北京大学出版社
电子信箱	zyjy@pup.cn
电　　　话	邮购部 010-62752015　发行部 010-62750672　编辑部 010-62754934
印 刷 者	北京圣夫亚美印刷有限公司
经 销 者	新华书店
	787 毫米×1092 毫米　16 开本　13.5 印张　322 千字
	2009 年第 1 版
	2018 年 9 月第 2 版　2021 年 5 月第 2 次印刷
定　　　价	35.00 元

未经许可,不得以任何方式复制或抄袭本书之部分或全部内容。
版权所有,侵权必究
举报电话:010-62752024　电子信箱:fd@pup.pku.edu.cn
图书如有印装质量问题,请与出版部联系,电话:010-62756370

前　言

《劳动争议处理实务》自 2008 年由北京大学出版社出版以来为众多的高职院校所接受，深受读者的欢迎。近年来，劳动争议处理相关立法和司法实践均发生了很大的变化，再版修订工作已刻不容缓，本书顺应形势，及时地进行了再版。

2008 年以来，中国的劳动法律法规发生了重要变化。2010 年 10 月 28 日通过的《中华人民共和国社会保险法》是中国特色社会主义法律体系中的重要法律，是一部着力保障和改善民生的法律。该法规范了社会保险关系，强化了政府责任，确定了社会保险相关各方的法律责任等，使社会保险制度的运行更加稳定、规范。2011 年 1 月 1 日起施行的新《工伤保险条例》，对工伤预防、工伤康复费用作出了制度安排，使工伤预防、工伤补偿、工伤康复三位一体的制度框架最终形成。修改后的《工伤保险条例》扩大了工伤保险的适用范围，扩大了上下班途中的工伤认定范围，简化了工伤认定、鉴定和争议处理程序，提高了一次性工亡补助金和一次性伤残补助金标准，增加了工伤保险基金支出项目。2012 年 4 月 18 日通过施行的《女职工劳动保护特别规定》扩大了适用范围，延长了产假假期，细化了生育津贴的支付渠道。2016 年 1 月 1 日施行的新《中华人民共和国人口与计划生育法》作出了"国家提倡一对夫妻生育两个子女"等内容的重大修订。以上一系列法律、法规的制定和修订，带动劳动法制化建设进入了全面发展的新阶段。本书在承继第一版的编写模式的同时，重点根据十年间劳动争议处理相关法律、法规所发生的重大变化，对教材相关内容进行了大量的补充和调整，对与现行法律、法规不适应的内容和案例进行了替换更新。

本书由王远东编写了项目一至项目七、项目九，并负责全书的统稿工作；赵学昌编写了项目八和项目十。我们虽然对教材编写进行了大量的工作，尽可能确保无误，但由于学术水平、研究能力和教学经验诸方面的限制，仍可能存在诸多错漏，恳请各位读者批评指正。

王远东
2018 年 8 月

目 录

项目一 劳动争议处理工作方法 ·· (1)
    一、调查取证 ··· (1)
    二、法律分析 ··· (3)
    三、确定争议解决方法 ··· (4)
    四、庭前准备 ··· (7)
    五、出庭应诉 ··· (8)
    六、总结汇报 ··· (11)

项目二 劳动争议调解、仲裁和诉讼 ··· (12)
  任务一 劳动争议调解 ··· (12)
    一、调解自愿原则 ·· (13)
    二、调解组织 ··· (13)
    三、调解申请 ··· (13)
    四、调解会议 ··· (15)
    五、调解协议 ··· (15)
  任务二 劳动争议仲裁 ··· (17)
    一、劳动争议仲裁的基本制度和基本原则 ··· (17)
    二、劳动争议仲裁委员会 ··· (19)
    三、仲裁程序 ··· (19)
    四、劳动争议仲裁文书 ··· (23)
  任务三 劳动争议诉讼 ··· (27)
    一、劳动争议诉讼的基本原则 ··· (28)
    二、劳动争议诉讼的基本制度 ··· (29)
    三、劳动争议诉讼的主管 ··· (30)
    四、劳动争议诉讼的管辖 ··· (31)
    五、劳动争议诉讼当事人 ··· (32)
    六、劳动争议诉讼当事人的诉讼权利和诉讼义务 ··· (34)
    七、劳动争议诉讼证据 ··· (35)
    八、一审普通程序 ·· (38)
    九、简易程序 ··· (40)
    十、二审程序 ··· (41)

十一、审判监督程序 …… (41)
十二、执行程序 …… (42)
十三、劳动争议诉讼文书 …… (42)

项目三　劳动合同和集体合同争议处理 …… (49)

任务一　劳动合同订立的争议处理 …… (49)
一、劳动关系 …… (49)
二、劳动合同 …… (51)
三、本案的具体处理意见 …… (54)

任务二　试用期劳动争议处理 …… (55)
一、试用期的概念 …… (56)
二、试用期规则 …… (56)
三、不得约定试用期的情形 …… (57)
四、本案的具体处理意见 …… (58)

任务三　竞业限制及保密争议处理 …… (58)
一、竞业限制 …… (59)
二、保密条款或保密协议 …… (60)
三、违反保密或竞业限制应承担的责任 …… (60)
四、本案的具体处理意见 …… (60)

任务四　劳动合同履行和变更的争议处理 …… (62)
一、劳动合同的履行原则 …… (62)
二、劳动合同履行过程中应注意的问题 …… (63)
三、劳动合同的变更 …… (63)
四、本案的具体处理情况 …… (63)

任务五　劳动合同解除与终止的争议处理 …… (64)
一、劳动合同解除和终止的概念 …… (65)
二、协商解除和单方面解除 …… (65)
三、用人单位单方面解除劳动合同 …… (66)
四、劳动者单方面解除劳动合同 …… (68)
五、劳动合同的终止 …… (69)
六、本案的具体处理意见 …… (69)

任务六　经济补偿金争议处理 …… (71)
一、经济补偿金的概念和性质 …… (71)
二、经济补偿金的适用范围 …… (72)
三、用人单位支付经济补偿金的标准和时间 …… (74)
四、本案的具体处理意见 …… (74)

任务七　集体合同争议处理 …… (75)
一、集体合同的概念与效力 …… (75)
二、集体合同的签订、履行 …… (76)

三、本案的具体处理情况 …………………………………………………………… (81)
　任务八　劳务派遣争议处理 …………………………………………………………… (82)
　　一、劳务派遣的概述 ………………………………………………………………… (83)
　　二、劳务派遣单位的权利和义务 …………………………………………………… (84)
　　三、用工单位的权利和义务 ………………………………………………………… (84)
　　四、被派遣劳动者的权利和义务 …………………………………………………… (84)
　　五、本案的具体处理情况 …………………………………………………………… (84)
项目四　工作时间和休息休假争议处理 ………………………………………………… (86)
　　一、工作时间制度 …………………………………………………………………… (86)
　　二、休息休假制度 …………………………………………………………………… (87)
　　三、本案的具体处理意见 …………………………………………………………… (90)
项目五　工资争议处理 …………………………………………………………………… (93)
　　一、工资制度概况 …………………………………………………………………… (94)
　　二、工资的基本构成 ………………………………………………………………… (95)
　　三、工资的支付、克扣与拖欠 ……………………………………………………… (100)
　　四、本案的具体处理意见 …………………………………………………………… (102)
项目六　劳动安全卫生争议处理 ………………………………………………………… (105)
　　一、劳动安全卫生制度 ……………………………………………………………… (106)
　　二、职业病的概念和构成要件 ……………………………………………………… (106)
　　三、《职业病防治法》赋予劳动者的权利及用人单位的相关义务 ……………… (107)
　　四、本案的具体处理意见 …………………………………………………………… (108)
项目七　女职工和未成年工特殊保护争议处理 ………………………………………… (111)
　任务一　女职工特殊保护争议处理 …………………………………………………… (111)
　　一、女职工禁忌从事的劳动 ………………………………………………………… (111)
　　二、对女职工实行"四期"保护 …………………………………………………… (112)
　　三、本案的具体处理意见 …………………………………………………………… (113)
　任务二　未成年工特殊保护争议处理 ………………………………………………… (115)
　　一、未成年工特殊劳动保护规定 …………………………………………………… (115)
　　二、本案的具体处理意见 …………………………………………………………… (117)
项目八　职业培训争议处理 ……………………………………………………………… (119)
　　一、职业培训术语介绍 ……………………………………………………………… (120)
　　二、目前我国职业培训的立法情况 ………………………………………………… (120)
　　三、职业技能鉴定、职业资格证书制度的基本规定 ……………………………… (121)
　　四、本案的具体处理意见 …………………………………………………………… (121)
项目九　社会保险和福利争议处理 ……………………………………………………… (123)
　任务一　职工社会保险费征缴争议处理 ……………………………………………… (123)
　　一、社会保险术语介绍 ……………………………………………………………… (124)
　　二、社会保险基金及社会保险费的征缴问题 ……………………………………… (124)

三、人民法院有关社会保险的主管范围 …………………………………… (125)
　　　　四、本案的具体处理意见 …………………………………………………… (126)
　　任务二　职工工伤保险争议处理 ………………………………………………… (127)
　　　　一、工伤保险争议的基本类别 …………………………………………… (129)
　　　　二、工伤保险及其保险费征缴 …………………………………………… (130)
　　　　三、工伤认定 ……………………………………………………………… (131)
　　　　四、工伤认定的基本程序 ………………………………………………… (132)
　　　　五、劳动能力鉴定 ………………………………………………………… (133)
　　　　六、工伤保险待遇 ………………………………………………………… (134)
　　　　七、非法用工单位伤亡人员一次性赔偿办法 …………………………… (137)
　　　　八、本案的具体处理意见 ………………………………………………… (137)
　　任务三　企业基本医疗保险争议处理 …………………………………………… (139)
　　　　一、医疗保险及其保险费征缴 …………………………………………… (140)
　　　　二、基本医疗保险费用的支付、结算方式 ……………………………… (142)
　　　　三、基本医疗保险待遇 …………………………………………………… (143)
　　　　四、特殊群体人员的医疗待遇 …………………………………………… (143)
　　　　五、医疗期 ………………………………………………………………… (146)
　　　　六、本案的具体处理意见 ………………………………………………… (147)
　　任务四　职工基本养老保险争议处理 …………………………………………… (148)
　　　　一、基本养老保险及保险费的缴纳 ……………………………………… (149)
　　　　二、基本养老保险个人账户 ……………………………………………… (150)
　　　　三、退休制度与退休年龄 ………………………………………………… (151)
　　　　四、基本养老保险待遇 …………………………………………………… (153)
　　　　五、企业年金和个人储蓄性养老保险 …………………………………… (156)
　　　　六、本案的具体处理意见 ………………………………………………… (157)
　　任务五　失业保险争议处理 ……………………………………………………… (159)
　　　　一、失业保险及其保险费征缴 …………………………………………… (160)
　　　　二、失业保险基金统筹与调剂 …………………………………………… (162)
　　　　三、失业保险待遇 ………………………………………………………… (162)
　　　　四、特殊人员失业保险待遇的享受 ……………………………………… (164)
　　　　五、失业保险关系转迁 …………………………………………………… (165)
　　　　六、本案的具体处理意见 ………………………………………………… (165)
　　任务六　社会福利争议处理 ……………………………………………………… (167)
　　　　一、社会福利与职工福利 ………………………………………………… (167)
　　　　二、职工探亲路费补贴 …………………………………………………… (168)
　　　　三、职工冬季取暖补贴 …………………………………………………… (170)
　　　　四、职工上下班交通费补贴 ……………………………………………… (170)
　　　　五、职工生活困难补助 …………………………………………………… (171)

  六、本案的具体处理意见 …………………………………………………………（171）
项目十 劳动监督争议处理 ………………………………………………………（172）
  一、劳动监督概述 ………………………………………………………………（172）
  二、劳动保障行政部门的劳动监督 ……………………………………………（173）
  三、本案的具体处理意见 ………………………………………………………（175）
附录一 中华人民共和国劳动法 …………………………………………………（177）
附录二 中华人民共和国劳动合同法 ………………………………………………（186）
附录三 中华人民共和国劳动争议调解仲裁法 …………………………………（197）
参考文献 ……………………………………………………………………………（203）

项目一　劳动争议处理工作方法

教、学、做目标

通过本项目的学习,使学生在实际案例训练中掌握劳动争议处理的工作方法,培养处理劳动争议的职业能力。

案例导入

A公司职员李女士的孩子是双胞胎早产低体重儿,产假结束时她向A公司申请哺乳假,但未获批准。李女士又多次向A公司申请病假,并提供了医院开具的病假证明,但人力资源部负责人驳回了李女士的病假申请。4月中旬,A公司称李女士没有履行请假手续,擅自不到A公司上班,按照旷工处理,予以解除劳动合同。

工作任务

1. 进一步了解本案有关的事实。
2. 收集相关的法律、法规,并对案情进行法律分析。
3. 把所有解决本案的选择性办法及各自的后果列举出来,作出决定。
4. 进行协商、调解、仲裁、诉讼。
5. 写出结案报告并提出建设性建议。

案例解析

一、调查取证

案件的事实是整个劳动争议解决的基础,人力资源管理人员不了解案情就不可能提出正确的纠纷解决办法。劳动争议能否圆满解决,能否实现最佳的企业利益,首先取决于人力资源管理人员能否调查出全部事实。人力资源管理人员解决纠纷的第一个重要工作就是挖掘出纠纷的全部事实。

调查取证的重点因案件的不同而有所不同,但就大的方面而言又有很多共同之处。

首先,人力资源管理人员要了解争议员工的背景情况,就本案而言,包括李女士的以下情况:

(1) 姓名、住址;

(2) 生育时间和纠纷发生时的年龄、婚姻状况、生育状况;

(3) 家庭成员状况；

(4) 性格特点；

(5) 过往表现。

以上的很多情况，人力资源管理人员可以通过与李女士的直接交谈获得，如姓名、住址、年龄、婚姻状况、生育状况、家庭成员状况等。需要注意的是，作为当事人，李女士有可能出于自己利益的考虑而有不实之言，所以一般情况下人力资源管理人员从李女士处得知的这些情况需要向其他的相关人员进行核实。

另外一些情况也需要人力资源管理人员向其他的相关人员了解，如李女士的性格特点、过往表现。当然，人力资源管理人员直接观察李女士本人，听其言、观其行，也可以了解到一些相关信息。

获知这些情况对于纠纷的解决很有帮助：例如，人力资源管理人员知道李女士的住址，就可以知道其上班路途的远近，是否有哺乳子女方面的困难；知道李女士的婚姻状况、生育状况，就可以推断其生育是否属于计划外生育，这些都有助于判断其行为的合法性、合理性；了解李女士的性格特点和过往表现，就可以帮助人力资源管理人员判断选择何种争议解决方法最为妥当。如果忽略这些背景情况的掌握，人力资源管理人员就有可能错失最有力的观点和证据，也可能达不到最佳的协调效果。

其次，人力资源管理人员要全面了解纠纷发生的始末经过，就本案而言，需要了解的情况如下：

(1) 李女士休产假的情况；

(2) 是否给予李女士其他的哺乳时间；

(3) 哺乳假、病假申请提出的时间、理由；

(4) 驳回哺乳假、病假申请的方式、理由；

(5) 李女士的旷工记录；

(6) 作出处分的程序及理由；

(7) 李女士受到处分后的行为等。

人力资源管理人员要想了解以上情况，应当向包括李女士在内的所有关键知情人进行询问。在询问时，人力资源管理人员应当尽可能细致，不厌其烦地将与被询问人的谈话引到与案件有关的事实上。询问的过程可能会经常重复，容易令人烦躁，但人力资源管理人员一定要保持耐心。

在询问时，人力资源管理人员应当随时记录，随时调取证据。调查笔录本身就是一种证据，它是固化了的当事人或证人陈述。这些陈述很多时候需要其他证据的进一步支持。边询问、边记录、边取证是一个省时省力又有工作效果的好办法。如人力资源部若陈述李女士曾提出哺乳假、病假的休假申请，且提供了医院的证明，这时人力资源部就应提供休假申请和医院的证明；李女士提出生育双胞胎早产低体重儿，就应提供相关的证明。

最后，人力资源管理人员要核实所有的陈述和证据，剔除其中不真实、不可靠的内容。例如，人力资源管理人员通过调查可能发现病假证明是虚假的，这样就可以把它从肯定李女士行为正当的事实中剔除，同时建立起相反的事实。在这一过程中，纠纷的全部事实便凸显并明晰起来。

二、法律分析

企业的人力资源管理人员一般都接受过解决劳动争议的培训,对于《中华人民共和国劳动法》(以下简称《劳动法》)的相关知识有所了解,因此很多的人力资源管理人员都倾向于直接根据自己已经掌握的知识来解决劳动争议,而很少再去回顾已经学过的法律条文,更少关注以前没有接触过的法律条文。

事实上,即使是经验非常丰富的人力资源管理人员也有必要结合案件进行法律分析,这是一个非常重要的程序。因为很多的人力资源管理人员自认为了解颇多,但实际上其头脑中的法律条文和书本上的法律条文也许并不完全一致,以前在学习这些法律条文的时候也许没有分析得那么细致、透彻和准确,这种现象经常出现。这时,人力资源管理人员就需要对这些"熟悉的"内容重新进行更细致的分析。而且,随着时间的推移,原有的法律条文可能已经有了新的解释,也可能制定了新的法律、法规,新法已经取代了旧法。因此,不进行法律条文回顾和综合的人力资源管理人员经常会犯错误,他们用头脑中过时的、不准确的法律去解决劳动争议,结果可想而知。

在遇到一个新的、较复杂的劳动争议时,人力资源管理人员应当尽力收集所有相关的法律、法规,并对这些法律、法规进行比较分析。同时,人力资源管理人员还要收集相关的案例,把这些内容也加入到分析对象中来,通过这些分析将相关的法律、法规融会贯通,再用这些法律、法规和案件往复对照分析,这样才不会犯错误。

也许有人认为这样是把简单的问题复杂化了,但这是一个不允许跳过的程序,无论劳动争议案件是简单还是复杂,都不应当影响程序的严谨性。事实上,由于计算机网络资源的丰富和强大的搜索功能,这一复杂过程已经被大大地简化了。对于一般案件,完成法律分析远没有想象得那么复杂。

本案中的女职工哺乳假问题可以说是一个比较复杂的问题,人力资源管理人员应当根据本案的性质、基本情况进行法律分析,特别要注意收集企业当地的相关法规、规章以及案例,从中重点分析女职工请哺乳假的条件和程序。

哺乳期是女职工"三期"(即孕期、产期、哺乳期)之一。目前,女职工在哺乳期的合法权益受到侵害和女职工滥用权利的现象比较普遍,企业管理者和女职工对此的认识往往存在一些误区。

根据《劳动法》第63条的规定,不得安排女职工在哺乳未满1周岁的婴儿期间从事国家规定的第三级体力劳动强度的劳动和哺乳期禁忌从事的其他劳动,不得安排其延长工作时间和夜班劳动。《女职工劳动保护规定》第9条规定,有不满1周岁婴儿的女职工,其所在单位应当在每班劳动时间内给予其2次哺乳(含人工喂养)时间,每次30分钟。多胞胎生育的,每多哺乳一个婴儿,每次哺乳时间增加30分钟。女职工每班劳动时间内的2次哺乳时间,可以合并使用。哺乳时间和在本单位内哺乳往返途中的时间,算作劳动时间。第10条规定,女职工在哺乳期内,所在单位不得安排其从事国家规定的第三级体力劳动强度和哺乳期禁忌从事的劳动,不得延长其劳动时间,一般不得安排其从事夜班劳动。

据此,目前的法律对女职工哺乳期间的规定主要包括以下三个方面的内容:

(1) 哺乳期长度为1年,自婴儿出生时起至婴儿满1周岁时止;

(2) 对女职工哺乳期间的劳动强度和劳动时间予以适当限制;

(3) 女职工在哺乳期可以享受一定时间(每天1小时)的哺乳假,多胞胎生育的还可以适当增加。

当然,以上规定仅为国家的原则性规定,并非有关女职工哺乳假的全部法律规定,各地区也根据本地区的实际情况普遍制定了实施《女职工劳动保护规定》的办法,在各地区的实施办法中又对哺乳假作出了一些变通或更具体的规定。

《上海市女职工劳动保护办法》第16条规定,女职工生育后,若有困难且工作许可,由本人提出申请,经单位批准,可请哺乳假6个半月。《天津市实施〈女职工劳动保护规定〉办法》第12条规定,符合计划生育规定的女职工产假期满后,因婴儿身体较弱或单位没有托幼设施、上班路程较远,抚育婴儿确有困难的,经本人申请,单位批准,可请哺乳假6个月。哺乳假期间,工资按本人标准工资的80%发给,不影响晋级、调整工资,并计算工龄。

虽然法律规定了女职工有权申请哺乳假,但其前提是"确有困难且工作许可"或者是"因婴儿身体较弱或单位没有托幼设施、上班路程较远,抚育婴儿确有困难的",此外还需经用人单位批准。

根据上述法律规定,本案中李女士休哺乳假的申请是否符合法律规定的实质性条件为是否符合计划生育规定、抚育婴儿是否确有困难,这是本案决定性、关键性的问题。假设李女士所陈述的内容以及提供的证明材料是虚假的或者不能令人相信的,用人单位就有正当理由对她的申请不予批准,哺乳假也就不能成立。反之,如果李女士请假的事由是客观存在的,具有合理性,用人单位就不能以"无故旷工"为由处罚李女士。

三、确定争议解决方法

劳动争议的解决办法有协商、调解、仲裁和诉讼四种方法。

(一) 劳动争议协商

劳动争议协商是指劳动争议双方当事人通过商议达成相互谅解或者各自作出让步以解决劳动争议的方法。

根据《中华人民共和国劳动争议调解仲裁法》(以下简称《劳动争议调解仲裁法》)第4条的规定,发生劳动争议,劳动者可以与用人单位协商,也可以请工会或者第三方共同与用人单位协商,达成和解协议。

劳动争议协商具有快速、简捷、成本低、解决纠纷彻底的优点。与诉讼相比,它是一种较为温和的纠纷解决方法,有利于促进用人单位与劳动者双方构建和谐的劳动关系。鉴于协商方式所具有的这种优势,我国的法律允许劳动争议双方当事人在庭外和解,也允许在调解、仲裁、诉讼的过程中和解。也就是说,无论劳动争议双方当事人最终选择了哪种劳动争议的解决办法,也无论在劳动争议解决的任何阶段,都允许同时也不应放弃和解的努力。

和解协议在本质上属于合同,只要劳动争议双方当事人协商一致约定的内容不违反我国强行法的规定和公序良俗就是有效的。劳动争议双方当事人订立和解协议应严格遵守我国的《劳动法》、《中华人民共和国合同法》(以下简称《合同法》)和相关劳动法律的原则,且劳动争议双方当事人的意思表示必须真实。劳动争议双方当事人可以各自书写自己了解的案件事实并列明自己的观点,然后在此书面材料上各自签字确认。劳动争议双方当事人交换书面材料并以此作为协商的基础。劳动争议双方当事人经过充分协商达成一致意见后,可以准备起草和解协议。在和解协议上要写明劳动争议双方当事人一致认同的事实,列明协商一致的具体解决条款。书写相关条款时应当注意兜底条款的书写,如"其他无争议"等,以避免日后因为同一劳动争议再发生不必要的纠纷。最后,劳动争议双方当事人在和解协议上签字或盖章后生效。

根据《劳动争议调解仲裁法》第5条的规定,和解协议依赖于劳动争议双方当事人的自觉履行,达成和解协议后又反悔的,仍可以申请调解或仲裁。应当指出,这并不意味着和解协议就彻底失去了作用,在实践中仲裁庭会在仲裁裁决中采纳有效的和解条款。

(二) 劳动争议调解

劳动争议调解是指劳动争议双方当事人以外的第三者,以国家劳动法律、法规和政策以及社会公德为依据,对纠纷双方进行疏导、劝说,促使他们相互谅解,进行协商,自愿达成协议,解决纠纷的活动。

根据《劳动争议调解仲裁法》第5条的规定,发生劳动争议,当事人不愿协商、协商不成或者达成和解协议后不履行的,可以向调解组织申请调解;不愿调解、调解不成或者达成调解协议后不履行的,可以向劳动争议仲裁委员会申请仲裁;对仲裁裁决不服的,除该法另有规定的外,可以向人民法院提起诉讼。

调解是劳动争议多元解决机制中的重要一环,在定纷止争、缓和人际矛盾、促进劳动关系和谐方面具有重要的作用。

(三) 劳动争议仲裁

劳动争议仲裁是指劳动争议仲裁委员会对用人单位与劳动者之间发生的争议,在查明事实、明确是非、分清责任的基础上,依法作出裁决的活动。发生劳动争议后,不愿调解、调解不成或者达成协议后反悔的,双方当事人都有权向劳动争议仲裁委员会申请仲裁。

就性质而言,我国的劳动争议仲裁具有行政与司法的双重性质。仲裁不同于调解,蕴含着司法因素,仲裁裁决书具有与法院判决书基本同等的法律效力,可以作为人民法院强制执行的根据。此外,劳动争议仲裁还具有立案及时、程序简单、办案迅速、收费低廉的特点,对于维护当事人的合法权益具有很大的便利性。

(四) 劳动争议诉讼

劳动争议诉讼是指发生劳动争议的一方当事人依据《中华人民共和国民事诉讼法》(以下简称《民事诉讼法》)、《劳动法》等法律的规定,向有管辖权的人民法院提出诉讼,人民法院和案件当事人在其他诉讼参与人的配合下,按照法定程序,为解决劳动权利义务争议所进行的全部活动,以及由此而产生的各种关系的总和。

对劳动争议仲裁委员会不予受理或者逾期未作出决定的,申请人可以就该劳动争议事项向人民法院提起诉讼。当事人对《劳动争议调解仲裁法》第47条规定以外的其他劳动争议案件的仲裁裁决不服的,可以自收到仲裁裁决书之日起15日内向人民法院提起诉讼;劳动者对《劳动争议调解仲裁法》第47条规定的仲裁裁决不服的,可以自收到仲裁裁决书之日起15日内向人民法院提起诉讼。仲裁裁决被人民法院裁定撤销的,当事人可以自收到裁定书之日起15日内就该劳动争议事项向人民法院提起诉讼。人民法院审理劳动争议案件,虽然实体上适用《劳动法》,但在程序上仍然主要适用《民事诉讼法》。

劳动争议诉讼作为解决劳动争议的一种有效途径,具有以下特征:

1. 强制性

强制性包含两层含义:首先是指只要一方当事人依法向有管辖权的人民法院起诉,另一方当事人就必须应诉,否则人民法院就有权采取强制措施或进行缺席判决;其次是指劳动争议诉讼产生的结果,即人民法院作出的判决、裁定或在人民法院主持下达成的调解协议一旦生效,就具有强制执行的效力。

2. 最终性

最终性,一方面是指一方当事人依法向人民法院起诉,人民法院立案后,另一方当事人就无权再向其他的部门要求解决;另一方面是指在劳动争议诉讼中,人民法院作出的判决、裁定或在人民法院主持下达成的调解协议一旦生效,劳动争议的解决便告终结。

3. 规范性

即劳动争议事项一旦需要通过诉讼解决时,就必须严格按照《民事诉讼法》等规定的法定程序进行。

(五) 争议解决方法的选择

通常,解决具体的劳动争议,应当在上述四种争议解决方法中选择其一作为主要方法。鉴于劳动争议仲裁是劳动争议诉讼的前置程序,因此选择诉讼的方法来解决争议往往是在劳动争议仲裁裁决之后或者是出于一种用尽所有的程序维权到底的策略考虑。

不要过早选择争议解决方法,因为一旦选定了一个方法,就需要全力以赴地按照这一方法去解决问题,这样有可能把最佳的办法排斥在外。有的用人单位选择强硬的诉讼方法,结果激怒了本想和解的劳动者,劳动者作出了很多过激的行为,恶化了劳动关系,纠纷也没有得到根本解决。事实上,如果当初用人单位能够多考虑一下其他的选择性方法——协商或者调解,双方可能早就握手言和了。

选定争议解决方法的最佳时机是对所有的选择性方法及其后果进行总结并对比利弊得失之后。一个技巧就是把所有的选择性方法横列于一张纸上,在每个选择性方法的下方填写利与弊。此时填写的利弊得失并非每种争议解决方法本身所具有的抽象的好处与不足,而是每个具体案例所可能产生的具体的后果。就本案而言,选择性方法及其后果对比参见1-1:

表 1-1 选择性方法及其后果对比

协商	诉讼
利:可以在较短的时间内解决争议,避免牵扯公司太大的精力;能彻底解决争议,防止劳动者发生过激的行为;双方的关系得以维持,有利于留才、用才	利:有利于树立公司的权威;便于日后对公司员工的管理
弊:公司需在某些方面作出一定程度的让步;批准李女士的哺乳假,恢复劳动合同的履行等	弊:有败诉的可能,一旦败诉公司的威信将会受损;需要公司投入较多的费用和精力;双方的关系恶化

表1-1的填写应当参考各类人员的意见,如公司的主管领导、相关部门、专业人员等。当准备好这张表以后,人力资源管理人员应当把它拿给公司的主管领导,让其明白所有的利与弊,并向其详尽地解释此表。但是,应当特别注意的是,人力资源管理人员不应该代替公司的主管领导作出决定,要让其相对独立地作出决定。因为一个普通的人力资源管理人员可能并不十分了解公司全局性的、战略性的目标和价值追求。公司的主管领导往往比一个普通的人力资源管理人员更了解什么对于公司来说是最重要的,因此人力资源管理人员只是帮助公司的主管领导作出决定,而不是代替他作出决定。

四、庭前准备

准备决定结果,充分的准备意味着最佳的结果。庭前所做的准备工作是大量的,包括整理证据,制作法律文书,设计提问,撰写代理词、出庭备忘录,安排出庭的车辆,准备出庭的衣着等。这些工作有些非常重要,如整理证据、撰写出庭备忘录等;有些看起来不那么重要甚至琐碎但又是必须准备的,如安排出庭的车辆、准备出庭的衣着等。

(一) 整理证据

在调查取证阶段所收集到的各种各样的证据,一部分证据可以用来建立起案件的基本事实,另一部分证据对案件的结果会起到决定性作用。在本阶段,人力资源管理人员应当将证据按照逻辑顺序和重要程度编织成一个具有很强说服力的证据链条,并确定其中最重要的证据,以便恰当地提供给仲裁(法)庭。

一个案件经过调查取证和法律分析以后,人力资源管理人员首先应准确地总结出该案的争议焦点,并结合争议焦点审视证据,证据的重要程度便一目了然。本案中,李女士申请哺乳假是否符合计划生育规定、抚育婴儿是否确有困难是争议焦点,有关的证据就是本案的重点证据。若李女士的生育行为不符合计划生育规定,则人力资源管理人员应对相关的证据给予充分的重视,事先设计好该证据在仲裁(法)庭上出示的时间、顺序和方式。

为了提高证据的影响力,人力资源管理人员应该按照下列的方法整理证据:

(1) 证据应保持清洁,不打标记,没有损毁;
(2) 若证据的页数较多,应装订成笔记本状,编好索引,并按顺序编排;
(3) 若文字较多,应就其内容提供概要、图表等;
(4) 在实际使用之前,应将证据封存好;
(5) 证据应便于携带,便于使用;
(6) 重要的证据应当以他人能够感觉到的方式妥善处理。

(二) 撰写代理词

综合案情,理顺辩论思路,写好代理词,这是每个人力资源管理人员在出庭前必须做的一项基础工作。人力资源管理人员在组织材料撰写代理词时必须做到:

(1) 字斟句酌,用词准确;
(2) 调配语句,合理布局;
(3) 篇章衔接,环环相扣;
(4) 结构严谨,条理清楚;

(5) 重点突出,详略恰当。

(三) 撰写出庭备忘录

有的人力资源管理人员在仲裁(法)庭上言语鲁莽、逻辑混乱,也有的人力资源管理人员在闭庭以后因为在庭上忘记了表述一些重要事实和观点而懊悔不已,产生这些情况的原因主要在于他们没能在开庭前进行充分的书面准备——撰写出庭备忘录。

出庭备忘录是一份详尽记录关于开庭每个环节应如何进行的书面文件。它主要涉及到双方当事人的基本情况,案件的基本事实,案件的争议焦点,证据的来源和欲证明的事实,证据在仲裁(法)庭上出示的时间、顺序和方式,辩论的要点及其表达方式等。出庭备忘录类似于电影的脚本,它使人力资源管理人员在庭上的表现有所依据。

撰写出庭备忘录的主要目的不是为了让人力资源管理人员在庭上照本宣科,而是为了帮助人力资源人员捋清思路以及准确、清晰地进行表达。人们头脑中的想法往往是缺乏条理的、不清晰的、不准确的,在撰写出庭备忘录时人力资源管理人员会清楚地体会到这一点。为了准确、清晰地表达一个概念或者观点,人力资源管理人员可能会花费较多的时间思考如何撰写出庭备忘录,也可能会多次调整其逻辑顺序。撰写出庭备忘录就是为了让人力资源管理人员能够在庭上摆脱语无伦次、张口结舌的状况,从而使人力资源管理人员变得条理清晰、表达流畅、雄辩有力。

五、出庭应诉

辩论艺术在庭审中占有十分重要的地位,它既是人力资源管理人员的业务才能和智慧的集中体现,又是品评其办案质量及称职与否的标准。

人的思维只有通过表达才能发挥影响他人的作用。表达得好坏取决于表达的内容,但表达技巧也是关系到表达成功与否的关键所在。一个称职的人力资源管理人员不仅要具有好的文字组织能力,而且还应具有准确、简洁、清楚、生动的语言表达能力。

(一) 语言表达技巧

纵观每个出色的人力资源管理人员,在出庭辩论时,他们都具有驾驭、支配辩论形势的能力。在庭审辩论中,人力资源管理人员应当做到以下三个方面:

1. 脱稿,并善于把开场白说好

开场白应该清晰明了、简单扼要,既无琐碎繁杂的阐述,也无华丽辞藻的修饰,但却能为此后的辩护中所要提供的一大串证据留下伏笔。人力资源管理人员必须精心筛选开场白的材料,语言要当字句斟酌,结构要简明严谨。人力资源管理人员在设计开场白的语气和选择言辞时必须达到的效果是:

(1) 立即吸引整个仲裁(法)庭的注意力;

(2) 传达案件的严重性或表现出对解决本案的诚意;

(3) 表明对本案的信心。

2. 控制语速,吐字清晰

有了好的辩论内容,还需有好的表达方式。在庭审辩论时,人力资源管理人员应做到口齿清楚、发音准确、音调和谐、快慢适度,要力争达到声调上的抑扬顿挫,以提高辩论的感染效果。

3. 善于入情入理

语言可以伤人,也可以感人。用辩论语言伤人是不道德的,但辩论语言以情感人则是可取的。人力资源管理人员在使用辩论语言表达情感时,必须注意其感情色彩要有与案情相适应的基调,措辞应是发而不露、放而不纵、委婉、曲折、含蓄的中性语言。就本案而言,涉及到女职工特殊保护问题,李女士即使不符合批准哺乳假的条件,但毕竟情有可原,因此人力资源管理人员在代表公司出庭辩论时特别要注意分寸,切不可言辞过于激烈,以免伤害了对方的感情。

(二) 形象技巧

除语言表达技巧外,人力资源管理人员还应具有良好的体态语言表达技巧。有声与无声、语言与体态的融合统一才能体现人力资源管理人员精湛的表达能力。

1. 柔中有刚,举止大方

人力资源管理人员在庭审辩论中要有风度、有气魄,不卑不亢,不趾高气扬也不萎靡不振。在辩论得势时,不忘乎所以,轻视对方;在失利时,不惊慌失措,手忙脚乱。在任何情形下,人力资源管理人员都应举止大方、沉稳有序、言而有据,具有刚柔并济、以静制动、以稳求成的形象。

2. 善于控制情绪

古语说:"兵无常势,水无常形",庭审辩论情况也常常如此。在庭审中可能遇到事先没有预料到或已预料到的非正常的阻碍、干扰、发难等情况,这就要求人力资源管理人员控制自己的情绪,怒而不暴跳如雷,惊却能声色不露,即刻采取有效措施,平息、安定、排除意外,做到应变自如、稳中求胜。

(三) 辩论谋略及其具体运用

1. 先声夺势法

先声夺势法是指在庭审辩论中,人力资源管理人员对对方可能提出的问题避而不谈,而对己方极有利的问题,先在辩论发言中全面论证,以达到先入为主、争取主动的庭辩战术。在实践中,人力资源管理人员在使用这个方法时必须在庭审前做好充分的准备,且在庭审调查阶段逐一认定对己方有利的事实和证据;然后根据事实和证据,针对对方不正确的观点主动出击进行反驳,以期掌握辩论的主动权,促使对方陷入被动。

2. 避实就虚法

避实就虚法是指在庭审辩论中,某一方的弱点往往是其力求回避的地方,甚至会采用偷换论题、偷换概念、答非所问的方式,企图达到转移视线、扰乱视听目的的庭辩战术。因此,人力资源管理人员在使用这个方法时首先应善于抓住对方之"虚",选择薄弱环节连续进攻并一攻到底,直到把问题辩论清楚为止。

3. 设问否定法

设问否定法又称舌战偷渡法,是指人力资源管理人员在设问时要对辩论的目的深藏不露,绝不能让对方察觉到己方设问的真正意图的庭辩战术。尤其是第一个问题,一定要让对方在尚未了解发问意图的情况下予以回答,只要回答了第一个问题,就必须回答其他的问题。等到对方自觉难以自圆其说时,后悔也来不及了。这种使对方处处被动、自打嘴巴的战术,不失为一种极为有效的辩论手段。其结果只能是让对方在不自觉中接受人力资源管理人员的观点。

4. 间接否定法

间接否定法是指在庭审辩论中,人力资源管理人员不直接把矛头指向对方,而是若无其事地将对方的错误观点搁在一旁置之不理,郑重地从正面提出自己的独特见解,并进行充分论证的庭辩战术。人力资源管理人员在使用这个方法时应注意两点:第一,己方所持的观点应与对方所持的观点相互对立;第二,己方的观点应有理有据,绝不能牵强附会、哗众取宠。

5. 示假隐真法

示假隐真法是指在庭审辩论中,人力资源管理人员先列举与本案无关的事实证据,运用掩盖真相或本意的语言技巧,造成对方的错觉,然后出其不意,突然出击,拿出对己方有利的证据或观点,使对方陷入被动的庭审辩术。现今,"当庭举证,当庭质证"的庭审方式无疑为这个方法提供了广阔运用的空间。

6. 以退为进法

以退为进法是形式逻辑的归谬法在庭审辩论中的使用。它是指人力资源管理人员先将对方提出的论题(或观点)假设为真,然后从这个假设为真的命题推导出一个或一系列荒谬的结论,从而得出原论题(或观点)为假的庭辩战术。这种方法是一种辩论性、反驳性很强的庭审辩论方法,因而推导得出的必然性结论容易被接受,从而可以获得较好的辩论效果。

7. 后发制人法

后发制人法是指在劳动争议诉讼中,人力资源管理人员在庭审辩论时采用静待时机、以静制动的庭辩战术。即在庭审辩论时,人力资源管理人员先让对方一步,等待对方暴露弱点,然后避敌之长、攻敌之短。人力资源管理人员在使用这个方法时应注意:

(1) 暂避锐气,不仓促应战;

(2) 精听细解,等待时机;

(3) 抓住破绽,全力反攻。

(四) 终局辩论

庭审辩论时间是十分宝贵的。当相互辩论接近尾声时,人力资源管理人员作为辩论一方必须具有控制收场的能力,通常做法包括以下三个方面:

1. 提出要求

当对方在整个庭审辩论中已受到了辩论的影响,此时人力资源管理人员提出合理的要求,对方容易接受,也易为仲裁(法)庭所认可,从而促成双方和解结案。

2. 提出问题

即人力资源管理人员以提出问题作为结尾,以便进一步深化自己的辩论主题,让仲裁员或审判员进行甄别和思考。

3. 概括主题

即人力资源管理人员可以用简洁明了的语言将自己辩论的全部内容概括成几句话,这样易加深仲裁员或审判员对己方辩论观点的印象。

六、总结汇报

结案报告是办案人员参加一项劳动争议处理活动之后,总结办案的经验、教训与心得,并全面展示自己工作成绩的文书,也是企业考查人力资源管理人员水平与成绩的重要依据。

案件结束以后,无论是什么样的结果,总会有一些经验和教训。这些经验和教训对于企业来说是一笔有益的财富,对于处理案件的人力资源管理人员本身也是值得回顾的一段工作经历。它能提升企业的管理水平,提高员工的工作能力。

在撰写结案报告的过程中,人力资源管理人员应当认真回顾参加该项诉讼活动的全过程,分析自己在这一过程中的思路、行为、对策,总结经验,吸取教训,从而使自身素质与办案水平得到提高。

结案报告没有固定的格式,一般应当包括争议的主要事实、争议焦点、办理案件过程中所进行的工作,特别是在办案过程中出现的特殊情况以及为此而采取的措施和对策、最终结果、经验和教训以及对日后工作的建议等内容。其中,主要事实、最终结果应根据汇报对象对争议了解的多少决定其详略程度,一般来说无须太细,以言简意赅为标准。经验和教训以及对日后工作的建议是重点,经验和教训包括值得坚持和推广的成功经验和应当引以为戒的失败教训,特别是对失败教训要认真分析其原因、负面影响,要认真反思并且提出日后完善工作的建议。

人力资源管理人员撰写结案报告要及时、务实。及时,要求人力资源管理人员在结案后立即撰写结案报告,特别是涉及到紧迫事项的更要尽早总结、及时汇报,以避免相同或类似争议的发生。务实,要求人力资源管理人员提出的建议要切实可行,具有可操作性、易操作性。

就本案而言,人力资源管理人员撰写结案报告可以结合本公司女职工"三期"保护的实际状况,对相关制度与执行中存在的问题提出完善的建议,规范哺乳假的批准条件,严格执行《劳动法》关于女职工特殊保护的规定,以维护公司及女职工双方的利益。

实务训练

一、案情介绍

王先生于2016年6月应聘到开发区A企业从事小车司机及后勤工作,当时A企业以种种理由和借口不与王先生签订劳动合同,也不给他缴纳各项社会保险费。王先生认为A企业侵犯了自己的合法权益,故诉至劳动争议仲裁委员会,要求在确认劳动关系的同时,追索未签订书面劳动合同二倍工资及工作期间的加班费等。但是,A企业以双方既没有签订劳动合同,又没有为王先生缴纳社会保险费为理由,否认与王先生存在劳动关系。

二、工作任务

教师请学生以A企业人力资源管理人员的身份,按照本项目介绍的工作方法,妥善解决与王先生的劳动争议,维护企业的合法权益。

项目二 劳动争议调解、仲裁和诉讼

任务一 劳动争议调解

教、学、做目标

通过本任务的学习,使学生掌握我国劳动争议调解的法律、法规,学会利用调解程序处理劳动争议,提高学生从事企业劳资管理工作的能力。

案例导入

杨女士原为天津A信息技术股份有限公司(以下简称天津A公司)的员工,任职期间从事电信运营商市场的售前支持工作,并担任高级产品经理。2014年11月13日,天津A公司与杨女士签订了《竞业限制协议》,约定杨女士在离开天津A公司后一年内,不得组建、参与组建、参股或受雇于从事电信运营业务支撑系统及增值业务应用系统生产或经营的企业及与其密切关联的企业。《竞业限制协议》规定,杨女士在离职后应按时向天津A公司提交实际、有效的从业证明;天津A公司每年需向杨女士支付离职前一年实际获得工资总额1/2的补偿费。《竞业限制协议》还规定,如果杨女士在竞业限制期限内违反竞业限制义务,除应返还天津A公司已经支付的补偿款外,还向该公司支付违约金,违约金的数额为协议约定补偿费总额的50%。

2017年8月5日,杨女士从天津A公司离职。2017年9月1日,北京B科技发展有限公司向天津A公司邮寄了一份杨女士在该公司工作的就业证明。9月7日,天津A公司向杨女士支付了第一期补偿费5000元。后经天津A公司调查得知,杨女士离职后实际是到大新科技(中国)有限公司任职。大新科技(中国)有限公司与天津A公司均是中国电信等电信运营商指定的计算机信息系统集成商和服务提供商,属于同行业有竞争关系的单位。

工作任务

教师请学生以天津A公司人力资源管理人员的身份,进一步了解本案的事实,收集相关的法律、法规,对本案进行分析,制作法律文书,以调解的方法解决本案。

案例解析

根据《劳动争议调解仲裁法》第5条的规定,发生劳动争议,当事人不愿协商、协商不成或者达成和解协议后不履行的,可以向调解组织申请调解。

一、调解自愿原则

调解自愿原则包括以下三个方面的含义：

（1）申请调解必须是双方当事人的自愿行为，任何一方或第三方包括劳动争议调解委员会都不能强行调解；

（2）达成调解协议的内容必须出自双方当事人的自愿，任何一方或第三方包括劳动争议调解委员会都不能强迫；

（3）履行调解协议书必须是出于当事人的自愿。

二、调解组织

根据《劳动争议调解仲裁法》第10条的规定，可以受理劳动争议的调解组织包括以下三类：

（1）企业劳动争议调解委员会；

（2）依法设立的基层人民调解组织；

（3）在乡镇、街道设立的具有劳动争议调解职能的组织。

三、调解申请

当事人申请劳动争议调解可以书面申请，也可以口头申请。口头申请的，调解组织应当当场记录申请人基本情况，申请调解的争议事项、理由和时间。对于人力资源管理人员来说，口头申请是一种不严谨的工作方法。口头申请往往是仓促、未经过深思熟虑的，非常有可能会埋下败诉的种子。人力资源管理人员应当按照范文2-1的格式熟练地制作书面的劳动争议调解申请书。

劳动争议调解申请书应当载明申请人和被申请人的基本情况、争议事项、调解请求等内容。其重点应写明双方劳动法律关系存在的事实以及发生争议的基本情况，并就双方发生争议的权益的性质、被申请人行为的性质、危害和后果以及被申请人应当承担的责任加以阐述和论证，以说明申请人请求提出的真实性、合理性和合法性。

劳动争议调解申请书写作的基本要求如下：

（1）遵循格式，写全事项；

（2）主旨鲜明，阐述精当；

（3）叙事清楚，材料真实；

（4）依法说理，折服有力；

（5）语言精确，朴实庄重。

此外，当事人申请劳动争议调解应当注意以下事项：

（1）调解申请人必须与劳动争议案件有直接利害关系；

（2）申请范围符合《劳动争议调解仲裁法》第2条的规定。

该法第2条规定，中华人民共和国境内的用人单位与劳动者发生的下列劳动争议，适用该法：

① 因确认劳动关系发生的争议；

② 因订立、履行、变更、解除和终止劳动合同发生的争议；

③ 因除名、辞退和辞职、离职发生的争议；

④ 因工作时间、休息休假、社会保险、福利、培训以及劳动保护发生的争议；

⑤ 因劳动报酬、工伤医疗费、经济补偿或者赔偿金等发生的争议；

⑥ 法律、法规规定的其他劳动争议。

(3) 申请期限，根据《企业劳动争议调解委员会组织及工作规则》第14条的规定，当事人申请调解，应当自知道或应当知道其权利被侵害之日起30日内。当然，即使在30日内没有申请调解，当事人的救济权利也不会受到损害，因为申请仲裁的渠道依然畅通。

(4) 劳动调解申请书中所书写的每个事实、理由、请求都应当经过仔细斟酌，特别是一定要考虑到每个陈述的负面影响，以防自掘陷阱。

本案的劳动争议调解申请书的具体格式和内容参见范文2-1。

劳动争议调解申请书

申请人天津市A信息技术股份有限公司，住所地天津市××区××大厦A座3层。

法定代表人张××，董事长。

被申请人杨××，女，1972年3月28日出生，汉族，职工，住天津市××区××住宅小区8-2-1301室。

事由：因违反竞业限制义务产生争议，申请调解。

调解请求：

1. 被申请人返还申请人补偿费5000元并支付违约金21 334元；

2. 被申请人继续履行其与申请人之间签订的《竞业限制协议》。

事实与理由：

被申请人原为申请人公司员工，任职期间从事电信运营商市场的售前支持工作，并担任高级产品经理。2014年11月13日，申请人与被申请人签订了《竞业限制协议》，约定被申请人在离开申请人公司后一年内，不得组建、参与组建、参股或受雇于从事电信运营业务支撑系统及增值业务应用系统生产或经营的企业及与其密切关联的企业。《竞业限制协议》规定，被申请人在离职后应按时向申请人提交实际、有效的从业证明；申请人每年需向被申请人支付离职前一年实际获得工资总额1/2的补偿费。《竞业限制协议》还规定，如果被申请人在竞业限制期限内违反竞业限制义务，除应返还申请人已经支付的补偿款外，还应向申请人支付违约金，违约金的数额为协议约定补偿费总额的50%。

被申请人于2017年8月5日从申请人处离职。2017年9月1日，北京B科技发展有限公司向申请人邮寄了一份被申请人在该公司工作的就业证明。9月7日，申请人向被申请人支付了第一期补偿费5000元。后经申请人调查得知,被申请人离职后实际是到大新科技(中国)有限公司任职。大新科技(中国)有限公司与申请人均是中国电信等电信运营商指定的计算机信息系统集成商和服务提供商,属于同行业有竞争关系的单位。

综上所述,申请人认为,被申请人离职后在竞业限制期限内到大新科技(中国)有限公司任职,因大新科技(中国)有限公司与申请人均属于同行业有竞争关系的单位,因此被申请人的行为违反了《竞业限制协议》的约定,属于违约行为。按照约定,被申请人应向申请人返还第一期补偿费5000元并支付违约金21 334元。返还补偿费并偿付违约金后,被申请人仍应继续履行竞业禁止义务。为此,特向××劳动争议调解委员会申请调解,请依法调解。

(申请人签名或盖章)
2017年9月25日

四、调解会议

劳动争议调解委员会接到调解申请后,经审查决定受理后,应当充分听取双方当事人对事实和理由的陈述。对于比较复杂的案件,劳动争议调解委员会将召开由争议双方当事人参加的调解会议。

无论是否召开调解会议,代理企业出席的人力资源管理人员都应当将有利于本企业的事实和理由充分地向劳动争议调解委员会进行陈述,并提交相应的证据材料,以说服劳动争议调解委员会进行有利于本企业的调解。

五、调解协议

经调解达成协议的,应当制作劳动争议调解协议书。关于劳动争议调解协议书的制作,法律没有统一的规定。根据调解类法律文书的一般特征,劳动争议调解协议书应包括三个部分的内容,即首部、正文和尾部。

本案的劳动争议调解协议书的具体格式和内容参见范文2-2。

劳动争议调解协议书

〔2017〕×调字第106号

申请人天津市A信息技术股份有限公司,住所地天津市××区××大厦A座3层。法定代表人张××,董事长。

被申请人杨××,女,1972年3月28日出生,汉族,职工,住天津市××区××住宅小区8-2-1301室。

上列双方因违反竞业限制义务产生争议,申请人于2017年9月25日向本调解委员会提出请求,经本会主持调解,双方协商,自愿达成协议如下:

1. 被申请人返还申请人补偿费5000元并支付违约金15 000元;
2. 被申请人继续履行其与申请人之间签订的《竞业限制协议》;
3. 其他无争议。

双方当事人(签名)
调解委员会主任(签名)
××劳动争议调解委员会(公章)
2017年10月14日

劳动争议调解协议书由双方当事人签名或者盖章,经调解员签名并加盖调解组织印章后生效,对双方当事人均具有约束力,当事人应当履行。自劳动争议调解组织收到调解申请之日起15日内未达成调解协议的,当事人可以依法申请仲裁。

达成调解协议后,一方当事人在协议约定期限内不履行调解协议的,另一方当事人可以依法申请仲裁。

因支付拖欠劳动报酬、工伤医疗费、经济补偿或者赔偿金事项达成调解协议,用人单位在协议约定期限内不履行的,劳动者可以持劳动争议调解协议书依法向人民法院申请支付令。人民法院应当依法发出支付令。

实务训练

一、案情介绍

2017年3月17日,阎×驾驶A公司的车辆出差时发生交通事故,阎×受重伤。之后,阎×的伤被认定为工伤。A公司为阎×支付了全部费用。2017年年底,A公司以垫付了阎×的全部费用为由起诉了肇事司机,人民法院判决肇事司机赔偿阎×所在的A公司共计73 271元,其中包括A公司给付阎×的伤残补助、被抚养人生活费等。阎×找到A公司,索要7万余元。A公司辩称,由于肇事司机已经全额赔偿了阎×,因此阎×不能获得双重赔偿。

二、工作任务

教师请学生以A公司人力资源管理人员的身份,以调解的方法妥善解决A公司与阎×的劳动争议,维护A公司的合法权益。

任务二　劳动争议仲裁

教、学、做目标

通过本任务的学习,使学生掌握我国劳动争议仲裁的法律、法规,学会利用仲裁程序处理劳动争议,提高学生从事企业劳资管理工作的能力。

案例导入

2016年8月19日,陈×与甲公司签订了1年期的劳动合同。2017年7月7日,甲公司通知陈×原劳动合同不变,并续签3年。但是,陈×仅同意续签1年,因此双方未能达成一致意见。原劳动合同到期后,甲公司以陈×拒签为由终止了劳动合同。陈×认为,双方协商不成劳动合同终止,甲公司应向其支付1个月的经济补偿金3000元,遂申请仲裁。甲公司则认为,陈×不同意续签,甲公司无须向其支付经济补偿金。

工作任务

教师请学生以甲公司人力资源管理人员的身份,进一步了解本案的事实,收集相关的法律、法规,对本案进行分析,制作法律文书,以仲裁程序解决本案。

案例解析

根据《劳动争议调解仲裁法》第5条的规定,发生劳动争议,当事人不愿调解、调解不成或者达成调解协议后不履行的,可以向劳动争议仲裁委员会申请仲裁。

一、劳动争议仲裁的基本制度和基本原则

(一) 劳动争议仲裁的基本制度

劳动争议仲裁的基本制度是指规范仲裁机构受理、审理、裁决劳动争议案件的活动准则,是仲裁庭进行仲裁审理的基本规程。

1. 合议制度

根据《劳动争议调解仲裁法》第31条的规定,劳动争议仲裁委员会裁决劳动争议案件实行仲裁庭制。仲裁庭由3名仲裁员组成,设首席仲裁员。简单劳动争议案件可以由1名仲裁员独任仲裁。

仲裁庭裁决劳动争议案件,实行少数服从多数的原则,不同的意见应如实记录。

2. 回避制度

仲裁员仲裁案件实行回避制度。回避是指仲裁员具有可能影响案件公正裁决的情形时,依照法律规定,自行申请退出仲裁或者根据当事人申请退出仲裁。根据《劳动争议调解

仲裁法》第 33 条的规定,仲裁员有下列情形之一,应当回避,当事人也有权以口头或者书面方式提出回避申请:

（1）是本案当事人或者当事人、代理人的近亲属的;

（2）与本案有利害关系的;

（3）与本案当事人、代理人有其他关系,可能影响公正裁决的;

（4）私自会见当事人、代理人,或者接受当事人、代理人的请客送礼的。

劳动争议仲裁委员会对回避申请应当及时作出决定,并以口头或者书面方式通知当事人。

3. 公开仲裁制度

根据《劳动争议调解仲裁法》第 26 条的规定,劳动争议仲裁公开进行,但当事人协议不公开进行或者涉及国家秘密、商业秘密和个人隐私的除外。坚持公开原则,可以强化各种社会力量对劳动争议仲裁的监督。

4. 有限的一裁终局制度

根据《劳动争议调解仲裁法》第 47 条的规定,对于追索劳动报酬、工伤医疗、经济补偿或者赔偿金等案件,在仲裁裁决作出后,只有劳动者可以因不服裁决而提起诉讼,而用人单位则不能,这就意味着就这些案件而言,对用人单位实行一裁终局制。

（二）劳动争议仲裁的基本原则

劳动争议仲裁的原则贯穿于劳动争议仲裁的整个阶段,是在劳动争议仲裁中起指导性的根本原则。

1. 三方性原则

根据《劳动争议调解仲裁法》第 8 条和第 19 条第 1 款的规定,县级以上人民政府劳动行政部门会同工会和企业方面代表建立协调劳动关系三方机制,共同研究解决劳动争议的重大问题;劳动争议仲裁委员会由劳动行政部门代表、工会代表和企业方面代表组成。这些规定体现了国际通行的劳动争议仲裁三方性原则,有利于促进各方利益主体的一致性,最大限度地追求、实现三方的共同利益和共同目标。

2. 仲裁独立原则

劳动争议仲裁委员会处理劳动争议案件具有独立性,不受任何组织和个人的干预。劳动争议仲裁委员会的成员虽然由三方组成,但在处理争议过程中不受三方领导和职工的干预,而是依法独立行使仲裁权。

3. 合法、公正、及时的原则

所谓"合法",是指劳动争议调解委员会和劳动争议仲裁委员会在调解、仲裁过程中坚持以事实为根据、以法律为准绳,依法处理劳动争议案件。与诉讼程序不同的是,由于调解、仲裁自身的灵活性,只要不违反法律规定,调解、仲裁可以依据政策文件、道德观念等促使当事人达成调解协议或者作出仲裁裁决。

所谓"公正",是指在处理劳动争议的过程中,劳动争议调解委员会和劳动争议仲裁委员会能够公平正义、不偏不倚,保证争议当事人处于平等的法律地位,具有平等的权利和义务,并对当事人之间的权利或利益关系进行合理的分配。坚持公正原则是正确处理劳动争议的基本前提。

所谓"及时",是指遵循劳动争议处理法律、法规规定的期限,尽可能快速、高效率地处理和解决劳动争议。劳动争议一旦发生,当事人应及时申请处理,劳动争议调解委员会和劳动争议仲裁委员会应及时处理,对于处理结果当事人应及时执行。对调解、仲裁不服的,当事人也应及时提起诉讼,寻求救济。

合法原则、公正原则和及时原则各自代表不同的价值追求,但是在处理劳动争议案件的过程中又是有机统一、相辅相成的整体,最终目的都是为了维护当事人的合法权益。

4. 着重调解的原则

着重调解的原则包含两个方面的内容:一是调解作为解决劳动争议的基本手段贯穿于劳动争议的全过程,即使进入仲裁和诉讼程序后,劳动争议仲裁委员会和人民法院在处理劳动争议时,仍必须先进行调解,调解不成的,才能作出裁决和判决;二是调解必须遵循自愿原则,在双方当事人自愿的基础上进行,不能勉强和强制,否则即使达成调解协议、作出劳动争议调解协议书也不能发生法律效力。

二、劳动争议仲裁委员会

根据《劳动争议调解仲裁法》第17条的规定,劳动争议仲裁委员会按照统筹规划、合理布局和适应实际需要的原则设立。省、自治区人民政府可以决定在市、县设立,直辖市人民政府可以决定在区、县设立。直辖市、设区的市也可以设立一个或者若干个劳动争议仲裁委员会。劳动争议仲裁委员会不按行政区划层层设立。

《劳动争议调解仲裁法》第19条第1款和第2款规定,劳动争议仲裁委员会由劳动行政部门代表、工会代表和企业方面代表组成。劳动争议仲裁委员会组成人员应当是单数。劳动争议仲裁委员会依法履行下列职责:

(1) 聘任、解聘专职或者兼职仲裁员;
(2) 受理劳动争议案件;
(3) 讨论重大或者疑难的劳动争议案件;
(4) 对仲裁活动进行监督。

《劳动争议调解仲裁法》第21条第1款规定,劳动争议仲裁委员会负责管辖本区域内发生的劳动争议。

三、仲裁程序

(一) 申请与受理

当事人向劳动争议仲裁委员会申请仲裁必须具备以下五个条件:

1. 申请人必须是劳动争议一方的当事人

劳动争议当事人就是与该劳动争议有权利或者义务上的直接关系,为了保护自己的合法权益并以自己的名义参加仲裁的劳动者或用人单位。

2. 申请仲裁的劳动争议必须是属于劳动争议仲裁委员会依法受理的范围

根据《劳动争议调解仲裁法》第 2 条的规定,中华人民共和国境内的用人单位与劳动者发生的下列劳动争议,适用该法:

(1) 因确认劳动关系发生的争议;

(2) 因订立、履行、变更、解除和终止劳动合同发生的争议;

(3) 因除名、辞退和辞职、离职发生的争议;

(4) 因工作时间、休息休假、社会保险、福利、培训以及劳动保护发生的争议;

(5) 因劳动报酬、工伤医疗费、经济补偿或者赔偿金等发生的争议;

(6) 法律、法规规定的其他劳动争议。

3. 申请人必须向有管辖权的劳动争议仲裁委员会提出仲裁申请

劳动争议仲裁委员会负责管辖本区域内发生的劳动争议。发生劳动争议的劳动者与用人单位不在同一个劳动争议仲裁委员会管辖区域的,由用人单位所在地或者劳动合同履行地的劳动争议仲裁委员会受理。劳动者与用人单位分别向用人单位所在地或者劳动合同履行地的劳动争议仲裁委员会申请仲裁的,由先受理的劳动争议仲裁委员会办理。

4. 有明确的被诉人

如果没有明确的侵害主体,仲裁申请不能成立。明确的被申请人包括三个条件,即有明确的姓名、名称或者字号,有明确的住址或者经常居住地,与本案有直接的利害关系。

5. 仲裁申请必须在法定的仲裁时效内提出

劳动争议申请仲裁的时效期间为 1 年。仲裁时效期间从当事人知道或者应当知道其权利被侵害之日起计算。仲裁时效,因当事人一方向对方当事人主张权利,或者向有关部门请求权利救济,或者对方当事人同意履行义务而中断。从中断时起,仲裁时效期间重新计算。因不可抗力或者有其他正当理由,当事人不能在 1 年仲裁时效期间申请仲裁的,仲裁时效中止。从中止时效的原因消除之日起,仲裁时效期间继续计算。劳动关系存续期间因拖欠劳动报酬发生争议的,应当自劳动关系终止之日起 1 年内提出。

劳动争议仲裁委员会收到仲裁申请之日起 5 日内,认为符合受理条件的,应当受理,并通知申请人;认为不符合受理条件的,应当书面通知申请人不予受理,并说明理由。对劳动争议仲裁委员会不予受理或者逾期未作出决定的,申请人可以就该劳动争议事项向人民法院提起诉讼。

劳动争议仲裁委员会受理仲裁申请后,应当在 5 日内将仲裁申请书副本送达被申请人。被申请人收到仲裁申请书副本后,应当在 10 日内向劳动争议仲裁委员会提交答辩书。劳动争议仲裁委员会收到答辩书后,应当在 5 日内将答辩书副本送达申请人。被申请人未提交答辩书的,不影响仲裁程序的进行。

(二) 开庭前的准备工作

劳动争议仲裁委员会裁决劳动争议案件实行仲裁庭制。仲裁庭由 3 名仲裁员组成,设首席仲裁员。简单劳动争议案件可以由 1 名仲裁员独任仲裁。

劳动争议仲裁委员会应当在受理仲裁申请之日起 5 日内将仲裁庭的组成情况书面通知

当事人。仲裁庭应当在开庭5日前,将开庭日期、地点书面通知双方当事人。当事人有正当理由的,可以在开庭3日前请求延期开庭。是否延期,由劳动争议仲裁委员会决定。

(三) 开庭与裁决

1. 开庭

开庭是劳动争议仲裁委员会处理劳动争议案件的核心步骤,仲裁裁决作出的依据是开庭活动中当事人的陈述、举证及其他情况。

申请人经书面通知无正当理由不到庭,或者未经仲裁庭许可中途退庭的,视为撤回仲裁申请;被申请人经书面通知,无正当理由或者未经仲裁庭许可中途退庭的,可以缺席裁决。

仲裁庭对专门性问题认为需要鉴定的,可以交由当事人约定的鉴定机构鉴定;当事人没有约定或者无法达成约定的,由仲裁庭指定的鉴定机构鉴定。根据当事人的请求或者仲裁庭的要求,鉴定机构应当派鉴定人参加开庭。当事人经仲裁庭许可,可以向鉴定人提问。

当事人在仲裁过程中有权进行质证。劳动争议案件的证据应当在开庭时出示,并展开质证,最后由仲裁庭审定。当事人提供的证据经查证属实的,仲裁庭应当将其作为认定事实的根据。在我国,劳动争议案件证明责任的分配与劳动争议诉讼中证明责任的分配一样,适用"谁主张,谁举证"的原则。但因为劳动者相对于用人单位来说是被管理者,处于弱势地位,对某些证据是不可能有举证能力的,故此《劳动争议调解仲裁法》作出了倾向于保护劳动者的规定:劳动者无法提供由用人单位掌握管理的与仲裁请求有关的证据,仲裁庭可以要求用人单位在指定期限内提供。用人单位在指定期限内不提供的,应当承担不利后果。

当事人在仲裁过程中有权进行辩论,辩论是当事人在案件审理中,为了维护自己的合法权益陈述意见、申明理由。辩论终结时,首席仲裁员或独任仲裁员应当征询当事人的最后意见。

仲裁庭应当将开庭情况记入笔录。当事人和其他仲裁参加人认为对自己陈述的记录有遗漏或者差错的,有权申请补正。如果不予补正,应当记录该申请。笔录由仲裁员、记录人员、当事人和其他仲裁参加人签名或者盖章。笔录可以为仲裁庭对案件作出裁决提供依据,也可以为以后认定仲裁程序是否合法、仲裁裁决是否正当提供依据。

当事人申请仲裁后,可以自行和解,也可以撤回仲裁申请。当事人达成和解协议、撤回仲裁申请后反悔的,还可以申请仲裁。仲裁庭在作出裁决前,应当先行调解。调解达成协议的,仲裁庭应当制作调解书。调解书应当写明仲裁请求和当事人协议的结果。调解书由仲裁员签名,加盖劳动争议仲裁委员会印章,送达双方当事人。调解书经双方当事人签收后发生法律效力。调解不成或者调解书送达前,一方当事人反悔的,仲裁庭应当及时作出裁决。

2. 裁决

(1) 裁决期限。

根据《劳动争议调解仲裁法》第43条的规定,仲裁庭裁决劳动争议案件,应当自劳动争议仲裁委员会收到仲裁申请之日起45日内结束。案情复杂需要延期的,经劳动争议仲裁委员会主任批准,可以延期并书面通知当事人,但是延长期限不得超过15日。逾期未作出仲裁裁决的,当事人可以就该劳动争议事项向人民法院提起诉讼。仲裁庭裁决劳动争议案件时,其中一部分事实已经清楚,可以就该部分先行裁决。

如果仲裁庭逾期未作出仲裁裁决的,当事人可以直接向人民法院提起诉讼,人民法院应当受理,不得以未经仲裁而不予受理。

(2) 裁决的作出。

仲裁裁决的作出是仲裁员根据事实和法律对案件发表意见的结果。如果是1名仲裁员独任仲裁,该仲裁员即可依据自己的意见作出裁决。如果仲裁庭由3名仲裁员组成,则在裁决作出时,应当经过合议。《劳动争议调解仲裁法》第45条规定,裁决应当按照多数仲裁员的意见作出,少数仲裁员的不同意见应当记入笔录。仲裁庭不能形成多数意见时,裁决应当按照首席仲裁员的意见作出。第46条规定,裁决书应当载明仲裁请求、争议事实、裁决理由、裁决结果和裁决日期。裁决书由仲裁员签名,加盖劳动争议仲裁委员会印章。对裁决持不同意见的仲裁员,可以签名,也可以不签名。

3. 裁决的效力

(1) 一裁两审。

对于任何劳动争议,劳动者对仲裁裁决不服,可以自收到仲裁裁决书之日起15日内向人民法院提起诉讼;期满不提起诉讼的,裁决发生法律效力。《劳动争议调解仲裁法》第48条规定,劳动者对该法第47条规定的仲裁裁决不服的,可以自收到仲裁裁决书之日起15日内向人民法院提起诉讼。第50条规定,当事人对该法第47条规定以外的其他劳动争议案件的仲裁裁决不服的,可以自收到仲裁裁决书之日起15日内向人民法院提起诉讼;期满不起诉的,裁决书发生法律效力。

(2) 用人单位的"一裁终局"。

对于用人单位而言,法律对其起诉的权利予以一定的限制,涉及追索劳动报酬、工伤医疗费、经济补偿或者赔偿金,不超过当地月最低工资标准12个月金额的争议及因执行国家的劳动标准在工作时间、休息休假、社会保险等方面发生的争议,用人单位不得向人民法院起诉,该仲裁裁决属于终局裁决,一旦作出即发生法律效力。

4. 仲裁裁决的撤销

根据《劳动争议调解仲裁法》第49条的规定,用人单位有证据证明该法第47条规定的仲裁裁决有下列情形之一,可以自收到仲裁裁决书之日起30日内向劳动争议仲裁委员会所在地的中级人民法院申请撤销裁决:

(1) 适用法律、法规确有错误的;

(2) 劳动争议仲裁委员会无管辖权的;

(3) 违反法定程序的;

(4) 裁决所根据的证据是伪造的;

(5) 对方当事人隐瞒了足以影响公正裁决的证据的;

(6) 仲裁员在仲裁该案时有索贿受贿、徇私舞弊、枉法裁决行为的。

人民法院经组成合议庭审查核实裁决有上述规定情形之一的,应当裁定撤销。仲裁裁决被人民法院裁定撤销的,当事人可以自收到裁定书之日起15日内就该劳动争议事项向人民法院提起诉讼。

(四) 执行和先予执行

根据《劳动争议调解仲裁法》第51条的规定,当事人对发生法律效力的调解书、裁决书,应当依照规定的期限履行。一方当事人逾期不履行的,另一方当事人可以依照《民事诉讼法》的有关规定向人民法院申请执行。受理申请的人民法院应当依法执行。

由于劳动争议涉及劳动者的切身利益和基本生存,为了保护劳动者的权益,仲裁过程中可以适用先予执行制度。《劳动争议调解仲裁法》第44条规定,仲裁庭对追索劳动报酬、工伤医疗费、经济补偿或者赔偿金的案件,根据当事人的申请,可以裁决先予执行,移送人民法院执行。仲裁庭裁决先予执行的,应当符合下列条件:

(1) 当事人之间权利义务关系明确;
(2) 不先予执行将严重影响申请人的生活。

劳动者申请先予执行的,可以不提供担保。

四、劳动争议仲裁文书

劳动争议仲裁文书主要包括仲裁申请书、仲裁答辩书和仲裁裁决书等。

(一) 劳动争议仲裁申请书

劳动争议仲裁申请书是引起劳动争议仲裁的法律文书,也是劳动争议仲裁委员会立案审理的重要依据。《劳动争议调解仲裁法》第28条明确规定了仲裁申请书应当载明的事项。

劳动争议仲裁申请书应当载明下列事项:

(1) 劳动者的姓名、性别、年龄、职业、工作单位和住所,用人单位的名称、住所和法定代表人或者主要负责人的姓名、职务;
(2) 仲裁请求和所根据的事实、理由等;
(3) 证据和证据来源、证人姓名和住所。

劳动争议仲裁申请书的具体格式和内容参见范文2-3。

范文 2-3

劳动争议仲裁申请书

申请人				被申请人	
姓名	陈××		名称	包头市××贸易有限公司	
性别	男	年龄	37	住所	包头市××区××大厦
籍贯	内蒙古	原职务或岗位	销售主管	企业类型	私营
联系地址	包头市××区××街道××住宅小区××室		法定代表人	赵××	
电话	6029××××		电话	6029××××	
邮编	××××××		邮编	××××××	

请求事项：

依法裁决被申请人支付申请人1个月经济补偿金3000元。

事实和理由：

2016年8月19日，申请人与被申请人签订了1年期的劳动合同。2017年7月7日，被申请人通知申请人原劳动合同不变，并续签3年。申请人同意续签1年，双方未达成一致意见。劳动合同到期后，被申请人以申请人拒签为由，终止了劳动合同。申请人认为，《中华人民共和国劳动合同法》第46条规定：除用人单位维持或者提高劳动合同约定条件续订劳动合同，劳动者不同意续订的情形外，依照该法第44条第1项规定终止固定期限劳动合同的，用人单位应当向劳动者支付经济补偿。现双方协商不成劳动合同终止，被申请人应支付1个月的经济补偿金，故特依法向贵委申请仲裁。

此致

包头市××区劳动争议仲裁委员会

申请人：陈×

2017年8月30日

（二）劳动争议仲裁答辩书

劳动争议仲裁答辩书是劳动争议案件的被申请人为了维护自己的合法权益，针对申请人提出的请求和理由，依法进行申辩的书面文件，也是一种非常重要的仲裁文书。它不仅是被申请人维护自己的权利的重要手段，而且也是仲裁庭了解案情，认定事实真相，做出公正、合理裁决的重要依据。一般来说，答辩的内容可以针对实体方面的内容，也可以针对程序方面的内容。

劳动争议仲裁答辩书的具体格式和内容参见范文2-4。

劳动争议仲裁答辩书

包头市××区劳动争议仲裁委员会：

你委第××号仲裁通知书已收悉，关于答辩人与申请人经济补偿金劳动争议案，现答辩如下：

本案的焦点在于劳动合同期限是否属于劳动合同的条件，劳动合同期限的延长是否属于提高了劳动合同条件的情形。

根据《中华人民共和国劳动合同法》第17条的规定，劳动合同期限是劳动合同九项必备条款之一，是劳动合同的一项主要内容，既是劳动合同法律制度的外在表现形式，又是劳动合同法律制度发挥整体功能和显示生命力的重要内部条件。劳动合同期限是劳动合同双方普遍关心的一个基本问题,应当属于劳动合同的条件之一。

从《中华人民共和国劳动合同法》的规定可以看出,适当延长劳动合同期限符合《中华人民共和国劳动合同法》的立法本意。这有利于建立长期稳定的劳动关系,有利于从各个方面巩固和加强对劳动者权利的保护,应属于用人单位维持或者提高劳动合同约定条件续订劳动合同的情形,未损害劳动者的劳动权益,不属于应当支付经济补偿金的法定情形。

因此,答辩人与申请人终止劳动合同,符合《中华人民共和国劳动合同法》第46条第5项的除外情形,无须向申请人支付终止劳动合同的经济补偿金。

答辩人:(单位印章)

2017年9月6日

(三) 劳动争议仲裁裁决书

劳动争议仲裁裁决书是由劳动争议仲裁委员会制作的,记载劳动争议仲裁裁决结果的具有法律拘束力的文书。仲裁裁决书的内容主要是对仲裁案件程序事项和实体事项所作决定的书面陈述。劳动争议仲裁裁决书还要列明仲裁机构的名称和地址、裁决书编号、双方当事人的基本情况、代理人的情况、仲裁庭组成情况、审理过程等内容。根据《劳动争议调解仲裁法》第46条的规定,劳动争议仲裁裁决书应当载明仲裁请求、争议事实、裁决理由、裁决的结果和裁决日期。裁决书由仲裁员签名,加盖劳动争议仲裁委员会印章。对裁决持不同意见的仲裁员,可以签名,也可以不签名。

劳动争议仲裁裁决书的具体格式和内容参见范文2-5。

劳动争议仲裁裁决书

〔2017〕×劳仲案字第××号

申请人陈×,男,1980年8月6日出生,汉族,职工,住包头市××区××街道××住宅小区××室。

被申请人包头市××贸易有限公司,住所地包头市××区××大厦。

法定代表人赵××,董事长。

委托代理人张××,该公司人力资源管理部部长。

申请人陈×诉包头市××贸易有限公司劳动争议一案,包头市××区劳动争议仲裁委员会依法进行了审理,申请人陈×,被申请人的委托代理人张××到庭参加了仲裁活动。本案现已审理终结。

申请人诉称：2016年8月19日，申请人与被申请人签订了1年期的劳动合同。2017年7月7日，被申请人通知申请人原劳动合同不变，并续签3年。申请人仅同意续签1年，双方未达成一致意见。劳动合同到期后，被申请人以申请人拒签为由，终止了劳动合同。现双方协商不成劳动合同终止，被申请人应按《中华人民共和国劳动合同法》第46条规定支付申请人1个月的经济补偿金。

被申请人辩称：适当延长劳动合同期限符合《中华人民共和国劳动合同法》的立法本意，应属于用人单位维持或者提高劳动合同约定条件续订劳动合同的情形，未损害劳动者的劳动权益，不属于应当支付经济补偿金的法定情形，要求驳回申请人的请求。

现已查明：2016年8月19日，申请人与被申请人签订了1年期的劳动合同。2017年7月7日，被申请人通知申请人原劳动合同不变，并续签3年。申请人仅同意续签1年，双方未达成一致。劳动合同到期后，被申请人以申请人拒签为由，终止了劳动合同。以上事实，有申请人的申诉书、被申请人的答辩书、申请人和被申请人出示的证据和本委庭审笔录等证据予以证明。

本委认为：劳动合同期限是劳动合同的条件之一。遵循《中华人民共和国劳动合同法》提倡建立长期劳动关系的精神，公司将劳动合同期限提高到3年，应视为公司提高了劳动合同条件，符合《中华人民共和国劳动合同法》第46条第5项的规定，故应驳回申请人支付经济补偿金的请求。

本案经调解，双方未能达成协议，根据《中华人民共和国劳动合同法》第46条的规定，仲裁裁决如下：

驳回申请人的申诉请求。

如不服本裁决，可在接到裁决书之日起15日内向人民法院起诉，逾期不起诉，本裁决即发生法律效力。

首席仲裁员：×××

仲裁员：×××

仲裁员：×××

包头市××区劳动争议仲裁委员会

2017年10月12日

实务训练

一、案情介绍

1991—2000年，张海在江北A公司工作期间带薪读书，先后取得了大专和本科学历，后来他又带薪攻读了硕士研究生。2006年9月，A公司与他签订了委培协议，约定张海学习期满后必须回单位工作10年。

2011年6月,张海取得了博士学位。之后两年,张海先后被任命为两个项目的高管;2014年,张海又被聘任为A公司下设的研究院的副院长。期间,A公司还将张海送去作了2年博士后,并提供了学习费用和科研项目。

2013年5月,A公司印发的《人才流动管理办法》规定,由A公司出资完成博士后研究或取得博士学历的人才非合理流动,基本赔偿费用为160万元;被派往公司驻境外机构从事过研究工作或接受培训等非合理流动人员,累计时间在3个月以上不足6个月者,基本赔偿费用为60万元。

2013年8月,张海与A公司签订协议书约定,若张海在服务期内未经A公司的同意离开该公司,应承担的违约责任为:服务期未满10年,A公司要收回住房;赔偿金额按照《人才流动管理办法》执行。

2015—2017年,A公司派张海到澳大利亚、意大利和德国等国家工作。

2017年7月,张海以应邀到美国参加一个研究项目为由,书面向A公司提出辞职,同时要求解除劳动关系。A公司不同意张海辞职,但张海执意要走。2017年10月,A公司向市劳动争议仲裁委员会申请仲裁,要求张海赔偿违约金280万元以及赔偿A公司在他攻读硕士、博士期间支付的工资、奖金、补贴和出国等费用29万余元,合计要求赔偿309万余元。

二、工作任务

教师请学生以A公司人力资源管理人员的身份调查取证,制作法律文书,通过仲裁程序妥善解决与张海的劳动争议。

任务三 劳动争议诉讼

教、学、做目标

通过本任务的学习,使学生掌握我国劳动争议诉讼的法律、法规,学会利用诉讼程序处理劳动争议,提高学生从事企业单位劳资管理工作的能力。

案例导入

2013年9月3日,申诉人苏女士与北京市A通信集团有限公司(以下简称A公司)签订了劳动合同,进入A公司任人事文员一职。之后,双方每年签订一份期限为1年的劳动合同。最近一份劳动合同的期限是从2016年11月1日至2017年10月31日。2016年10月11日至2017年3月5日,经A公司批准苏女士将年假、补假及产假一起休完。2017年3月6日至2017年4月5日,苏女士因剖宫产续请产假1个月,A公司准假。在上述假期期间,A公司安排他人接替了苏女士人事文员的工作。

2017年4月6日,苏女士休完产假回A公司工作,该公司向其发出《集团内部员工调配通知书》,将苏女士临时调动到该公司制版中心办公室从事文员工作,报到时间为2017年4

月17日,但该调配通知书中未明确调配岗位后苏女士的工资待遇变化情况。苏女士认为A公司希望自己自动离职,当即表示不同意这个安排,人事经理让苏女士4月11日再到A公司看有何安排。4月11日,人事经理告诉苏女士到A公司制版中心办公室做文员。苏女士询问了工资待遇等事宜,他说按计件工资算。苏女士本人也向制版中心的同事进行了询问,确认自己不能接受新的工资待遇及工作时间,因此向北京市××区劳动争议仲裁委员会提出解除与A公司的劳动合同关系并要求其支付经济补偿金8400元、余下8个月哺乳期的工资1.68万元。经北京市××区劳动争议仲裁委员会裁决:

(1)申诉人与被诉人之间的劳动合同于2017年4月17日解除;

(2)驳回申诉人的其他申诉请求。

本案仲裁处理费956元人民币,由申诉人承担。苏女士对仲裁裁决不服,向人民法院起诉。

工作任务

教师请学生以A公司人力资源管理人员的身份,进一步了解本案的事实,收集相关的法律、法规,对本案进行分析,制作法律文书,通过诉讼程序解决本案。

案例解析

劳动争议诉讼就是指发生劳动争议的一方当事人,依据《民事诉讼法》《劳动法》等法律的规定,向有管辖权的人民法院提出诉讼,人民法院和案件当事人在其他诉讼参与人的配合下,按照法定程序,为解决劳动权利义务争议所进行的全部活动,以及由此而产生的各种关系的总和。

对劳动争议仲裁委员会不予受理或者逾期未作出决定的,申请人可以就该劳动争议事项向人民法院提起诉讼。当事人对《劳动争议调解仲裁法》第47条规定以外的其他劳动争议案件的仲裁裁决不服的,可以自收到仲裁裁决书之日起15日内向人民法院提起诉讼;劳动者对《劳动争议调解仲裁法》第47条规定的仲裁裁决不服的,可以自收到仲裁裁决书之日起15日内向人民法院提起诉讼。仲裁裁决被人民法院裁定撤销的,当事人可以自收到裁定书之日起15日内就该劳动争议事项向人民法院提起诉讼。人民法院审理劳动争议案件,虽然在实体上适用《劳动法》,但在程序上仍然主要适用《民事诉讼法》。

一、劳动争议诉讼的基本原则

劳动争议诉讼的基本原则是指在劳动争议诉讼的全过程或者重要诉讼阶段起指导作用的准则。根据我国法律的规定,结合劳动争议案件的特点,劳动争议诉讼应着重坚持以下六个基本原则:

(一) 当事人诉讼权利平等原则

劳动争议诉讼中的当事人诉讼权利平等原则是指在劳动争议诉讼中,当事人平等地享有和行使诉讼权利。这个原则包括两个方面的内容:一方面,当事人平等地享有诉讼权利;另一方面,人民法院应当为当事人平等地行使法律规定的诉讼权利提供保障和方便。

（二）法院调解自愿与合法原则

劳动争议诉讼中的法院调解自愿与合法原则是指人民法院审理劳动争议案件,应当根据自愿和合法的原则进行调解;调解不成的,应当及时判决。这个原则包括三个方面的内容:第一,人民法院审理劳动争议案件,只要有调解可能的,应当尽量用调解方式结案;第二,人民法院进行调解时,必须遵守自愿原则与合法原则;第三,调解不成的,人民法院应当及时判决,而不能久调不决。

（三）辩论原则

劳动争议诉讼中的辩论原则是指在人民法院的主持下,当事人有权就案件事实和争议的问题,各自陈述自己的主张和根据,相互进行反驳和答辩。这个原则包括三个方面的内容:第一,辩论的主体只限于当事人及其诉讼代理人;第二,辩论的形式包括口头和书面两种;第三,辩论的内容主要应当围绕案件如何进行处理的实质性问题展开,但也包括案件涉及的诉讼程序问题。

（四）处分原则

劳动争议诉讼中的处分原则是指当事人有权在法律许可的范围内自由支配自己的民事权利和诉讼权利。这个原则包括两个方面的内容:第一,处分权的享有者只限于劳动争议诉讼当事人,其他诉讼参与人不享有处分权;第二,当事人行使处分权的对象包括处分自己依法享有的民事权利和诉讼权利。

（五）支持起诉原则

劳动争议诉讼中的支持起诉原则是指工会、妇联、残联、劳动保障等机关、社会团体、企业、事业单位对损害国家、集体或者个人民事权益的行为,可以支持受损害的单位或者个人向人民法院起诉。

（六）检察监督原则

劳动争议诉讼中的检察监督原则是指人民检察院有权对民事审判活动实行法律监督。监督内容主要有两个方面:一是监督审判人员贪赃枉法、徇私舞弊等违法行为;二是监督人民法院作出的生效判决、裁定是否正确、合法。人民检察院认为判决、裁定有错误的,应当提出抗诉,并派员出席再审法庭。

二、劳动争议诉讼的基本制度

劳动争议诉讼的基本制度是指人民法院审判劳动争议案件所必须遵循的基本操作规程。在劳动争议诉讼中,根据《民事诉讼法》第10条的规定,基本制度包括合议制度、回避制度、公开审判制度和两审终审制度。

（一）合议制度

合议制度简称合议制,是指由3名以上的审判人员组成审判集体,代表人民法院行使审判权,对案件进行审理并作出裁判的制度。合议制度的组织形式为合议庭。合议庭的人数必须是3人以上的单数,并且要由其中1人担任审判长,主持审判活动。

（二）回避制度

回避制度是指审判人员和其他有关人员遇有法律规定不宜参加案件审理的情形时而退出案件审理活动的制度。回避的方式有自行回避和申请回避两种。回避的原因有以下三种：

(1) 审判人员是本案当事人或者当事人、诉讼代理人的近亲属；

(2) 审判人员与本案有利害关系；

(3) 审判人员与本案当事人有其他关系，可能影响对案件公正审理的。

回避制度适用于审判人员、书记员、翻译人员、鉴定人、勘验人。回避的程序包括申请、决定和复议三个部分。

（三）公开审判制度

公开审判制度是指人民法院的审判活动除合议庭评议案件外，向群众和社会公开的制度。公开审判制度包括以下三个方面的内容：

第一，开庭前公告当事人的姓名、案由和开庭的时间、地点；

第二，开庭时允许群众旁听和允许新闻记者采访报道；

第三，公开宣告判决。

公开审判制度不是绝对的，也有不公开审理的例外情况。根据《民事诉讼法》第134条的规定，不公开审理的案件有以下三种：

第一，涉及国家秘密的案件；

第二，涉及个人隐私的案件；

第三，离婚案件和涉及商业秘密的案件，当事人申请不公开审理的。

（四）两审终审制度

两审终审制度是指一个劳动争议案件经过两级人民法院的审判，案件的审判即宣告终结的制度。一般的劳动争议案件，当事人对一审判决和部分裁定不服，可以上诉到二审人民法院。二审人民法院的裁判为生效裁判，不得再上诉。需要注意的是，最高人民法院所作的一审裁判为终审裁判；适用特别程序、督促程序、公示催告程序和企业法人破产还债程序的案件，实行一审终审。

三、劳动争议诉讼的主管

劳动争议诉讼的主管是指人民法院受理和解决劳动争议诉讼的权限。或者说，就是确定人民法院与其他机构和组织之间处理劳动争议的职权分工。

根据《劳动法》《最高人民法院关于审理劳动争议案件适用法律若干问题的解释（一）》和《最高人民法院关于审理劳动争议案件适用法律若干问题的解释（二）》等的规定，人民法院主管劳动争议的案件有以下五类：

(1) 用人单位与劳动者之间发生的下列纠纷，属于《劳动法》第2条规定的劳动争议，当事人不服劳动争议仲裁委员会作出的裁决，依法向人民法院起诉的，人民法院应当受理：

① 用人单位与劳动者在履行劳动合同过程中发生的纠纷；

② 用人单位与劳动者之间没有订立书面劳动合同，但已形成劳动关系后发生的纠纷；

③ 劳动者退休后，与尚未参加社会保险统筹的原用人单位因追索养老金、医疗费、工伤保险待遇和其他社会保险费而发生的纠纷。

(2) 劳动争议仲裁委员会以当事人申请仲裁的事项不属于劳动争议为由，作出不予受理的书面裁决、决定或者通知，当事人不服，依法向人民法院起诉的，人民法院应当分别情况予以处理：

① 属于劳动争议案件的，应当受理；

② 虽不属于劳动争议案件，但属于人民法院主管的其他案件，应当依法受理。

(3) 劳动争议仲裁委员会根据《劳动法》第82条的规定，以当事人的仲裁申请超过期限为由，作出不予受理的书面裁决、决定或者通知，当事人不服，依法向人民法院起诉的，人民法院应当受理。

(4) 劳动争议仲裁委员会为纠正原仲裁裁决错误重新作出裁决，当事人不服，依法向人民法院起诉的，人民法院应当受理。

(5) 对人民法院根据《民事诉讼法》裁定不予执行仲裁裁决不服提出诉讼的，人民法院应当受理。

人民法院对劳动争议案件的处理包括两类：一类是仲裁的补充程序，对仲裁裁决不服提出的民事诉讼；另一类属于先对仲裁裁决的效力进行认定，即人民法院可以用裁定撤销仲裁机构的仲裁裁决。对被撤销的仲裁裁决内容也可以在其后向人民法院起诉。这其中比较复杂的是对所谓"一裁终局"案件的处理，根据《劳动争议调解仲裁法》第47条的规定，追索劳动报酬、工伤医疗费、经济补偿或者赔偿金，不超过当地月最低工资标准12个月金额的争议，以及因执行国家的劳动标准在工作时间、休息休假、社会保险等方面发生的争议属于"一裁终局"的案件，此类案件的仲裁裁决书自作出之日起发生法律效力。劳动者对此类案件的仲裁裁决书不服的，可以自收到之日起15日内向人民法院提起诉讼。但法律同时规定了另外的特殊情形，也就是用人单位如果证明该裁决书有以下六种情形的，可以自收到仲裁裁决书之日30日内向劳动争议仲裁委员会所在地的中级人民法院申请撤销裁决：

(1) 适用法律、法规确有错误的；

(2) 劳动争议仲裁委员会无管辖权的；

(3) 违反法定程序的；

(4) 裁决所根据的证据是伪造的；

(5) 对方当事人隐瞒了足以影响公正裁决的证据的；

(6) 仲裁员在仲裁该案时有索贿受贿、徇私舞弊、枉法裁决行为的。

人民法院经组成合议庭审查核实裁决有以上六种情形的，应当裁定撤销。此时，当事人可以自收到裁定书之日起15日内就该劳动争议事项向人民法院提起诉讼。

四、劳动争议诉讼的管辖

劳动争议诉讼的管辖是指确定上下级人民法院之间、同级人民法院之间受理第一审劳动争议案件的分工和权限。根据《民事诉讼法》的规定，管辖分为级别管辖、地域管辖、移送管辖等。

级别管辖又称审级管辖，是指各级人民法院之间受理第一审劳动争议案件的分工和权限。

地域管辖是指同级人民法院之间受理第一审劳动争议案件的分工和权限。

移送管辖是指人民法院受理案件以后,发现对自己已经受理的案件并没有管辖权,则应当把案件移送给有管辖权的人民法院去审理。

根据《最高人民法院关于审理劳动争议案件适用法律若干问题的解释(一)》第 8 条的规定,劳动争议案件由用人单位所在地或者劳动合同履行地的基层人民法院管辖。劳动合同履行地不明确的,由用人单位所在地的基层人民法院管辖。据此,我国现行劳动争议诉讼的管辖规则是:在级别管辖上,均由基层人民法院管辖;在地域管辖上,由用人单位所在地或者劳动合同履行地人民法院管辖,劳动合同履行地不明确的,由用人单位所在地人民法院管辖。当事人双方就同一仲裁裁决分别向有管辖权的人民法院起诉的,后受理的人民法院应当将案件移送给先受理的人民法院。

值得注意的是,用人单位依据《劳动争议调解仲裁法》第 49 条规定申请撤销裁决的,应自收到仲裁裁决书之日起 30 日内向劳动争议仲裁委员会所在地的中级人民法院提出。

五、劳动争议诉讼当事人

当发生劳动争议,以自己的名义参加诉讼的人及其相对人为当事人。当事人有狭义和广义之分:狭义的当事人指的是原告、被告;广义的当事人除原告、被告外还包括共同诉讼人、诉讼代表人、第三人及诉讼代理人。

(一) 原告、被告

原告是指为了保护自己的劳动权益,以自己的名义向人民法院提起诉讼,从而引起劳动争议诉讼程序发生的人。

被告是指被原告诉称侵犯其劳动权益,而由人民法院通知应诉的人。

1. 劳动者的诉讼主体资格

劳动法律关系中的劳动者具有诉讼主体资格是毋庸置疑的。但是有一种特殊情况,即发生争议的一方劳动者死亡的,基于死亡职工与其原所在用人单位之间的劳动关系,出现了其直系亲属等利害关系人与该用人单位之间的附随关系,因职工死亡发生的保险待遇等争议,往往是该附随关系主体之间的纠纷。所以,在这类劳动争议案件中,死亡职工不具备诉讼主体资格,其直系亲属等利害关系人应当作为诉讼主体参加诉讼。

2. 用人单位的诉讼主体资格

根据《最高人民法院关于审理劳动争议案件适用法律若干问题的解释(一)》第 10 条的规定,用人单位与其他单位合并的,合并前发生的劳动争议,由合并后的单位为当事人;用人单位分立为若干单位的,其分立前发生的劳动争议,由分立后的实际用人单位为当事人。

劳动者与起有字号的个体工商户产生的劳动争议诉讼,人民法院应当以营业执照上登记的字号为当事人,但应同时注明该字号业主的自然情况。劳动者因履行劳动派遣合同产生劳动争议而起诉,以派遣单位为被告;争议内容涉及接受单位的,以派遣单位和接受单位为共同被告。

(二) 共同诉讼人

共同诉讼是指当事人一方或双方为 2 人以上(含 2 人)的诉讼。共同诉讼是诉的合并的一种形式,属于诉的主体合并,即诉讼当事人的合并。共同诉讼分为必要共同诉讼和普通共同诉讼两种类型。

必要共同诉讼是指当事人一方或者双方为2人以上,诉讼标的同一,人民法院必须合一审理并合一判决的共同诉讼。所谓诉讼标的同一,是指共同诉讼人与对方当事人之间是同一个诉讼标的,在这个诉讼标的中他们共同享有权利或者共同承担义务。如多人的侵权行为,对他人造成损害,受害人诉至人民法院,以所有的侵权人为被告,要求他们共同承担赔偿责任。

普通共同诉讼是指当事人的一方或双方是2人以上,诉讼标的属于同一种类,当事人同意合并诉讼,人民法院认为可以合并审理的诉讼。所谓诉讼标的属于同一种类,是指不同的当事人与对方当事人之间发生争议的法律关系是同属一种类型的,如同是工伤争议等。

根据《最高人民法院关于审理劳动争议案件适用法律若干问题的解释(一)》第10条的规定,用人单位分立为若干单位后,对承受劳动权利义务的单位不明确的,分立后的单位均为当事人。用人单位招用尚未解除劳动合同的劳动者,原用人单位以新的用人单位和劳动者共同侵权为由向人民法院起诉的,新的用人单位和劳动者列为共同被告。劳动者在用人单位与其他平等主体之间的承包经营期间,与发包方和承包方双方或者一方发生劳动争议,依法向人民法院起诉的,应当将承包方和发包方作为当事人等。

(三) 诉讼代表人

在共同诉讼的基础之上,由于当事人一方(劳动者)人数众多不能都参加诉讼,所以要由人数众多的一方推选2~5人作为代表,进行诉讼。代表人诉讼的结果不仅对代表人有效,而且对被代表的其他当事人都产生相应的法律效力。

当事人人数确定的代表人的确定可以由全体当事人推选共同的代表,也可以由部分当事人推选各自的代表。若推选不出代表,如果是必要共同诉讼就亲自参加诉讼,如果是普通共同诉讼可以另行起诉。

人数不确定的代表人,诉讼代表的确定有三种方法,即当事人推选、与人民法院协商或由人民法院指定。

(四) 第三人

劳动争议诉讼中的第三人是指在已经开始的诉讼中,对他人争议的诉讼标的具有全部或部分的独立请求权,或者虽然不具有独立请求权,但案件的处理结果与其有法律上的利害关系的人。凡是对他人争议的诉讼标的具有全部或部分独立请求权的人叫作有独立请求权的第三人;凡是对他人争议的诉讼标的不具有独立请求权,而案件的处理结果与其有法律上的利害关系的人叫作无独立请求权的第三人。

劳动争议案件在下列情况下,出现了劳动争议案件的第三人:

(1) 用人单位招用尚未解除劳动合同的劳动者,原用人单位与劳动者发生的劳动争议,可以列新的用人单位为第三人;

(2) 原用人单位以新的用人单位侵权为由向人民法院起诉的,可以列劳动者为第三人;

(3) 建设施工承包单位给对方施工时,因发包人原因致使正在履行职务的劳动者造成伤、残、亡的,可以列发包人为第三人;

(4) 因履行职务受到他人伤害的,可以列加害人为第三人;

(5) 因交通肇事按照规定应定为工伤的可以列交通肇事方为第三人等。

(五) 诉讼代理人

根据代理权的来源不同,诉讼代理人可以分为法定代理人和委托代理人。法定代理人制度是为无行为能力人设定的,由其监护人来代位诉讼的一种诉讼制度。法定代理人的代理权限随监护权的产生而产生,在诉讼中随监护权的消灭而消灭。委托代理人是当事人、法定代理人、法定代表人基于授权委托而代理诉讼的人。委托代理人的代理权限完全取决于当事人的授权。

六、劳动争议诉讼当事人的诉讼权利和诉讼义务

(一) 诉讼权利

根据《民事诉讼法》第 49 条第 1 款和第 2 款、第 50 条、第 51 条等的规定,当事人在劳动争议诉讼中享有的诉讼权利主要有以下十二个方面:

1. 请求司法保护

公民、法人或者其他组织的民事权益受到侵害或者与他人因民事法律关系发生争议时,有权请求人民法院实施司法保护。具体来说,原告有起诉权,被告有答辩权和反诉权;原告起诉后,有变更或者放弃诉讼请求、撤回诉讼的权利,被告有承认原告诉讼请求的权利。通过行使上述诉讼权利,当事人的合法民事权益受到司法保护。

2. 委托诉讼代理人

在诉讼过程中,每个当事人可以委托 1~2 名诉讼代理人代为进行诉讼。

3. 申请回避

审判人员的公正性是案件公正审理的基础。为了确保案件的公正审理,当事人有权要求具有法定回避情形的审判人员、书记员、翻译人员、鉴定人、勘验人退出对案件的审理或者与本案有关的工作。

4. 收集和提供证据

为了维护自己的合法权益,使人民法院作出有利于自己的判决,当事人有权向有关单位、个人收集证据,并在诉讼过程中向人民法院提供证据证明自己的主张。对因客观原因不能自行收集的证据,当事人有权要求人民法院调查收集。对于可能灭失或者以后难以取得的证据,当事人还有权要求人民法院采取证据保全措施。

5. 陈述、质证和辩论

在庭审过程中,当事人有权提出自己的主张和意见,有权就对方当事人提供的证据和人民法院调查收集的证据进行质证,有权通过辩论论证自己的主张和反驳对方当事人的主张。当事人行使辩论权,既可以采取口头形式,也可以采取书面形式。

6. 选择调解

原告起诉后,当事人可以请求人民法院进行调解,也可以拒绝对方当事人或人民法院提

出的调解要求。

7. 自行和解

在人民法院作出裁判前,当事人有权通过相互协商,达成解决争议的和解协议,以终结诉讼。

8. 申请财产保全或者先予执行

对于符合采取财产保全或先予执行条件的案件,当事人有权请求人民法院采取财产保全或者先予执行措施。

9. 提起上诉

对于依法可以上诉的一审判决或者裁定,在法定的上诉期间内,当事人有权依法提起上诉,请求上一级人民法院予以撤销或者变更。

10. 申请执行

对于具有给付内容的生效裁判,义务人拒绝履行该裁判确定的义务的,权利人有权请求人民法院依法强制执行,以实现自己的民事权益。

11. 查阅、复制本案有关材料和法律文书

当事人有权查阅本案的有关材料,有权复制与本案有关的材料和法律文书。当事人认为庭审笔录有错误的,有权要求补正。

12. 申请再审

当事人认为已经发生法律效力的判决书、裁定书、调解书具有法定的再审事由时,有权向原审人民法院或者原审人民法院的上一级人民法院申请再审,以纠正判决书、裁定书、调解书的错误,维护自己的合法权益。

(二) 诉讼义务

根据《民事诉讼法》第49条第3款的规定,当事人在劳动争议诉讼中必须承担的诉讼义务主要有以下三个方面:

1. 依法行使诉讼权利

当事人应当按照《民事诉讼法》的规定正当行使诉讼权利,不得滥用诉讼权利,不得损害他人的合法权益。

2. 遵守诉讼秩序

当事人进行劳动争议诉讼,必须遵守诉讼秩序,服从法庭指挥,既尊重人民法院的审判权,又尊重对方当事人的诉讼权利。

3. 履行生效的法律文书

对于生效的人民法院的判决书、裁定书、调解书所确定的义务,当事人应当切实履行。负有义务的当事人拒绝履行的,人民法院可以强制执行。

七、劳动争议诉讼证据

劳动争议诉讼证据是指在劳动争议诉讼中能够证明案件真实情况的一切事实材料。

(一) 劳动争议诉讼证据的属性

劳动争议诉讼证据具有以下三个属性:

1. 客观性

客观性是指证据是客观存在的,不依赖于人的主观意志而独立存在的客观事实。在劳动争议诉讼中,一切证据必须经过查证属实,才能作为定案的根据。

2. 相关性

相关性又称关联性,是指证据必须与案件有内在的、必然的联系。在劳动争议诉讼中,只有与案件真实情况有内在联系的客观事实才能作为证据。

3. 合法性

合法性是指在劳动争议诉讼中,证据必须符合法律规定的形式,并依照法定程序收集、提供和运用。

(二) 劳动争议诉讼证据的法定种类

1. 物证

物证是指能证明劳动争议诉讼案件真实情况的一切物品和痕迹。物证是以物品的存在、外形、质量、规格、特征等外部特征、物质属性或存在状况等来发挥证明作用的。对物证的收集应依法进行,并要注要妥善保管和审查判断。

2. 书证

书证是指以文字、符号、图画等所表达的思想内容来证明劳动争议诉讼案件真实情况的书面材料或其他物质材料。书证一般是人的主观意志的反映,因此对书证要注意审查、判断其真实性。

3. 证人证言

证人证言是指证人就其所了解的劳动争议诉讼案件事实的情况向司法机关所做的陈述。证人必须是能够辨别是非和正确表达的自然人。证人应就自己所了解的案件客观事实做如实陈述,有意作伪证的应负法律责任。

4. 视听资料

视听资料是指以录音、录像、电子计算机或者其他高科技设备所存储的信息证明劳动争议诉讼案件真实情况的资料。视听资料具有极强的真实性和准确性,能够避免其他证据的一些弊端,但也容易被伪造,因此,人民法院对视听资料应当辨别真伪,并结合本案的其他证据,审查确定其能否作为认定事实的根据。

5. 当事人的陈述

当事人的陈述是指劳动争议诉讼当事人就有关案件事实情况向人民法院所做的叙述。此类证据有助于帮助审判人员了解案件事实,迅速查明案情,但注意要同其他的证据结合起来,综合分析,相互印证,排除矛盾,以确定证据的真伪。

6. 鉴定结论

鉴定结论是指当事人自行委托或者受司法机关指派或聘请的鉴定人,对劳动争议诉讼案件中的专门性问题进行鉴定后作出的书面结论。

7. 勘验笔录

勘验笔录是指人民法院为了查明劳动争议案件事实,勘验物证或者现场时所制作的笔录。勘验时,人民法院的工作人员必须出示证件,并邀请当地基层组织或者当事人所在单位派人参加。当事人或者当事人的成年家属应当到场,拒不到场的,不影响勘验的进行。勘验人笔录由勘验人、当事人和被邀参加人签名或者盖章。

(三) 劳动争议案件的举证责任

举证责任是指当事人在诉讼中对自己提出的主张,有提供证据证明其真实、合法的责任。劳动争议案件举证具有自身的特殊性,劳动关系的双方当事人之间存在着签约时的平等性和签约后的不平等性,由于劳动者在劳动关系中处于弱势地位,使得劳动者在诉讼中对有些事实的举证存在着客观困难。用人单位距离这些证据更近甚至就是证据的掌管者,因而存在举证方面的优势。劳动争议案件的上述特点决定了劳动争议案件举证责任的特殊性。根据《劳动法》、《最高人民法院关于审理劳动争议案件适用法律若干问题的解释(一)》、《最高人民法院关于民事诉讼证据的若干规定》(以下简称《证据规定》)等的规定,劳动争议案件的举证责任按照证明内容的不同分为以下情况:

1. 关于劳动权利义务关系存在的举证责任

无论是由用人单位提起的劳动争议还是由劳动者提起的劳动争议,都要首先证明劳动关系的存在,原告一方对此负有举证责任。证明劳动关系存在最主要、最有力的证据是劳动合同,负有举证责任的一方提供劳动合同即能证明双方劳动权利义务关系的存在。

用人单位未与劳动者签订劳动合同,认定双方是否存在劳动关系时可以参照下列凭证:

(1) 工资支付凭证或记录、缴纳各项社会保险费的记录;
(2) 用人单位向劳动者发放的"工作证""服务证"等能够证明身份的证件;
(3) 劳动者填写的用人单位招工招聘的"登记表""报名表"等招用记录;
(4) 考勤记录;
(5) 其他劳动者的证言等。

其中,第1项、第3项、第4项的有关凭证由用人单位负举证责任。

2. 关于劳动合同内容的举证责任

劳动合同的内容记载着关于劳动合同的期限、劳动者的工作岗位、劳动报酬水平以及违反劳动合同的违约责任等条款。依照《最高人民法院关于民事诉讼证据的若干规定司法解释》第6条的规定,计算劳动者工作年限应当由用人单位承担举证责任,而关于其他合同内容事项,应当由原告承担举证责任。

3. 关于劳动争议发生之日的举证责任

在劳动关系存续期间产生的支付工资争议,用人单位能够证明已经书面通知劳动者拒付工资的,书面通知送达之日为劳动争议发生之日。用人单位不能证明的,劳动者主张权利之日为劳动争议发生之日。

因解除或者终止劳动关系产生的争议,用人单位不能证明劳动者收到解除或者终止劳动关系书面通知时间的,劳动者主张权利之日为劳动争议发生之日。

劳动关系解除或者终止后产生的支付工资、经济补偿金、福利待遇等争议,劳动者能够证明用人单位承诺支付的时间为解除或者终止劳动关系后的具体日期的,用人单位承诺支付之日为劳动争议发生之日。劳动者不能证明的,解除或者终止劳动关系之日为劳动争议发生之日。

4. 特殊劳动争议案件的举证责任倒置

根据《最高人民法院关于民事诉讼证据的若干规定司法解释》第6条的规定,在劳动争议纠纷案件中,因用人单位作出开除、除名、辞退、解除劳动合同、减少劳动报酬、计算劳动者工作年限等决定而发生的劳动争议的,由用人单位负举证责任。《最高人民法院关于审理劳动争议案件适用法律若干问题的解释(一)》第13条的规定与此完全相同。《工伤保险条例》第19条第2款规定,职工或者其近亲属认为是工伤,用人单位不认为是工伤的,由用人单位承担举证责任。这些规定适用了举证责任倒置的原理,平衡了当事人的举证责任。

八、一审普通程序

一审普通程序是指人民法院审理当事人起诉案件通常所适用的程序。它在整个劳动争议诉讼中是最完备的一种程序,也是二审程序、审判监督程序和执行程序的基础。劳动争议诉讼的一审普通程序包括起诉、审查和受理、审前准备、开庭审理、调解或判决五个阶段。

(一) 起诉

起诉是指劳动者或用人单位认为其民事权益、劳动权益受到侵害时,请求人民法院通过审判方式予以司法保护的诉讼行为。

起诉的条件包括:

(1) 有适格的原告;

(2) 有明确的被告;

(3) 有具体的诉讼请求和事实、理由;

(4) 属于人民法院受理劳动争议诉讼的范围和受诉人民法院管辖。

起诉方式以书面起诉为原则,以口头起诉为例外。当事人起诉应当向人民法院递交起诉状,并按照被告数提出副本。当事人书写起诉状确有困难的,可以口头起诉,由人民法院记入笔录,并告知对方当事人。

(二) 审查和受理

人民法院对起诉的审查期限为7日。人民法院经审查,认为符合条件的,应当在7日内立案,并告知当事人。认为不符合条件的,应在7日内裁定不予受理,并通知原告,说明原因或理由,原告对裁定不服的,可以提起上诉。

(三) 审前准备

审前准备也称审理前的准备,是指人民法院受理案件后至开庭审理之前为开庭审理所进行的一系列诉讼活动。审前准备包括以下内容:

(1) 送达起诉状和答辩状副本。人民法院应当在立案之日起5日内将起诉状副本发送被告,告知被告在收到之日起15日内提出答辩。人民法院在收到答辩状之日起5日内将答辩状副本发送原告。被告不提出答辩的,不影响人民法院的开庭审理。

(2) 人民法院对决定受理的案件,应当在受理案件通知书和应诉通知书中告知当事人有关的诉讼权利和诉讼义务以及审判人员。人民法院也可以采用口头告知的方式。

(3) 审阅诉讼材料,调查收集必要的证据。

(4) 更换和追加当事人的工作。

(四) 开庭审理

开庭审理是指人民法院在当事人和其他诉讼参与人的参加下,按照法定的方式和程序对案件进行全面审查并作出裁判的诉讼活动。开庭审理的主要任务是全面审查核实证据,查明案件事实,分清是非责任,正确适用法律,通过具有法律效力的法律文书确认当事人之间的实体权利义务关系,解决当事人之间的劳动争议,保护当事人的合法权益。

人民法院审理案件,必须严格按照《民事诉讼法》规定的程序分阶段进行。

1. 开庭审理前的准备

开庭审理前的准备包括:

(1) 开庭 3 日前,传唤、通知当事人和其他诉讼参与人;

(2) 公开审理的案件,开庭 3 日前,发布公告。

2. 正式开庭审理

首先是准备开庭。书记员查明当事人和其他诉讼参与人是否到庭;审判长核对当事人,宣布案由,宣布审判人员、书记员名单,告知当事人有关的诉讼权利和诉讼义务,询问当事人是否提出回避请求。

其次是法庭调查,它是开庭审理的核心,是案件进入实体审理的一个重要阶段。这一阶段一般按照下列顺序进行:

(1) 原告提出诉讼请求,陈述事实经过及理由,再由被告提出答辩意见。

(2) 审判人员归纳争议焦点或者法庭调查重点,并征求当事人的意见。

(3) 原告出示证据,被告质证。

(4) 被告出示证据,原告质证。审判人员在法庭调查中可就本案关键性问题向双方当事人以及证人、鉴定人等诉讼参与人直接发问。

(5) 审判人员归纳总结法庭调查认定的事实和当事人争议的问题,并询问当事人及诉讼代理人是否还有意见做最后陈述。

最后是法庭辩论,即劳动争议诉讼当事人及诉讼代理人就案件的有关事实和法律适用等问题提出自己对本案的基本看法和处理意见,并相互辩驳对方观点的诉讼活动。法庭辩论的顺序是:

(1) 原告及其诉讼代理人发表辩论意见;

(2) 被告及其诉讼代理人答辩;

(3) 第三人及其诉讼代理人发表辩论意见或答辩;

(4) 相互辩论;

(5) 由审判长按照原告、被告、第三人的先后顺序征询各方的最后意见。

（五） 调解或判决

劳动争议诉讼案件经过法庭调查和辩论,事实已经清楚,责任已经明确,因此,接下来就是处理案件了。根据《民事诉讼法》第八章的规定,劳动争议诉讼可以在查清事实、分清责任的基础上进行调解。调解达成协议的,人民法院要制作调解书,并经双方签收后,即发生法律效力。对于达不成协议或一方当事人在调解书送达前反悔的,应及时评议、依法作出判决、公开宣判,告知当事人上诉权利、上诉期限和上诉的人民法院。

适用普通程序审理的劳动争议诉讼案件,人民法院应当在立案之日起 6 个月内审结。有特殊情况需要延长的,由本院院长批准,可以延长 6 个月;还需要延长的,报请上级人民法院批准。

九、简易程序

简易程序是指基层人民法院和它的派出法庭审理事实清楚、权利义务关系明确、争议不大的简单劳动争议案件所适用的审判程序。与普通程序相比,简易程序具有以下六个方面的特点:

（一） 起诉方式简便

根据《民事诉讼法》的规定,对简单的劳动争议案件,原告本人不能书写起诉状,委托他人代写起诉状确有困难的,可以口头起诉。

（二） 受理案件的程序简便

根据《民事诉讼法》的规定,适用简易程序审理的案件,当事人双方可以同时到基层人民法院或者它的派出法庭请求解决纠纷。基层人民法院和它的派出法庭可以当即审理,也可以另定日期审理。

（三） 传唤当事人和通知其他诉讼参与人的方式简便

适用简易程序审理劳动争议诉讼案件时,可以根据《民事诉讼法》第 159 条的规定,用简便的方式传唤当事人和通知其他诉讼参与人。人民法院既可以口头传唤和通知,也可以采取电话、传真、电子邮件等简便方式随时传唤双方当事人、证人。同时,不受普通程序开庭前 3 日通知当事人和其他诉讼参与人规定的限制,可以随时传唤当事人和通知其他诉讼参与人。

（四） 实行独任制审判

按照简易程序审理简单的劳动争议案件,由审判员一人独任审理,书记员担任记录,但是不能由审判员一人自审自记。

（五） 开庭审理的程序简便

适用简易程序审理劳动争议案件,也应当开庭审理。但是,法庭审理的方式和步骤比普通程序简便。按照简易程序审理劳动争议案件,审判员可以根据案件的具体情况,灵活掌握案件审理的进程。

（六） 审结案件的期限较短

根据《民事诉讼法》第 161 条的规定,人民法院适用简易程序审理劳动争议案件,应当在立案之日起 3 个月内审结。这一审理期限是法定期间,不得延长。

十、二审程序

二审程序是指当事人对一审人民法院的判决或裁定不服,而上诉至上一级人民法院进行审理所适用的程序。根据《民事诉讼法》第164条的规定,对一审判决不服的,其上诉期限为15日;对一审裁定不服的,其上诉期限为10日,均从接到判决书或裁定书的次日起计算。

二审人民法院对上诉案件,应当由审判员组成合议庭开庭审理。经过阅卷和调查,询问当事人,在事实核对清楚后,合议庭认为不需要开庭审理的,也可以径行判决、裁定。上诉案件经过审理后,二审人民法院按照不同的情况,分别作出判决或裁定:

(1) 原判决认定事实清楚、适用法律正确的,驳回上诉,维持原判;

(2) 原判决适用法律错误的,依法改判;

(3) 原判决认定事实错误或者主要事实不清,证据不足,裁定撤销原判,发回重审,或者查清事实后改判;

(4) 原判决违反法定程序,可能影响案件正确判决的,裁定撤销原判,发回重审。

当事人对重审案件的判决或裁定不服的,可以上诉。

十一、审判监督程序

审判监督程序也称再审程序,是指人民法院对已经发生法律效力的判决、裁定发现确有错误,依法对案件进行再次审理的程序。

再审程序的提起通常有以下四种情况:

(1) 由本院院长提出,提交审判委员会讨论决定;

(2) 由最高人民法院、上级人民法院提审或指令下级人民法院再审;

(3) 由最高人民检察院、上级人民检察院按照审判监督程序提出抗诉;

(4) 由当事人申请,经人民法院审查决定是否再审。

当事人对已经发生法律效力的判决和裁定认为有错误的,可以向原审人民法院或者上一级人民法院申请再审。当事人申请再审,应当在判决、裁定发生法律效力后6个月内提出,并且符合下列情形之一:

(1) 有新的证据,足以推翻原判决、裁定的;

(2) 原判决、裁定认定事实的主要证据不足的;

(3) 原判决、裁定适用法律确有错误的;

(4) 人民法院违反法定程序,可能影响案件正确判决、裁定的;

(5) 审判人员在审理该案件时有贪污受贿、徇私舞弊、枉法裁判行为的。

当事人并不得因申请再审而停止原判决、裁定的执行,但人民法院已经决定再审的应裁定中止原判决的执行。

再审案件的程序应由原审级决定:原来是一审的,按照一审程序审理,所作出的判决、裁定,当事人不服可以上诉;原来是二审的,或者是上级人民法院提审的,按照二审程序审理,所作出的判决、裁定就是发生法律效力的判决、裁定。

十二、执行程序

执行是指人民法院对已经发生法律效力的判决、裁定、调解协议和其他具有执行效力的法律文书,由于一方当事人拒绝履行,根据对方当事人的申请,依照法定程序强制执行的诉讼活动。

执行必须符合下列条件:

(1) 要有执行根据;

(2) 执行根据必须具有给付内容;

(3) 执行根据必须已经发生法律效力;

(4) 负有义务的一方当事人拒不履行法律文书确定的义务。

执行权统一由人民法院行使。申请执行的期限是 2 年,从法律文书规定期限的最后一日起计算。执行的具体措施有:

(1) 查询、冻结、划拨被执行人的存款;

(2) 扣留提取被执行人的收入;

(3) 搜查、查封、扣押、拍卖、变卖被执行人的财产;

(4) 强制被执行人交付法律文书指定的财物;

(5) 强制被执行人履行法律文书指定的行为;

(6) 强制被执行人支付迟延履行期间债务利息及迟延履行金;

(7) 请求人民法院继续执行等。

对于人民法院发出的协助执行通知书,有关单位和个人必须办理。

十三、劳动争议诉讼文书

(一) 劳动争议诉讼文书的写作要求

劳动争议诉讼文书是指劳动争议诉讼当事人在整个诉讼活动过程中所制作的各种文件。根据文件内容和功能的不同,劳动争议诉讼文书可以分为起诉状、上诉状、答辩状、反诉状、调查取证申请书、再审申请书、强制执行申请书、代理词等。劳动争议诉讼文书在写作中应注意以下三个问题:

1. 叙述事实要求清楚、具体

劳动争议诉讼文书要把必要的时间、地点、事情、原因系统地叙述清楚,又不能支离破碎,要掌握住案情(或事件)的关键所在,围绕中心,抓住要害,把整个事实叙述清楚。

2. 说理要正确、充分,力求避免空谈

说理要正确表现为劳动争议诉讼文书的观点要正确,引用法律条文要准确。充分地说理则要求文书制作者充分利用多种论述手段,抓住主要理由,善于分析和运用证据,避免从概念到概念地空谈理论。

3. 结构要严谨,层次要清晰,用语要准确

各种劳动争议诉讼文书应按照最高人民法院统一规定的格式和要求书写,要做到:

(1) 写全事项；
(2) 语言要规范、精确,解释要单一；
(3) 语句要规整。

劳动争议诉讼文书要力求行文简练、朴实、清楚、通顺。

(二) 起诉状

起诉状是指劳动争议案件的原告为了维护自己的合法权益,就劳动争议纠纷向人民法院提起诉讼的书状。民事起诉状主要由三个部分构成,即首部、正文和尾部。

1. 起诉状的首部

首部主要写明劳动争议案件双方当事人的基本情况,包括当事人的姓名、性别、年龄、民族、职业、工作单位和住所,法人或者其他组织的名称、住所和法定代表人或者主要负责人的姓名、职务。如果有两个以上的被告,则应按照其承担责任的大小、主次顺序进行排列。如果原告已经委托了诉讼代理人,还应当写明诉讼代理人的有关情况。

2. 起诉状的正文

(1) 诉讼请求。

诉讼请求要具体写清原告请求人民法院依法解决的有关劳动争议的具体问题,即诉讼标的。诉讼请求要求具体明确、切实可行。对于给付之诉的要具体写明给付的标的(如金钱、有价证券、物品等)、给付的数额,特别是赔偿的数额要准确估算、适度合理。对于确认之诉,要具体写明确认标的所有权归属及行为的有效或无效,如确认劳动合同的无效等。

(2) 事实与理由。

事实与理由重点写明原告与被告之间劳动法律关系存在的事实以及双方发生争议的权益的基本情况,并就双方发生争议的权益的性质,被告侵权行为的性质、危害和后果以及被告应当承担的民事责任加以阐述和论证,以说明原告诉讼请求提出的真实性、合理性和合法性。

3. 起诉状的尾部

尾部主要依次写明受诉人民法院的全称、起诉人的名称、起诉时间以及附项等内容。

劳动争议诉讼起诉状的具体格式和内容参见范文 2-6。

起诉状

原告苏××,女,1988 年 10 月 6 日出生,汉族,职工,住所地北京市××区××街道××住宅小区××室。

被告北京市 A 通信集团有限公司,住所地北京市××区××大厦。

法定代表人李××,董事长。

案由：解除劳动合同争议。

诉讼请求：

1. 依法判决解除与被告的劳动合同关系；
2. 依法判决被告支付解除劳动合同经济补偿金8400(2100×4)元；
3. 依法判决被告补偿原告余下8个月哺乳期的工资16 800(2100×8)元。

事实与理由：

原告系被告公司的员工。2017年4月6日原告休完产假后回公司上班，人事经理称，原告原来的工作岗位已经由其他人在岗。原告当时即表示不同意，人事经理让原告4月11日再到公司看有何安排。4月11日，人事经理告诉原告调原告到公司制版中心办公室做文员。原告询问了工资待遇等事宜，他说过去后按计件工资算。后来，原告本人到制版中心办公室了解了一下，制版中心办公室文员的工资水平比原告本人原工资待遇低很多，且周六、周日还要加班。因此，原告不同意，便问人事经理能否有其他的解决办法，其称没有其他的解决办法。后经劳动部门调解，仍未达成一致协议。因此原告于2017年5月10日向北京市××区劳动争议仲裁委员会提出解除与被告的劳动合同关系并要求支付8400元经济补偿金、余下8个月哺乳期的工资1.68万元。经北京市××区劳动争议仲裁委员会裁决：申诉人与被诉人之间的劳动合同于2017年4月17日解除，驳回申诉人的其他申诉请求。本案仲裁处理费956元人民币，由申诉人承担。原告不服该裁决。

综上所述，原告认为被告违法调整原告的工作岗位，降低原告的工资待遇，根据《中华人民共和国劳动合同法》之相关规定，应向原告支付经济补偿金并补偿原告哺乳期的工资。请人民法院依法查清事实，公正判决。

此致

××人民法院

原告：苏××

2017年5月31日

附：

本诉状副本1份。

证据材料5份。

（三）答辩状

答辩状是指劳动争议诉讼中的被告或被上诉人根据起诉状或上诉状单方面的内容，针对原告提出的诉讼请求或上诉人提出的上诉请求作出答复和辩解，并依据事实与理由进行辩驳的法律文书。答辩状根据提交的审级不同分为一审答辩状和二审答辩状两种。

答辩状由三个部分所组成，即首部、正文和尾部。

1. 答辩状的首部

答辩状的首部首先写明答辩人的基本情况，具体事项与起诉状的首部相同，其次要写明答辩事由。

2. 答辩状的正文

答辩状的正文主要在于答辩人阐明答辩的意见和理由，揭示对方当事人提出的请求及所依据的事实与理由的不当之处，提出相反的事实和证据，说明自己行为的合法性、主张的正确性，并列举有关法律的规定，以求得人民法院维护答辩人的合法权益。

3. 答辩状的尾部

答辩状的尾部应写明致送的人民法院，由答辩人签名或盖章，注明答辩日期，并可以在附项中写清答辩状副本和有关证据材料的份数。

劳动争议诉讼答辩状的具体格式和内容参见范文2-7。

答辩状

答辩人北京市A通信集团有限公司，住所地北京市××区××大厦。

法定代表人李××，董事长。

答辩人因解除劳动争议一案提出答辩如下：

1. 答辩人调整原告的工作岗位，属合理调整。答辩人在原告休产假期间另行安排他人负责原告原从事工作并无不妥。原告原工作岗位为生产岗人事工作，答辩人在原告休完产假后将原告调动到制版中心办公室文员岗位，虽工作性质与原来有变，但仍属于文员工作范畴。

2. 答辩人决定临时调原告到制版部办公室担任文员一职，且并没有降低其工资待遇。但原告竟然不服从安排，既不请假，也不办理辞职手续，就自动离职，提出解除劳动合同并要求支付解除劳动合同经济补偿金和余下8个月哺乳期的工资，属由劳动者解除劳动合同，该情形不属于法定的应由用人单位支付解除劳动合同经济补偿金的情形。因此，原告诉求答辩人支付解除劳动合同经济补偿金和哺乳期工资的主张，于法无据，应予驳回。

此致
××人民法院

答辩人：（签章）
2017年6月5日

（四）民事判决书

民事判决书是指人民法院在处理劳动争议案件中，就案件的实体问题和程序问题作出处理而依法制作的具有法律效力的文书。民事判决书的制作应力求叙事清楚，说理透彻，结论明确，格式规范，文字简洁，通俗易懂。

民事判决书的具体格式和内容参见范文2-8。

范文 2-8

民事判决书

〔2017〕×民第××号

原告苏××,女,1988年10月6日出生,汉族,职工,住所地北京市××区××街道××住宅小区××室。

被告北京市A通信集团有限公司,住所地北京市××区××大厦。

法定代表人李××,董事长。

委托代理人:梁××,被告公司人力资源部经理。

原告与被告解除劳动合同争议一案本院受理后,依法组成合议庭,公开开庭进行了审理。原告苏××及被告的委托代理人梁××到庭参加了庭审,现已审理终结。

原告诉称:原告系被告公司员工。2017年4月6日原告休完产假回公司上班,被告向原告发出《集团内部员工调配通知书》,将原告临时调动到公司制版中心办公室从事文员工作。原告当时即表示不同意,人事经理让原告4月11日再到公司看有何安排。4月11日,人事经理告诉原告调原告到公司制版中心办公室做文员。原告询问了工资待遇等事宜,人事经理说过去后按计件工资算。后来,原告本人到制版中心办公室了解了一下,制版中心办公室文员的工资水平比原告本人原工资待遇低很多,且周六、周日还要加班。因此,原告不同意,便问人事经理能否有其他的解决办法,其称没有其他的解决方法。后经劳动部门调解,仍未达成一致协议。因此,原告于2017年5月10日向北京市××区劳动争议仲裁委员会提出解除与被告的劳动合同关系并要求支付8400元经济补偿金。经北京市××区劳动争议仲裁委员会裁决:申诉人与被诉人之间的劳动合同于2017年4月17日解除,驳回申诉人的其他申诉请求。原告不服该裁决,向本院提起诉讼,请求依法判决解除与被告的劳动合同关系,判决被告支付解除劳动合同经济补偿金8400(2100×4)元、余下8个月哺乳期的工资16 800(2100×8)元。

被告辩称:被告调整原告的工作岗位,属合理调整,且并没有降低其工资待遇,但原告竟然不服从安排,既不请假,也不办理辞职手续,就自动离职,提出解除劳动合同并要求支付解除劳动合同经济补偿金,属由劳动者解除劳动合同,该情形不属于法定的应由用人单位支付解除劳动合同经济补偿金的情形。因此,原告诉求被告支付解除劳动合同经济补偿金和哺乳期工资的主张,于法无据,应予驳回。

本院经审理查明:原告于2013年9月3日与被告签订了劳动合同,进入被告处任人事文员一职。之后,双方每年签订期限为1年的劳动合同。最近一份劳动合同的期限是从2016年11月1日至2017年10月31日。2016年10月11日至2017年3月5日,原告经被告批准将年假、补假及产假一起休完。2017年3月6日到2017年4月5日,原告因剖宫产续请产假1个月,被告准假。在上述假期期间,被告安排他人接替原告人事文员的工作。

2017年4月6日，原告休完产假回被告处工作，被告向其发出《集团内部员工调配通知书》，将原告临时调配到该公司制版中心办公室从事文员工作，报到时间为2017年4月17日，该调配通知中未明确调配岗位后原告的工资待遇变化情况。原告主张其本人经向制版中心办公室的同事询问，确认自己不能接受新的工资待遇及工作时间，因此向北京市××区劳动争议仲裁委员会提出解除与被告的劳动合同关系并要求支付8400元经济补偿金和余下8个月哺乳期的工资1.68万元。经北京市××区劳动争议仲裁委员会裁决：(1)申诉人与被诉人之间的劳动合同于2017年4月17日解除；(2)驳回申诉人的其他申诉请求。本案仲裁处理费956元人民币，由申诉人承担。原告对仲裁裁决不服，向本院起诉。

以上事实，有原告提供的劳动合同书、《集团内部员工调配通知书》、工资表及社会保险清单和被告提供的假期申请表以及当事人陈述为证。

本院认为：原告和被告的劳动合同关系依法成立，双方应全面履行。本案中，被告在原告休产假期间另行安排他人负责原告原从事工作并无不妥。原告原工作岗位为生产岗人事工作，被告在原告休完产假后将原告调动到制版中心办公室文员岗位，虽工作性质与原来有变，但仍属于文员工作范畴，且仅为临时调动，被告调整原告的工作岗位属合理调整。原告主张被告降低其工资待遇，但未就该主张举证证明，被告又予以否认，因此，本院对此主张不予支持。庭审中，原告要求解除与被告的劳动合同关系，被告同意。且双方均不愿意接受本院的调解，事实上双方原劳动合同关系已无继续履行的必要性及合理性，因此，原告提出解除双方的劳动合同关系，本院予以支持。原告不同意被告的工作安排，未在2017年4月17日到新岗位上班，双方的劳动合同关系应于即日解除。原告在无证据证明其工资待遇被降低的情况下，提出解除劳动合同并要求支付解除劳动合同经济补偿金，属由劳动者解除劳动合同，该情形不属于法定的应由用人单位支付解除劳动合同经济补偿金的情形。因此，原告诉求被告支付解除劳动合同经济补偿金和哺乳期工资的主张，于法无据，本院不予支持。

根据《中华人民共和国劳动法》第17条之规定，本院判决如下：

1. 原告与被告之间的劳动合同于2017年4月17日解除；
2. 驳回原告的其他诉讼请求。

如不服本判决，可在判决书送达之日起15日内向本院递交上诉状，并按对方当事人的人数提出副本，上诉于××市中级人民法院。

审判长：陈××

审判员：李××

审判员：张××

书记员：王××

北京市××区人民法院

2017年7月26日

实务训练

一、案情介绍

原告王×于2014年9月1日入职被告A公司担任主管助理一职。实际上,王×每月的基本工资为2640元(其中,岗位工资为2240元、生活补贴为250元、房补为150元)。原告王×与被告A公司最后一次签订劳动合同的期限为2016年9月29日至2017年9月28日。2017年3月2日,被告A公司以原告王×的工作能力低、不能胜任工作为由辞退了原告王×,且不支付原告王×解除劳动合同的经济补偿金。原告王×于2017年8月16日向××区劳动争议仲裁委员会申请仲裁。后原告王×不服该仲裁委作出的仲裁裁决,诉至人民法院。

二、工作任务

教师请学生以A公司人力资源管理人员的身份调查取证,制作法律文书,通过诉讼程序妥善解决本案。

项目三　劳动合同和集体合同争议处理

任务一　劳动合同订立的争议处理

教、学、做目标

通过本任务的学习,使学生掌握劳动合同订立的相关法律、法规,以及用人单位不与劳动者签订劳动合同所带来的法律后果,掌握劳动者可以采取的法律手段和可以主张的法律权利,训练学生处理劳动合同订立争议的能力。

案例导入

2018年3月30日,A区人民法院对原告陈×诉被告A纺织公司劳动争议案件进行了立案审理。2017年3月24日,陈×的右眼被剪断的钢丝击伤,后经手术治疗,用去医疗费数千元。陈×认为自己是经A纺织公司的驾驶员朱×的介绍于2017年3月13日到被告处工作,事发当日,自己在车间工作时被剪断的钢丝击伤右眼,虽然双方没有签订书面的劳动合同,但双方存在事实劳动关系。陈×对仲裁裁决不服,遂诉至人民法院。审理中,A纺织公司认为自己与陈×不存在劳动关系,原告所受伤害与自己无关。

工作任务

教师请学生以A纺织公司人力资源管理人员的身份,进一步了解本案的事实,收集研究相关的法律规定,分析本案的法律关系,提出处理方案。

案例解析

一、劳动关系

（一）劳动关系术语解释

《劳动法》调整的劳动关系是指在运用劳动能力、实现劳动过程中,劳动者与用人单位（也就是劳动使用者）之间的社会劳动关系。对劳动关系应理解为：人们在劳动过程中,不仅与自然发生关系,而同时也发生人与人之间的社会关系,这种社会关系非常广泛,并不是所有与劳动有关的社会关系均由《劳动法》调整,有些与劳动有关的社会关系由其他的法律调整,如民法中的承揽关系等。由《劳动法》调整的劳动关系是和劳动有着直接关系,劳动是这种关系的基础和实质。因此,《劳动法》调整的是狭义上的劳动关系。

（二）劳动关系的特征

（1）劳动关系是社会劳动过程中发生的关系。劳动者提供劳动能力,包括体力劳动能力和智力劳动能力,用人单位提供劳动过程所需要的劳动条件和工作条件,主体双方在直接的劳动过程中发生关系。

（2）劳动关系的主体双方,一方是劳动者,另一方是用人单位。劳动关系的主体双方各自具有独立的经济利益,劳动者是为了获得相应的报酬和工作条件,用人单位是为了获得经济利润。

（3）劳动关系的主体双方存在管理和被管理关系。劳动关系建立后,劳动者依法服从用人单位的管理,遵守规章、制度。这种双方之间的隶属关系是劳动关系的特点。

（三）劳动关系与劳务关系的区别

劳务关系是指劳动者与用工者根据口头约定或书面约定,由劳动者向用工者提供一次性或者特定的劳动服务,用工者依约向劳动者支付劳务报酬的一种有偿服务的法律关系。

劳动关系与劳务关系主要有以下四个方面的区别：

1. 从用工的主体来看

劳动关系的一方必须是用人单位,即机关、企业、事业单位、社会团体和个体经济组织；另一方只能是自然人,而且必须是符合劳动年龄条件,且是具有与履行劳动合同义务相适应的能力的自然人。

劳务关系的主体类型较多,如可以是两个用工者,也可以是两个自然人。法律、法规对劳务关系主体的要求不如对劳动关系主体的要求那么严格。

2. 从用工双方的关系来看

劳动关系中的用人单位与劳动者具有隶属关系。隶属关系是指劳动者成为用人单位中的一员,即当事人成为用人单位的员工,接受用人单位的管理,遵守用人单位的规章制度,从事用人单位分配的工作和服从用人单位的人事安排。

劳务关系的双方则是一种平等主体之间的关系,劳动者只是按约提供劳务,用工者也只是按约支付报酬,双方不存在隶属关系。如某居民使用一名按小时计酬的家政服务员,家政服务员不可能是该居民家的员工,与该居民也不可能存在劳动关系,没有管理与被管理、支配与被支配的权利和义务。这是劳动关系与劳务关系最基本、最明显的区别。

3. 从支付报酬的形式来看

劳动关系支付报酬的方式多以工资的方式定期支付（一般是按月支付）,有规律性。劳务关系多为一次性即时结清或按阶段、按批次支付,没有一定的规律。

4. 从法律的适用上来看

劳动关系中产生的纠纷是用人单位与劳动者之间的纠纷,应由《劳动法》来规范和解决。

劳务关系中产生的纠纷是平等主体的双方在履行合同中所产生的纠纷,应由《中华人民共和国民法通则》和《中华人民共和国合同法》（以下简称《合同法》）进行规范和解决,合同主体应向工商行政管理部门经济合同仲裁委员会申请仲裁,亦可直接向人民法院提起诉讼,仲裁不是向人民法院提起诉讼的必经程序。

(四) 事实劳动关系

事实劳动关系是指用人单位与劳动者虽然没有订立书面劳动合同,但双方实际履行了《劳动法》所规定的劳动权利义务而形成的劳动关系。在事实劳动关系中,双方当事人虽然没有订立书面劳动合同,但双方当事人的意思已通过各自的行为作了表示。

根据《中华人民共和国劳动合同法》(以下简称《劳动合同法》)第10条第1款和第2款的规定,建立劳动关系,应当订立书面劳动合同。已建立劳动关系,未同时订立书面劳动合同的,应当自用工之日起1个月内订立书面劳动合同。第82条规定,用人单位自用工之日起超过1个月不满1年未与劳动者订立书面劳动合同的,应当向劳动者每月支付二倍的工资。根据《中华人民共和国劳动合同法实施条例》(以下简称《劳动合同法实施条例》)第6条的规定,用人单位自用工之日起超过1个月不满1年未与劳动者订立书面劳动合同的,应当依照《劳动合同法》第82条的规定向劳动者每月支付二倍的工资,并与劳动者补订书面劳动合同;劳动者不与用人单位订立书面劳动合同的,用人单位应当书面通知劳动者终止劳动关系,并依照《劳动合同法》第47条的规定支付经济补偿(该款规定的用人单位向劳动者每月支付二倍工资的起算时间为用工之日起满1个月的次日,截止时间为补订书面劳动合同的前一日)。第7条规定,用人单位自用工之日起满1年未与劳动者订立书面劳动合同的,自用工之日起满1个月的次日至满1年的前一日应当依照《劳动合同法》第82条的规定向劳动者每月支付二倍的工资,并视为自用工之日起满1年的当日已经与劳动者订立无固定期限劳动合同,应当立即与劳动者补订书面劳动合同。

因为事实劳动关系是一种不符合法律理想模式的劳动关系,所以《劳动法》不支持事实劳动关系。劳动行政部门如果发现用人单位超过1个月未与劳动者签订书面劳动合同,应当有义务责令用人单位签订书面劳动合同,并二倍支付工资。用人单位自用工之日起满1年不与劳动者订立书面劳动合同的,视为用人单位与劳动者已订立无固定期限劳动合同。

二、劳动合同

(一) 劳动合同的概念和特征

1. 劳动合同的概念

劳动合同是指用人单位与劳动者确立劳动关系,明确双方权利和义务的协议。

2. 劳动合同的特征

劳动合同的特征为:

(1) 劳动合同的当事人一方是劳动者,另一方是用人单位;

(2) 劳动合同的内容是明确双方当事人在实现劳动过程中的权利和义务,以及违反劳动合同的责任;

(3) 劳动合同的标的是劳动行为;

(4) 劳动合同是双方当事人达成的书面协议。

（二）劳动合同的期限

根据《劳动合同法》第 12 条的规定，劳动合同可以分为固定期限劳动合同、无固定期限劳动合同和以完成一定工作任务为期限的劳动合同。

1. 固定期限劳动合同

固定期限劳动合同是指用人单位与劳动者约定合同终止时间的劳动合同。用人单位与劳动者协商一致，可以订立固定期限劳动合同。

2. 无固定期限劳动合同

无固定期限劳动合同是指用人单位与劳动者约定无确定终止时间的劳动合同。

用人单位与劳动者协商一致，可以订立无固定期限劳动合同。有下列情形之一，劳动者提出或者同意续订、订立劳动合同的，除劳动者提出订立固定期限劳动合同外，应当订立无固定期限劳动合同：

（1）劳动者在该用人单位连续工作满 10 年的；

（2）用人单位初次实行劳动合同制度或者国有企业改制重新订立劳动合同时，劳动者在该用人单位连续工作满 10 年且距法定退休年龄不足 10 年的；

（3）连续订立 2 次固定期限劳动合同，且劳动者没有《劳动合同法》第 39 条和第 40 条第 1 项、第 2 项规定的情形，续订劳动合同的。

用人单位自用工之日起满 1 年不与劳动者订立书面劳动合同的，视为用人单位与劳动者已订立无固定期限劳动合同。

3. 以完成一定工作任务为期限的劳动合同

以完成一定工作任务为期限的劳动合同是指用人单位与劳动者约定以某项工作的完成为合同期限的劳动合同。用人单位与劳动者协商一致，可以订立以完成一定工作任务为期限的劳动合同。

根据工作的需要，用人单位与劳动者可以签订以上三种类型劳动合同的任何一种。

（三）劳动合同条款

从规范用人单位与劳动者签订劳动合同的角度来看，法律规定了劳动合同应当具备以下条款：

1. 合同当事人条款

合同当事人条款即用人单位的名称、住所和法定代表人或者主要负责人，劳动者的姓名、住址和居民身份证或者其他有效身份证件号码。

2. 劳动合同期限条款

劳动合同中应当注明劳动合同的期限类型，即是固定期限劳动合同、无固定期限劳动合同和以完成一定工作任务为期限的劳动合同。

3. 工作内容和工作地点条款

劳动合同中应当具体注明劳动者的工作内容和工作地点，否则在劳动合同履行过程中极易发生争议，或者劳动者的权益难以保障。

4. 工作时间和休息休假条款

在劳动合同中,工作时间的约定不得违反法律的强制性规定,即在法律限定的范围内进行明确;职工带薪年休假制度由国务院以行政法规的形式确定下来,即机关、团体、企业、事业单位、民办非企业单位、有雇工的个体工商户等单位的职工连续工作1年以上的,享受带薪年休假,单位应当保证职工享受年休假,职工在年休假期间享受与正常工作期间相同的工资收入。

5. 劳动报酬条款

劳动者的工资报酬不得低于最低工资标准。如果存在集体合同的情形下,用人单位与劳动者约定的劳动条件和劳动报酬等标准,不得低于集体合同的规定。

6. 社会保险条款

劳动合同应当明确社会保险的缴纳范围和数额等。

7. 劳动保护、劳动条件和职业危害防护条款

劳动合同中应当注明用人单位有义务提供的劳动保护设施和劳动安全卫生条件,以及职业危害防护的措施。

8. 法律、法规规定应当纳入劳动合同的其他事项

用人单位与劳动者可以约定试用期、培训、保守秘密、补充保险和福利待遇等其他事项。试用期是指劳动者和用人单位为了相互适应对方而约定的共同期限;用人单位为劳动者提供专项培训费用,对其进行专业技术培训的,可以与该劳动者订立协议,约定服务期。

(四) 劳动合同订立的程序及续订

用人单位与劳动者确立劳动法律关系,必须签订劳动合同。劳动合同由用人单位与劳动者协商一致,并经用人单位与劳动者在劳动合同文本上签字或者盖章生效。

劳动合同期满,经当事人协商一致,可以续订劳动合同。续订劳动合同不得约定试用期。

(五) 劳动合同的效力

劳动合同的生效是指劳动合同产生法律约束力,劳动合同双方当事人应当依据合同履行义务。劳动合同的生效是用人单位与劳动者共同希望见到的后果,但是在现实生活中,并不是所有签订的劳动合同都会产生法律效力。根据用人单位与劳动者所签订的劳动合同是否符合立法意图为标准,劳动合同的效力可以分为有效和无效两大类。主体合法、意思表示真实、内容合法的劳动合同的履行能够给用人单位与劳动者带来利益,并且同时增加社会公共福利和公共利益,所以此类劳动合同是具有法律效力的劳动合同。在主体方面、意思表示方面、内容方面有瑕疵的劳动合同不能给用人单位与劳动者以及社会带来真正的利益,虽然此类劳动合同偶尔会对一方主体有利,但是此类劳动合同被确认为没有法律效力的劳动合同。

劳动合同具有法律效力应当符合以下要件:

1. 主体合法

主体合法即用人单位与劳动者符合法定的条件。用人单位应当依法成立,具备民事权

利能力和民事行为能力。劳动者要具有民事权利能力和民事行为能力,具有意思辨别能力并可以对自己的行为负责。只有这样,才可以使劳动合同具有履行的基础。

2. 意思表示真实

只有意思表示真实才可以保证劳动力的交易是对用人单位与劳动者都有正当利益的交易,而且这笔交易才是对整个社会都有利的交易。

3. 内容合法

内容合法即劳动合同的内容不得违反法律、法规的强制性规定或者不得违反公共利益,仅对合同当事人有益而对社会无益的交易是不符合立法意图的。

劳动合同的无效即劳动力交易的模式不符合法律的意图,法律赋予此类劳动合同不具备履行的效力。

导致劳动合同无效的情形有以下三种:

第一种是违反法律、行政法规强制性规定的劳动合同。如雇佣童工的劳动合同,我国法律规定劳动者的最低就业年龄是16周岁,低于16周岁进行劳动就业的劳动者属于童工,而雇佣童工的劳动合同是无效的劳动合同。

第二种是以欺诈、胁迫的手段或者乘人之危,使对方在违背真实意愿的情况下订立的劳动合同或者变更劳动合同。此类劳动合同违反了合同当事人的真实意愿,只对一方当事人有益而对另一方当事人无益甚至有害,从社会和当事人的角度来说,此类劳动合同不应该具有履行的效力。

第三种是用人单位免除自己的法定责任、排除劳动者权利的劳动合同。在劳动法律关系中,用人单位是强势主体,而劳动者是弱势群体,用人单位常利用自己的强势地位来免除自己的法定责任、排除劳动者的权利。这种劳动合同置劳动者于不利的法律地位,应当无效。

无效的劳动合同,自订立的时候起,就没有法律约束力。

劳动合同的无效可以分为劳动合同全部无效和劳动合同部分无效。

劳动合同全部无效的情形,劳动合同自始无效,但劳动者已付出劳动的,用人单位应当向劳动者支付劳动报酬。劳动报酬的数额,参照本单位相同或者相近岗位劳动者的劳动报酬确定。

劳动合同部分无效的情形,部分劳动合同条款无效的,不影响其他合同条款的效力,劳动合同的其他条款仍然有效。如工资条款违反最低工资制度,该条款无效,其他的条款仍然有效,劳动合同关系仍然存在。

劳动合同依法被确认无效,给对方造成损害的,有过错的一方应当承担赔偿责任。如因用人单位的原因订立无效或部分无效劳动合同的,因此给劳动者造成的损失,用人单位应承担赔偿责任。对劳动合同的无效或者部分无效有争议的,由劳动争议仲裁机构或者人民法院确认。

三、本案的具体处理意见

本案的争议焦点是双方是否存在劳动关系,即原告陈×的眼睛受伤是否是在被告的工作场所、因工作原因所致。陈×提供的证据之一是事发后与A纺织公司的法定代表人的通话录音,该证据反映其法定代表人对陈×所陈述的在公司做工及受伤的事实并未否认,而是认为陈×在工作时被剪断的钢丝击伤眼睛是不应该发生的事;证据之二是陈×与被告公司驾驶员朱×的通话录音,该证据反映了陈×要求朱×与A纺织公司的法定代表人沟通,再给些钱到医院进行治疗,朱×表示如就此结束可以帮忙,但如果还有其他的要求,钱是肯定没有的,要公司给多少钱陈×说个数字,他可以帮陈×说说;证据之三是陈×与被告公司员工李×的通话录音,该证据反映事发后李×到现场叫陈×不要回家,睡在公司,并把陈×送到楼上睡觉。上述3份录音证据与电信部门的通话清单、被叫电话的户主登记情况相吻合,对陈×主张的事实具有证明力。结合证人证言及陈×受伤后去医院就诊时的主诉及治疗情况,人民法院能认定原告与被告之间存在事实劳动关系。遂A区人民法院判决支持陈×的诉讼请求。

实务训练

一、案情介绍

2017年2月,小丽拿着江苏某职业技术学院颁发的《2017届毕业生双向选择就业推荐表》前去海门市的A公司应聘办公室文员,此时她的论文答辩尚未完成。A公司经过审核和面试后,便通知小丽去上班。一上班,A公司就与小丽签订了《劳动合同协议书》,该协议书约定:小丽担任的职务为办公室文员;合同期限为1年,其中试用期为3个月,试用期月薪为1500元,试用期满后,按照小丽的技术水平、劳动态度、工作效益评定,根据评定的级别或职务确定月薪。

2017年4月,小丽发生了交通事故,遂请假进行治疗。休假期间,经学校同意小丽以邮寄的方式完成了论文及答辩,于2017年7月正式毕业。

同年8月,伤愈后的小丽多次与A公司进行交涉,认为双方既然签订了《劳动合同协议书》,其身份属于公司的员工,应该享受工伤待遇,但遭到A公司的拒绝。11月,小丽向社会保险行政部门提出认定劳动工伤申请,A公司也向当地的劳动争议仲裁委员会提出仲裁申请,要求确认A公司与小丽签订的劳动合同无效。小丽则针对A公司的仲裁申请提起反请求,请求确认合同约定试用期为3个月、试用期月薪1500元等条款违法,要求月薪按照社会平均工资标准执行,同时要求A公司为自己办理社会保险,并缴纳社会保险费。

二、工作任务

教师将学生分为3组,第一组以A公司人力资源管理人员的身份担任A公司的代理人,第二组担任小丽的代理人,第三组担任劳动仲裁员,通过劳动争议仲裁方式解决本案。

任务二 试用期劳动争议处理

教、学、做目标

通过本任务的学习,使学生掌握用人单位与劳动者签订劳动合同时试用期的约定方式;

在试用期不符合法律规定时,掌握劳动者可以采取的法律手段和可以主张的法律权利;训练学生处理试用期劳动争议的能力。

案例导入

原告远东公司和被告董×于2016年10月10日签订了一份《关于新进工人试用期间的有关规定》,并载明:严格遵守和执行公司的各项管理制度及厂规厂纪;凡在试用期内表现不佳、不尽责、不用心者,一律予以辞退。被告董×于2016年11月3日起正式到原告远东公司上班。2017年3月16日上午,被告董×因工作表现不佳被车间主任杨×批评,随即中途离岗回家,此后一直未再上班。同日13时许,被告董×发生交通事故,经公安机关认定:董×负事故的主要责任。3月17日,远东公司作出《关于对董×同志辞退的通知》,通知载明:鉴于董×的现实表现,不符合公司在试用期间的录用条件,决定予以辞退。后原告远东公司将该通知送达给被告董×。2017年5月29日,被告董×向A市劳动和社会保障局申请工伤认定。2017年7月27日,A市劳动和社会保障局作出决定:董×因道路交通事故受到伤害,不认定为工伤。2017年12月15日,董×向A市劳动争议仲裁委员会申请仲裁,该仲裁委于2018年1月15日作出仲裁裁决,撤销远东公司下达的《关于对董×同志辞退的通知》,双方恢复劳动关系,及时补签劳动合同并安排申诉人的工作等。

2018年2月1日,原告远东公司对仲裁裁决不服,向人民法院起诉,要求终止与董×的劳动关系,不支付仲裁裁决书中的经济损失6000元。审理中,被告董×同意与原告远东公司解除劳动合同,原告远东公司自愿给付被告董×经济补偿金、失业补助金共计人民币7800元。

工作任务

教师请学生以远东公司人力资源管理人员的身份,进一步了解本案的事实,收集相关的法律、法规,分析本案的法律关系,提出处理方案。

案例解析

一、试用期的概念

试用期是指劳动者和用人单位为了相互适应对方而约定的共同期限。试用期条款是劳动合同的可备条款,而不是劳动合同的必备条款。

二、试用期规则

(一) 试用期期限

第一,劳动合同期限3个月以上不满1年的,试用期不得超过1个月;劳动合同期限1年以上不满3年的,试用期不得超过2个月;3年以上固定期限和无固定期限的劳动合同,试用期不得超过6个月。

用人单位违反《劳动合同法》规定与劳动者约定试用期的,由劳动行政部门责令改正;违法约定的试用期已经履行的,由用人单位以劳动者试用期满月工资为标准,按照已经履行的超过法定试用期的期间向劳动者支付赔偿金。

第二,同一用人单位与同一劳动者只能约定一次试用期。用人单位不得通过重新签订劳动合同再一次约定试用期。

第三,试用期包含在劳动合同期限内。劳动合同仅约定试用期的,试用期不成立,该期限为劳动合同期限。法律这样规定就可以避免用人单位与劳动者仅仅约定试用期而没有约定劳动合同期限的情形,维护了劳动者的合法权益。

(二) 工资标准

劳动者在试用期的工资不得低于本单位相同岗位最低档工资的80%或者劳动合同约定工资的80%,并不得低于用人单位所在地的最低工资标准。显然,劳动者在试用期的工资同时有双重最低限制:一是不得低于本单位相同岗位最低档工资的80%或者劳动合同约定工资的80%;二是不得低于用人单位所在地的最低工资标准。

(三) 试用期间劳动合同的解除

劳动者在试用期内提前3日通知用人单位,可以解除劳动合同。通知的形式可以是书面形式也可以是口头形式。劳动者在试用期解除劳动合同不需要向用人单位说明任何理由。

在试用期中劳动者除有下列八种情况外,用人单位不得解除劳动合同:

(1) 在试用期间被证明不符合录用条件的;
(2) 严重违反用人单位的规章制度的;
(3) 严重失职,营私舞弊,给用人单位造成重大损害的;
(4) 劳动者同时与其他用人单位建立劳动关系,对完成本单位的工作任务造成严重影响,或者经用人单位提出,拒不改正的;
(5) 因法律规定的情形致使劳动合同无效的;
(6) 被依法追究刑事责任的;
(7) 劳动者患病或者非因工负伤,在规定的医疗期满后不能从事原工作,也不能从事由用人单位另行安排的工作的;
(8) 劳动者不能胜任工作,经过培训或者调整工作岗位,仍不能胜任工作的。

另外,用人单位在试用期解除劳动合同的,应当向劳动者说明理由。

由此可见,在试用期,用人单位与劳动者的合同解除权不完全对等,主要是为了防止用人单位利用试用期无故解除劳动合同。

三、不得约定试用期的情形

为了维护劳动者的正当利益,《劳动合同法》对于试用期的适用情形进行了明确的规定,即进行了限制,并不是任何情形下用人单位都可以对劳动者使用试用期。

不得约定试用期的情形有以下四个方面:

(1) 以完成一定工作任务为期限的劳动合同,不得约定试用期;
(2) 劳动合同期限不满3个月的,不得约定试用期;

（3）非全日制用工双方当事人不得约定试用期；
（4）劳动合同到期后双方当事人决定续签劳动合同的，不得约定试用期。

四、本案的具体处理意见

在本案中，原告远东公司和被告董×仅约定了试用期，因此，试用期不成立，该期限为劳动合同期限。在劳动合同约定的期限内，被告董×不具备法定的解除劳动合同的情形时，原告远东公司不能单方面解除劳动合同。

实务训练

一、案情介绍

2017年3月底，姚×进入A俱乐部工作，双方未签订劳动合同，但约定姚×的月工资为3000元，前3个月试用期的工资为2400元。姚×的原单位并未将其档案转移。2017年6月初，A俱乐部辞退了姚×。

姚×因补偿金、加班费、养老保险等事宜与A俱乐部发生了争议，遂向劳动争议仲裁委员会提起仲裁。在该仲裁委的庭审中，姚×要求A俱乐部补足自己从2017年3月至6月初的工资差额1800元，并支付25%的赔偿，以及加班费和社会保险费。A俱乐部则认为，姚×没有劳动手册，无法为她办理招工录用、缴纳社会保险费等手续。

二、工作任务

针对本案，在了解相关法律、法规的基础上，教师将学生分为不同的角色。学生根据各自所扮演的角色对案例进行分析，提出自己的处理方案。扮演相同角色的学生进行讨论或辩论，并统一处理方案。最后，学生根据处理方案实施劳动争议的解决。

任务三　竞业限制及保密争议处理

教、学、做目标

通过本任务的学习，使学生掌握用人单位与劳动者签订劳动合同时竞业限制及保密的约定方式；在约定不符合法律规定或用人单位不履行法律义务时，掌握劳动者可以采取的法律途径和可以主张的法律权利；训练学生处理竞业限制和保密争议的能力。

案例导入

深圳市宝安区A电子公司的业务员李×于2018年2月8日与A电子公司签订了一份竞业限制协议，协议约定李×离开A电子公司之日起2年内不得到生产经营同类产品或经营同类业务且有竞争关系的其他公司任职，也不得自己生产与A电子公司有竞争关系的同类产品或经营同类业务。如果李×违约，则应当承担10万元的违约责任。

2017年8月21日,李×辞职后到与A电子公司有着竞争关系的B电子公司工作。在李×提出辞职申请后,A电子公司却没有支付给李×合理的经济补偿费用。2017年10月12日,A电子公司发现李×工作的单位与本公司有竞争关系,于2017年11月17日向深圳市宝安区劳动争议仲裁委员会提出仲裁,要求李×承担10万元的违约责任。

工作任务

教师将学生分为劳动者、公司和仲裁员等不同的角色。在了解基本事实和相关法律、法规的基础上,学生根据各自所扮演的角色对案例进一步进行取证、分析,提出自己的处理方案。扮演相同角色的学生进行讨论或辩论,并统一处理方案,进行劳动争议仲裁。最后,根据各自所扮演的不同角色,学生撰写结案报告。

案例解析

一、竞业限制

（一）竞业限制的概念和种类

1. 竞业限制的概念

竞业限制是指负有特定义务的劳动者在任职期间或者离任后的一定期间内,不得自营或者为他人经营与所任职的企业同类性质的行业,不得泄露用人单位的商业秘密和与知识产权相关的保密事项。

2. 竞业限制的种类

竞业限制包括法定竞业限制和约定竞业限制。

法定竞业限制是指劳动者基于法律的直接规定而产生的竞业限制。法定竞业限制主要是对董事、高级管理人员作出的竞业限制。如根据《中华人民共和国公司法》第148条的规定,董事、高级管理人员不得未经股东会或者股东大会同意,自营或者为他人经营与所任职公司同类的业务。其中,高级管理人员是指公司的经理、副经理、财务负责人,上市公司董事会秘书和公司章程规定的其他人员。

《中华人民共和国合伙企业法》第32条第1款规定,合伙人不得自营或者同他人合作经营与本合伙企业相竞争的业务。

约定竞业限制是指用人单位与特定的从业人员用合同的方式或者是保密协议的方式约定的竞业限制。约定竞业限制的理论基础是契约自由原则,法律不进行强行规范,但不得违背社会公共利益与法律的限制性规定。《劳动合同法》第23条规定:用人单位与劳动者可以在劳动合同中约定保守用人单位的商业秘密和与知识产权相关的保密事项。对负有保密义务的劳动者,用人单位可以在劳动合同或者保密协议中与劳动者约定竞业限制条款,并约定在解除或者终止劳动合同后,在竞业限制期限内按月给予劳动者经济补偿金。劳动者违反竞业限制约定的,应当按照约定向用人单位支付违约金。为了保护用人单位的商业秘密,限制恶意竞争,根据《劳动合同法》第23条的规定,用人单位有权与负有保密义务的劳动者签订竞业限制条款。

(二) 竞业限制条款应当遵守公平原则

根据竞业限制的规定,劳动者在解除或终止劳动关系的竞业限制期限将不能利用自己比较占优势的从业技术进行劳动,从而获得相应的劳动报酬。竞业限制这种对劳动权能的限制,必将导致劳动者在竞业限制期限收入的降低,往往会造成劳动者生活质量的下降。为了保障劳动者在竞业限制期限的生活质量,竞业限制因此应当遵守公平原则,并必须进行必要的合理性限制。根据《劳动合同法》第23条、第24条的规定,用人单位在与劳动者约定竞业限制条款时,应当约定经济补偿金。因此,竞业限制对用人单位来说,应当支付劳动者在竞业限制期限的经济补偿金,否则,用人单位不约定竞业限制经济补偿金或不实际支付该经济补偿金的,竞业限制约定条款对劳动者无效。竞业限制不能只有权利,而没有义务。

(三) 竞业限制的范围和时间的限制

竞业限制的人员限于用人单位的高级管理人员、高级技术人员和其他负有保密义务的人员;竞业限制的范围、地域、期限的约定,不得违反法律、法规的规定。

在解除或者终止劳动合同后,竞业限制人员到与本单位生产或者经营同类产品、从事同类业务的有竞争关系的其他用人单位,或者自己开业生产或者经营同类产品、从事同类业务的竞业限制期限,不得超过2年。

二、保密条款或保密协议

商业秘密是现代社会企业之间进行竞争的主要工具之一,所以各个企业都非常重视对本单位商业秘密的保护。基于职务关系了解到本单位商业秘密的劳动者成为企业重点管理的对象,这些劳动者有可能通过辞职或者跳槽等方式不正当地利用本单位的商业秘密,为此用人单位可以在劳动合同中与劳动者约定保密条款或者与劳动者单独签订保密协议。

三、违反保密或竞业限制应承担的责任

劳动者违反劳动合同或保密协议中约定的保密义务或者竞业限制,给用人单位造成损失的,应当承担赔偿责任。用人单位招用与其他用人单位尚未解除或者终止劳动合同的劳动者,给其他用人单位造成损失的,应当承担连带赔偿责任。

四、本案的具体处理意见

劳动者由于受到竞业限制条款的限制,在一定的期限内就不能从事自己擅长的工作,从而会遭受一定的经济损失。用人单位应给予劳动者合理的经济补偿金来弥补给劳动者造成的经济损失。本案中,A电子公司虽然与李×签订了竞业限制协议,但是,在李×提出辞职申请后,该公司却没有支付给李×合理的经济补偿金。因此,该协议对李×并没有约束力,李×也就没有任何就业限制。

实务训练

一、案情介绍

[案例一]

2015年年底,王×被A私营公司聘为经营部经理,双方签订了为期2年的劳动合同。合同中约定的竞业限制条款明确规定:双方在解除或终止劳动合同后,王×自离开公司之日起1年内,不得到生产经营同类产品或业务且有竞争关系的其他公司任职;也不得自己生产经营与本公司有竞争关系的同类产品或业务,否则将赔偿A私营公司的经济损失;作为补偿,A私营公司将按照王×的守约情况给予经济补偿金。

2017年年底,A私营公司通知王×不再续订劳动合同。王×几经交涉均无功而返,只能在合同到期后办理合同终止手续。在此期间,王×向A私营公司提出支付竞业限制的补偿金,但A私营公司告知须根据王×以后的守约情况而定。

在此后的3个月里,由于和A私营公司有过竞业限制的约定,王×一直没有找到一份合适的工作,以至于经济状况陷入窘境。无奈之下,王×多次向A私营公司提出支付经济补偿金的要求,但都被A私营公司以各种理由拒绝。迫于生计,王×只能不顾与A私营公司的约定,转而在同行业中寻求发展,并顺利地找到一份与原岗位同样的工作。2018年5月,A私营公司得知了有关情况,随即要求王×继续履行约定,否则不排除通过相关的法律途径追究王×的违约赔偿责任。

[案例二]

2017年4月11日,白×与B市A科技有限公司(以下简称科技公司)签订了劳动合同,并同时签订了保密协议。保密协议约定:双方在平等自愿、协商一致的基础上签订本协议,本协议为劳动合同的附件,是劳动合同的组成部分;白×在科技公司任职期间及解除劳动合同(无论何种原因)2年内,应替科技公司保守技术秘密和商业秘密,不得将其泄露给任何第三方;未经科技公司的同意,不得在与科技公司生产、经营同类产品或提供同类服务的其他企业、事业单位担任任何职务,不得利用科技公司的技术秘密和商业秘密进行生产、经营和服务,或进行研究和开发,如出现泄露行为给科技公司造成损失的,科技公司有权要求白×赔偿科技公司的经济损失并追究白×相应的法律责任。

2017年9月,白×从科技公司辞职后,并没有得到科技公司有关竞业限制的经济补偿金。

二、工作任务

针对以上两个案例,教师将学生分为不同的角色。在了解相关法律、法规的基础上,学生根据各自所扮演的角色对案例进行分析,提出自己的处理方案。扮演相同角色的学生进行讨论或辩论,并统一处理方案。学生根据选择的处理方案启动和实施争议解决程序。根据各自所扮演的不同角色,学生撰写结案报告。教师对学生的结案报告进行检查,对不足之处要求学生进行修改,然后对最终确定的结案报告进行评估,给出评估成绩。

任务四 劳动合同履行和变更的争议处理

教、学、做目标

通过本任务的学习,使学生掌握用人单位与劳动者在履行劳动合同时应承担的责任,在变更劳动合同时应履行的法律程序;在一方履行或变更劳动合同不符合法律规定时,另一方可以采取的法律途径和可以主张的法律权利;训练学生处理劳动合同履行和变更争议的能力。

案例导入

2016 年 9 月,李×被 A 职业学校聘为计算机老师,自进校以来,A 职业学校从未按时足额地发放过一次工资。2017 年 9 月,A 职业学校因生源不足而倒闭,在此期间共拖欠李×工资 2.4 万元。李×多次找到学校的相关负责人讨要,该校均以无钱为由拒不支付,只是给李×出具了一张欠条。2017 年 10 月 13 日,李×向苏仙区人力资源和社会保障局投诉,经过协调,A 职业学校的法人代表黄×承诺于 2017 年 12 月 1 日将所欠工资全部付清。但自那以后,黄×便失去踪影,手机无法接通,又无固定住所,A 职业学校也一直是大门紧闭。多番寻找无果后,2018 年 2 月 12 日李×向苏仙区劳动争议仲裁委员会申请劳动争议仲裁。

工作任务

教师将学生分为劳动者、A 职业学校法定代表人和仲裁员等不同的角色。在了解基本事实和相关法律、法规的基础上,学生根据各自所扮演的角色对案例进行分析,提出自己的处理方案。扮演相同角色的学生进行讨论或辩论,并统一处理方案,进行劳动争议仲裁。最后,根据各自所扮演的不同角色,学生撰写结案报告。

案例解析

一、劳动合同的履行原则

劳动合同的履行是指劳动合同当事人按照劳动合同约定实施的履行合同的义务与享有合同权利的行为。履行是实现劳动合同双方当事人所希望的法律后果的必要方式,劳动合同只有经过履行才能达到当事人所期待的后果。在劳动合同履行的过程中,应当贯彻以下基本原则:

(一) 诚实信用原则

诚实信用原则是劳动合同当事人必须要遵守的最基本的合同履行原则。依据诚实信用原则,劳动者和用人单位都应该以真诚之心、善意之心、合作之心来履行自己的合同义务。诚实信用原则要求合同当事人秉着善意为自己的行为。在合同的签订过程中,因为社会发展瞬息万变,不能够也不可能将所有的情况都规定在合同中,那么就会在合同的履行过程中产生无明确约定的情形。此时,合同的当事人都应该秉承善意去履行劳动合同,这样才能实现当事人的利益和社会的公共利益。

（二）全面履行原则

全面履行原则是指用人单位与劳动者应当按照劳动合同的约定，全面履行各自的义务。合同是一个内在联系的整体，履行合同必须是全面履行，既要按照合同约定的标的及其种类、质量与数量履行，又要按照合同约定的时间、地点与方式进行履行。

二、劳动合同履行过程中应注意的问题

（1）用人单位应足额支付劳动报酬。用人单位应当按照劳动合同的约定和国家规定，向劳动者及时足额支付劳动报酬。用人单位拖欠或者未足额支付劳动报酬的，劳动者可以依法向当地人民法院申请支付令，人民法院应当依法发出支付令。发出支付令之后，用人单位在规定的期限内不提出异议也不支付劳动报酬的，人民法院可以强制执行。

（2）用人单位应当严格执行劳动定额标准，不得强迫或者变相强迫劳动者加班。用人单位安排加班的，应当按照国家有关规定向劳动者支付加班费。

（3）劳动者有权拒绝用人单位管理人员违章指挥、强令冒险作业。劳动者对危害生命安全和身体健康的劳动条件，有权对用人单位提出批评、检举和控告。

（4）用人单位变更名称、法定代表人、主要负责人或者投资人等事项，不影响劳动合同的履行。劳动合同的双方当事人是用人单位和劳动者，名称的更改，法定代表人、主要负责人或者投资人等事项的变更不影响合同的效力。用人单位发生合并或者分立等情况，原劳动合同继续有效，劳动合同由承继其权利和义务的用人单位继续履行。

三、劳动合同的变更

用人单位与劳动者协商一致，可以变更劳动合同约定的内容。劳动合同的变更是指劳动合同的当事人依法补充或者修改劳动合同条款的行为。劳动合同的变更发生在劳动合同未履行之前或者劳动合同已履行但未完全履行完毕之前，引发劳动合同变更的原因一般而言有以下三种：

第一种是用人单位的原因，在劳动合同没有完全履行完毕之前，因为市场变化等原因用人单位需要改变生产项目、生产计划甚至进行营业转型的，此时都需要变更原来与劳动者签订的劳动合同；

第二种是劳动者的原因，劳动者因为本身劳动力的因素需要变更劳动合同的条款，如劳动者的身体状况发生变化等；

第三种是客观情形发生变化，需要变更劳动合同，如订立劳动合同时所依据的法律、法规、规章发生变化的，此时劳动者和用人单位应当依法变更劳动合同的相关内容。

变更劳动合同，应当采用书面形式。

四、本案的具体处理情况

本案中，作为用人单位，A职业学校负有足额支付劳动报酬的义务，不得拖欠劳动者

李×的劳动报酬。苏仙区劳动争议仲裁委员会受理该案后,考虑到李×的生活状况,该仲裁委立即将案件列入民生裁决的快速处理通道,一方面到相关部门调查了解A职业学校的开办、经营情况和财产状况,一方面积极寻找法人代表黄×的行踪。仲裁委获知A职业学校的办学许可证因未参加年检,办学资格已在2017年被取消,现学校只有一些电脑设备和办公桌椅尚未处理。2018年4月27日上午,正当仲裁员准备对A职业学校的财产进行查封时,正好撞见A职业学校的一位老师组织人员往外搬运东西,原来其受黄×的委托准备将学校的财产变卖后一走了之,此时已联系好买家并谈妥价格。仲裁员当即进行制止,并提出了严厉批评,向其讲明转移财产躲避债务所要承担的法律后果。该名老师答应将财产变卖后首先支付李×的工资,但必须收回欠条的原件。听到此话的李×却面露难色,原来他把欠条放在了自己租住的房间里,而他此时连坐车回家的钱都没有了。在场的仲裁员当即带李×到租住地取回了欠条。经过3个小时的搬运、清点、结算,在仲裁员的帮助下,李×终于拿到了自己期盼已久的工资。

实务训练

一、案情介绍

A体育用品公司向人民法院起诉称,2015年8月13日,A体育用品公司的母公司与张×签订了协议书,约定由A体育用品公司为张×提供2年、8000元的培训费用(培训单位由张×自定)。同时双方还约定,从接受培训完毕之日起,张×为A体育用品公司服务4年,如因各种原因擅自离开公司,张×必须交纳违约金1.6万元。张×接受培训完毕后,于2017年8月1日到A体育用品公司上班,并于9月10日与该公司签订了为期4年的劳动合同。2018年6月27日,张×向A体育用品公司提交了一份辞职报告后就离开了工作岗位。A体育用品公司要求张×按协议支付违约金1.6万元。

二、工作任务

在了解相关法律、法规的基础上,教师将学生分为不同的角色。学生根据各自所扮演的角色对案例进行分析,提出自己的处理方案。扮演相同角色的学生进行讨论或辩论,并统一处理方案。学生根据选择的处理方案启动和实施争议解决程序。根据各自所扮演的不同角色,学生撰写结案报告。教师对学生的结案报告进行检查,对不足之处要求学生进行修改,然后对最终确定的结案报告进行评估,给出评估成绩。

任务五　劳动合同解除与终止的争议处理

教、学、做目标

通过本任务的学习,使学生掌握用人单位或劳动者解除劳动合同需具备的条件和履行的法律程序;在一方单方面解除劳动合同不符合法律规定时,另一方可以采取的法律途径和可以主张的法律权利;训练学生处理解除和终止劳动合同争议的能力。

案例导入

2017年5月9日,汪女士到上海的A机械公司工作。2017年6月12日,该公司与汪女士签订了一份劳动合同书。2017年8月,经检查汪女士已怀孕,被A机械公司调动了工作。同年9月26日,A机械公司出具了一份书面警告,以汪女士消极怠工、违反公司制度为由给予一次书面警告的处分,汪女士当即提出异议。次日,A机械公司又以汪女士无理取闹、严重扰乱了正常的工作秩序为由,以通告的形式决定给予汪女士解雇处分,并开具了退工证明。

同年11月2日,汪女士向上海市徐汇区劳动争议仲裁委员会申请仲裁,要求与A机械公司恢复劳动关系且顺延至哺乳期满,并由A机械公司支付其工资及缺额工资。后经该仲裁委裁决,A机械公司应与汪女士恢复劳动关系,继续履行原劳动合同;支付汪女士工资及缺额工资等。2018年1月,A机械公司不服仲裁裁决起诉到人民法院。

在法庭上,A机械公司诉称,公司根据事实对汪女士所做的处分决定符合《劳动法》及员工守则的有关规定,并按程序送达,是合法有效的,现起诉要求不予支持恢复劳动关系的请求,不予支付汪女士工资及缺额工资等。汪女士辩称,自己没有消极怠工、无理取闹。作为孕妇,自己是通过正当途径提出异议。公司方在自己怀孕期间解除劳动合同不符合法律规定,故要求驳回公司方的诉讼请求。

工作任务

教师将学生分为劳动者、A机械公司相关管理人员、仲裁员、法官等不同的角色。学生从各自所扮演的角色出发对劳动争议进行判断和处理。

案例解析

一、劳动合同解除和终止的概念

劳动合同解除是指在劳动合同履行期满之前,劳动合同当事人依法定条件和程序提前终止劳动合同效力的行为。劳动合同解除使劳动合同已经没有履行的基础和必要,如果此时仍然维系劳动合同的效力,那么对于劳动者或者用人单位而言是一种损害,所以从社会利益和当事人的利益出发,法律赋予劳动合同当事人可以解除劳动合同的权利。劳动合同解除方式可以分为协商解除和单方面解除两种。

劳动合同终止是指劳动合同的法律效力消灭,即劳动合同所确立的劳动法律关系消灭。因法律事实的发生导致劳动法律关系的消灭,劳动合同随之终止。

二、协商解除和单方面解除

协商解除是指用人单位与劳动者协商一致解除劳动合同的效力。在协商解除中,既可以由劳动者先行提出解除劳动合同的意思表示,也可以由用人单位先行提出解除劳动合同的意思表示,然后双方在平等自愿的基础上进行协商。在这个过程中,用人单位不可以采取威胁的方式胁迫劳动者同意解除劳动合同,如果双方达成一致,可以签订书面的劳动合同解除协议。协商解除是一种需要合意的劳动合同的解除,如果任何一方不同意解除劳动合同,则劳动合同不得解除,应当继续履行。

单方解除,即劳动合同除可以协商解除外,也可以依据劳动者或者用人单位的单方意思表示进行解除。劳动合同当事人单方意思表示可以产生解除劳动合同的法律效果,那么在此情形下对于另一方当事人会产生不利的客观后果,这其实是两个主体利益的冲突。因此,为了防止当事人滥用劳动合同的单方解除权,法律规定了劳动合同的单方解除权的行使情形,即当事人只有依照法律的规定情形才可以行使劳动合同的单方解除权,对于法律没有规定的情形,当事人不可以行使单方解除权。依据劳动合同主体的不同,劳动合同的单方解除权可以分为用人单位单方解除权和劳动者单方解除权。

三、用人单位单方面解除劳动合同

根据用人单位单方解除权行使的条件和程序不同,可以分为随时解除、预告解除和经济性裁员。

(一) 随时解除

随时解除的情形即用人单位随时解除劳动合同的法定情形,包括以下六种情况:

1. 劳动者在试用期间被证明不符合录用条件

用人单位是一个经济实体(特别是企业),在社会上要面临竞争和优胜劣汰,在这种情形下,劳动者不符合用人单位的工作岗位的要求时,用人单位可以解除劳动合同。在此种单方解除情形中,如果双方因此发生争议,那么证明劳动者不符合录用条件的责任在用人单位。

2. 劳动者严重违反劳动纪律或者用人单位的规章制度

用人单位的规章制度是其良好运转的保证,严重违反用人单位的规章制度会产生损害用人单位正常经营秩序的后果,而且不是"一般违反",应当是一种"严重违反",此时,用人单位可以解除劳动合同。但在实践中"严重违反"是一种含义模糊的用语,在操作过程中很容易产生争议。

3. 劳动者严重失职,营私舞弊,给用人单位造成重大损害

这也是劳动者一种严重的违约,此时用人单位可以解除劳动合同,只是同样存在着解释"严重"程度的需要。所以,用人单位应当在其内部劳动规程中明确规定严重失职的情形。

4. 劳动者同时与其他用人单位建立劳动关系,对完成本单位的工作任务造成严重影响,或者经用人单位提出,拒不改正

在此种情形下用人单位解除劳动合同,必须具备两个条件其中之一:一是对完成本单位的工作任务造成严重影响,即必须达到严重影响程度;二是虽然没有达到严重影响程度,但只要用人单位提出后,劳动者拒不改正的,用人单位就可以单方面解除劳动合同。

5. 劳动者以欺诈、胁迫的手段或者乘人之危,使用人单位在违背真实意思的情况下订立或者变更劳动合同

劳动合同是双方当事人在诚实信用的基础上平等协商的结果。若劳动者存在欺诈、胁

迫或乘人之危等情形而导致用人单位违背真实意思表示,对用人单位来说显然是不公平的。

6. 劳动者被依法追究刑事责任

劳动者被追究刑事责任的行为是一种严重违法行为,此时劳动者丧失了行为自由,用人单位可以解除劳动合同。劳动者涉嫌违法犯罪被有关机关拘留或者逮捕的,用人单位在劳动者被限制人身自由期间,可与其暂停劳动合同的履行(不是解除)。

(二) 预告解除

预告解除的情形即用人单位提前 30 日书面通知劳动者本人或额外支付劳动者 1 个月工资后,可以单方面解除劳动合同的情形,包括以下三种情况:

(1) 劳动者患病或者非因工负伤,在规定的医疗期满后不能从事原工作,也不能从事由用人单位另行安排的工作的;

(2) 劳动者不能胜任工作,经过培训或者调整工作岗位,仍不能胜任工作的;

(3) 劳动合同订立时所依据的客观情况发生重大变化,致使劳动合同无法履行,经用人单位与劳动者协商,未能就变更劳动合同内容达成协议的。

用人单位解除劳动合同的,应当按规定提前 30 日书面通知到劳动者本人。如果用人单位未按规定提前 30 日通知劳动者本人,可以额外支付劳动者 1 个月工资后解除劳动合同,否则自通知之日起 30 日内,用人单位不能单方面解除劳动合同。

(三) 经济性裁员

经济性裁员是指用人单位一次性辞退部分劳动者,以此作为改善生产经营状况的一种手段,其目的是保护自己在市场经济中的竞争和生存能力,渡过暂时的难关。

经济性裁员适用的情形包括:

(1) 依照《中华人民共和国企业破产法》(以下简称《企业破产法》)规定进行重整的;

(2) 生产经营发生严重困难的;

(3) 企业转产、重大技术革新或者经营方式调整,经变更劳动合同后,仍需裁减人员的;

(4) 其他因劳动合同订立时所依据的客观经济情况发生重大变化,致使劳动合同无法履行的。

需要裁减人员 20 人以上或者裁减不足 20 人但占企业职工总数 10% 以上的,除符合上述情形外,还需经过以下程序:

(1) 提前 30 日向工会或者全体职工说明情况,并提供有关生产经营状况的资料;裁减人员既非职工的过错也非职工本身的原因,且裁员总会给职工在某种程度上造成生活等方面的副作用,为此,裁员前应听取工会或职工的意见。

(2) 提出裁减人员方案,内容包括:被裁减人员名单、裁减时间及实施步骤,符合法律、行政法规规定和集体合同约定的被裁减人员的经济补偿办法等。

(3) 将裁减人员方案征求工会或者全体职工的意见,并对方案进行修改和完善。

(4) 向当地劳动保障行政部门报告裁减人员方案以及工会或者全体职工的意见。

(5) 由用人单位正式公布裁减人员方案,与被裁减人员办理解除劳动合同手续,按照有关规定向被裁减人员本人支付经济补偿金,并出具裁减人员证明书。

裁减人员时,应当优先留用下列人员:

(1) 与本单位订立较长期限的固定期限劳动合同的;
(2) 与本单位订立无固定期限劳动合同的;
(3) 家庭无其他就业人员,有需要扶养的老人或者未成年人的。

而且,用人单位依照法律规定裁减人员,在6个月内重新招用人员的,应当通知被裁减的人员,并在同等条件下优先招用被裁减的人员。

(四) 用人单位不得单方面解除劳动合同的情形

(1) 从事接触职业病危害作业的劳动者未进行离岗前职业健康检查,或者疑似职业病病人在诊断或者医学观察期间的。
(2) 在本单位患职业病或者因工负伤并被确认丧失或者部分丧失劳动能力的。
(3) 患病或者非因工负伤,在规定的医疗期内的。
(4) 女职工在孕期、产期、哺乳期的。
(5) 在本单位连续工作满15年,且距法定退休年龄不足5年的。
(6) 法律、行政法规规定的其他情形。

以上这些情形都属于劳动者的特殊情形,如果在此期间辞退劳动者,那么会产生不人道的法律后果。但是,劳动者属于法定情形的(劳动者严重违反劳动纪律或者用人单位规章制度的,劳动者严重失职、营私舞弊对用人单位的利益造成重大损害的,劳动者被依法追究刑事责任的),用人单位可以不受以上约束解除劳动合同。

用人单位单方面解除劳动合同,应当事先将理由通知工会。用人单位违反法律、行政法规规定或者劳动合同约定的,工会有权要求用人单位纠正。用人单位应当研究工会的意见,并将处理结果书面通知工会。

四、劳动者单方面解除劳动合同

(一) 预告解除

劳动者提前30日以书面形式通知用人单位,可以解除劳动合同。劳动者在试用期内提前3日通知用人单位,可以解除劳动合同。如果劳动者没有提前30日书面通知用人单位或在试用期没有提前3日通知用人单位而自行辞职的,就属于违约。劳动力依附于劳动者的人身,当劳动者不想在用人单位工作的时候,如果法律强迫其在用人单位工作,那么就等于违背了基本的人权,法律赋予劳动者预告解除的权利是基于基本的人权。试用期和非试用期预告的不同在于:第一,期限不同;第二,通知形式的要求不同。非试用期要求采用书面形式,试用期则没有具体要求。

(二) 随时解除劳动合同

在发生下列情形之一后,劳动者在事先告知(该告知无时间和形式的要求)用人单位后,可以随时解除劳动合同:
(1) 用人单位未按照劳动合同约定提供劳动保护或者劳动条件的;
(2) 用人单位未及时足额支付劳动报酬的;
(3) 用人单位未依法为劳动者缴纳社会保险费的;

(4) 用人单位的规章制度违反法律、法规的规定,损害劳动者权益的;
(5) 用人单位以欺诈、胁迫的手段或者乘人之危,使劳动者在违背真实意思的情况下订立或者变更劳动合同的;
(6) 用人单位在劳动合同中免除自己的法定责任、排除劳动者权利的;
(7) 用人单位违反法律、行政法规强制性规定的;
(8) 法律、行政法规规定劳动者可以解除劳动合同的其他情形。

(三) 立即解除劳动合同

在发生下列情形之一后,劳动者无须事先告知用人单位,可立即解除劳动合同:
(1) 用人单位以暴力、威胁或者非法限制人身自由的手段强迫劳动者劳动的;
(2) 用人单位违章指挥、强令冒险作业危及劳动者人身安全的。
以上两种情形都是用人单位严重违法的情形,劳动者无须履行任何解除程序。

五、劳动合同的终止

当发生下列情形之一的,劳动合同终止:
(1) 劳动合同期满的;
(2) 劳动者开始依法享受基本养老保险待遇的;
(3) 劳动者死亡,或者被人民法院宣告死亡或者宣告失踪的;
(4) 用人单位被依法宣告破产的;
(5) 用人单位被吊销营业执照、责令关闭、撤销或者用人单位决定提前解散的;
(6) 法律、行政法规规定的其他情形。

六、本案的具体处理意见

本案中,一方面,汪女士在工作期间虽有疏忽情况存在,但A机械公司未能提供汪女士无视公司制度、消极怠工、无理取闹的相关证据,故A机械公司解除与汪女士的劳动关系依据不足,公司方应与汪女士恢复劳动关系。另一方面,根据《劳动合同法》的规定,女职工在怀孕期间,用人单位不得单方面解除劳动合同。所以,A机械公司作为用人单位需支付汪女士的工资及缺额工资等。

实务训练

一、案情介绍

[案例一]

2014年11月18日,梁×与宜州A大酒店开始形成劳动合同关系。2017年2月27日,梁×被A大酒店聘用为房务部清洁部门的领班,期限从2017年3月1日至2018年2月28日,月薪为5700元。2018年1月3日,梁×因未到下班时间就到更衣室洗澡受到A大酒店的纪律处分——最后警告一次。2018年1月16日,梁×因使用客用电梯遭客人投诉一次。2018年2月6日,梁×因与同事在营业场所过激争吵被投诉一次。鉴于前述情况,A大酒店依照酒店《员工手册》的规定,于2018年2月13日通知辞退梁×。

次日,A大酒店给梁×出具解除劳动合同证明。

梁×不服辞退,于2018年3月8日向宜州市劳动争议仲裁委员会申诉,要求A大酒店支付解除劳动合同经济补偿金。该仲裁委于2018年4月10日作出裁决,维持A大酒店2018年2月14日对梁×作出的解除劳动合同的决定,对梁×的其他请求事项不予支持。梁×不服,于2018年4月20日向宜州市人民法院提起诉讼。在人民法院审理中又查明,A大酒店于2017年3月30日向梁×发放了《员工手册》,梁×签字表示愿意遵守该手册的各项条款规定。该手册规定,为严肃纪律、规范员工的行为,保障酒店、客人及员工的利益,部门主管、经理有权根据《员工手册》的规定,采取以下纪律处分:口头警告、书面警告、最后警告、辞退。最后警告的有效期限为6个月。该手册还规定,在最后警告处分有效期内再犯任何错误者将予以辞退。

[案例二]

2017年7月3日,被告A房产公司聘用原告丁×为某建筑工地施工现场管理人员,双方签订的聘用合同约定:合同期限为2017年7月10日至同年10月31日;劳动报酬为每月工资2200元、出差补助300元。其中,变更、解除合同的条款约定,乙方(原告丁×)患病或非因工伤经治疗不能从事原工作也不能从事另行安排工作的,甲方(被告A房产公司)有权解除合同,但应提前30天以书面形式通知乙方;一方违约应给付对方以乙方丁×3个月的工资总额计算的违约金等。原告丁×于2017年7月10日开始上班,同月24日在工作中不慎将腰扭伤致腰部旧病复发,被告A房产公司派人将其送至B市第一人民医院就诊,后又将其送回江都家中,随后又到C市进行治疗、养伤,在此期间原告丁×共花去医疗费、交通费2590.60元。2017年8月30日,被告A房产公司派人将原告丁×在工地上的生活用品、工作器具及半个月的劳动报酬1100元(该笔钱被原告拒收)送到其在D市的住所。后原告丁×曾向某劳动争议仲裁委员会申请仲裁,该仲裁委于2017年10月10日以超出受理范围作出了不予受理决定。原告丁×遂起诉至人民法院,称被告A房产公司单方解除合同是违约行为,要求被告A房产公司依合同约定给付劳动报酬2200元、医药费及交通费2590.60元、违约金3600元,并承担本案的诉讼费用。

被告A房产公司辩称,答辩人与原告丁×的劳动合同中并无医疗待遇的约定,其腰伤不是在工地上工作所致,不上全月班当然不能给付全月工资;A房产公司从未通知原告丁×不上班,如丁×认为可以上班,可以继续来上班。

二、工作任务

在了解相关法律、法规的基础上,教师将学生分为不同的角色。学生根据各自所扮演的角色对案例进行分析,提出自己的处理方案。扮演相同角色的学生进行讨论或辩论,并最后统一处理方案。学生根据选择的处理方案启动和实施争议解决程序。根据各自所扮演的不同角色,学生撰写结案报告。教师对学生的结案报告进行检查,对不足之处要求学生进行修改,然后对最终确定的结案报告进行评估,给出评估成绩。

任务六 经济补偿金争议处理

教、学、做目标

通过本任务的学习,使学生掌握用人单位支付劳动者经济补偿金的相关法律、法规;在用人单位不按照法律、法规支付经济补偿金时,另一方可以采取的法律途径和可以主张的法律权利;训练学生处理经济补偿金争议的能力。

案例导入

胡×于2012年9月调入A家电公司,A家电公司为胡×办理了录用手续。胡×与A家电公司签订了从2012年9月1日至2017年8月31日为期5年的劳动合同。2017年9月,因胡×的劳动合同期满,A家电公司通知胡×续签劳动合同,胡×表示不愿续签。于是,双方终止了劳动关系,A家电公司为胡×办理了退工手续。由于胡×签订劳动合同的时间为2012年9月,根据有关规定,A家电公司应按其在本公司服务的年限,每满1年,支付相当于1个月工资的经济补偿金。因此,A家电公司在办理退工手续的同时,向胡×支付了5个月工资的经济补偿金。胡×对此不满,认为自己在调入A家电公司前已有7年的工龄,A家电公司应再支付7个月工资的经济补偿金。双方为此发生了争议。胡×遂申诉至劳动争议仲裁委员会。在仲裁委的庭审中,胡×坚持认为自己是调入A家电公司而非从社会上招聘,其工龄应连续计算。A家电公司则认为,胡×当时确属调入本公司,但因A家电公司系外商投资企业,胡×进入A家电公司时办理了有关录用手续。按照相关法律、法规的规定,调动职工"同一用人单位连续工作时间"或"本单位工作年限",原则上从调入单位之日起算。同时,胡×也非原中方投资单位推荐的职工,A家电公司按胡×在公司的服务年限支付5个月的经济补偿金并无不当。

工作任务

教师将学生分为劳动者、A家电公司、仲裁员或法官等不同的角色。在了解基本事实和相关法律、法规的基础上,学生根据各自所扮演的角色对案例进一步进行取证、分析,提出自己的处理方案。扮演相同角色的学生进行讨论或辩论,并统一处理方案,然后运用共同选择的方案解决争议。协商或调解达成协议的,制作和解协议书或调解书;和解或调解不成的,进行仲裁。对仲裁裁决不服的,进行诉讼。最后,根据各自所扮演的不同角色,学生撰写结案报告。

案例解析

一、经济补偿金的概念和性质

经济补偿金是指用人单位与劳动者之间因劳动法律关系解除而产生的用人单位支付给

劳动者的一定数额的金钱。

经济补偿金制度是一种在劳动合同制度下变相的、过渡的、强行性的合同解除赔偿制度,这种制度可以是一种劳动合同解除后赔偿问题的终止制度,也可以是一种劳动合同解除后赔偿问题的中间制度。

二、经济补偿金的适用范围

1. *劳动者依照《劳动合同法》第38条规定解除劳动合同的*

劳动者依照《劳动合同法》第38条规定解除劳动合同的,用人单位支付经济补偿。用人单位有违法、违约行为的,劳动者可以随时或者立即解除劳动合同,并有权取得经济补偿。较《劳动法》的规定,本项经济补偿是《劳动合同法》增加的内容。《劳动合同法》第38条规定,在用人单位有违约、违法行为时,劳动者可以随时或者立即解除劳动合同。用人单位的违约、违法行为有:

(1) 用人单位未依照劳动合同约定提供劳动保护或者劳动条件的;
(2) 用人单位未及时足额支付劳动报酬的;
(3) 用人单位未依法为劳动者缴纳社会保险费的;
(4) 用人单位的规章制度违反法律、法规的规定,损害劳动者权益的;
(5) 用人单位有《劳动合同法》第26条中以欺诈、胁迫或者乘人之危等行为致使劳动合同无效或者部分无效的;
(6) 法律、行政法规规定的其他情形;
(7) 用人单位以暴力、威胁或者非法限制人身自由的手段强迫劳动者劳动的;
(8) 用人单位违章指挥、强令冒险作业危及劳动者人身安全的。

2. *用人单位依照《劳动合同法》第36条规定向劳动者提出解除劳动合同并与劳动者协商一致解除劳动合同的*

根据《劳动合同法》第36条的规定,用人单位与劳动者协商一致,可以解除劳动合同。用人单位与劳动者可以协商一致解除劳动合同,但由用人单位首先提出解除动议的,应当支付经济补偿。较《劳动法》的规定,本项经济补偿的范围有所缩小。《劳动法》第24条、第28条规定,用人单位与劳动者协商一致解除劳动合同的,用人单位应当依照国家有关规定给予经济补偿。在《劳动合同法》的制定过程中,考虑到有的情况下劳动者主动跳槽,与用人单位协商解除劳动合同,此时劳动者一般不会失业,或者对失业早有准备,如果要求用人单位支付经济补偿不太合理,因此对协商解除情形下给予经济补偿的条件作了一定限制。

3. *用人单位依照《劳动合同法》第40条规定解除劳动合同的*

根据《劳动合同法》第40条的规定:

(1) 劳动者患病或者非因工负伤,在规定的医疗期满后不能从事原工作,也不能从事由用人单位另行安排的工作的;
(2) 劳动者不能胜任工作,经过培训或者调整工作岗位,仍不能胜任工作的;

（3）劳动合同订立时所依据的客观情况发生重大变化，致使劳动合同无法履行，经用人单位与劳动者协商，未能就变更劳动合同内容达成协议的。

有上述情况之一的，用人单位可以在提前 30 日通知或者额外支付 1 个月工资后解除劳动合同。也就是说，在劳动者有一定不足，用人单位没有过错，且作了一些补救措施，但劳动者仍不符合工作要求的情况下，允许用人单位解除劳动合同，但为了平衡双方的权利和义务，用人单位必须支付经济补偿。本项经济补偿与《劳动法》的规定一致。

4. 用人单位依照《劳动合同法》第 41 条第 1 款规定解除劳动合同的

《劳动合同法》第 41 条规定的是经济性裁员。在经济性裁员中，劳动者没有任何过错，用人单位也是迫于无奈，为了企业的发展和大部分劳动者的权益，解除了一部分劳动者的劳动合同。为了平衡双方的权利和义务，在经济性裁员中，用人单位应当支付经济补偿。本项经济补偿与《劳动法》的规定一致。

5. 除用人单位维持或者提高劳动合同约定条件续订劳动合同，劳动者不同意续订的情况外，依照《劳动合同法》第 44 条第 1 项规定终止固定期限劳动合同的

根据《劳动合同法》第 44 条第 1 项的规定，劳动合同期满时，用人单位同意续订劳动合同，且维持或者提高劳动合同约定条件，劳动者不同意续订的，劳动合同终止，用人单位不支付经济补偿。如果用人单位同意续订劳动合同，但降低劳动合同约定条件，劳动者不同意续订的，劳动合同终止，用人单位应当支付经济补偿。如果用人单位不同意续订，无论劳动者是否同意续订，劳动合同终止，用人单位应当支付经济补偿。为了平衡用人单位与劳动者的权利和义务，《劳动合同法》在保留劳动合同期满终止支付经济补偿的规定外，也作了一定的限制。较《劳动法》的规定，本项经济补偿是增加规定。

6. 依照《劳动合同法》第 44 条第 4 项、第 5 项规定终止劳动合同的

根据《劳动合同法》第 44 条第 4 项的规定，用人单位被依法宣告破产的，劳动合同终止。第 44 条第 5 项规定，用人单位被吊销营业执照、责令关闭、撤销或者用人单位决定提前解散的，劳动合同终止。根据《企业破产法》第 113 条的规定，破产清偿顺序中第 1 项为破产人所欠职工的工资和医疗、伤残补助、抚恤费用，所欠的应当划入职工个人账户的基本养老保险、基本医疗保险费用，以及法律、行政法规规定应当支付给职工的补偿金。用人单位因为有违法行为而被吊销营业执照、责令关闭、撤销时，劳动者是无辜的，其权益应该受到保护。劳动合同终止时，用人单位应该支付经济补偿。较《劳动法》的规定，本项规定是增加的规定。

7. 法律、行政法规规定的其他情形

有些法律、行政法规中有关于用人单位支付经济补偿的规定。如《国营企业实行劳动合同制度暂行规定》规定：国营企业的老职工在劳动合同期满与企业终止劳动关系后可以领取相当于经济补偿的有关生活补助费。尽管《国营企业实行劳动合同制度暂行规定》于 2001 年被废止，但 2001 年之前参加工作的劳动者，在劳动合同终止后，仍可以领取工作之日起至 2001 年的生活补助费。

三、用人单位支付经济补偿金的标准和时间

经济补偿金按劳动者在本单位工作的年限,每满1年支付1个月工资的标准向劳动者支付。6个月以上不满1年的,按1年计算;不满6个月的,向劳动者支付半个月工资的经济补偿金。劳动者的月工资高于用人单位所在直辖市、设区的市级人民政府公布的本地区上年度职工月平均工资3倍的,向其支付经济补偿金的标准按职工月平均工资3倍的数额支付,向其支付经济补偿金的年限最高不超过12年(若劳动者收入没有高于该规定的3倍,则补偿年限不受最高12年的限制)。

解除或者终止劳动合同,用人单位依法应向劳动者支付经济补偿金的,应当在劳动者按照约定与用人单位办结工作交接时支付。

四、本案的具体处理意见

本案中,A家电公司同意在维持劳动合同约定的条件下与胡×续订劳动合同,但胡×不同意续订,根据《劳动合同法》的相关规定,A家电公司可以不支付经济补偿金。

实务训练

一、案情介绍

2007年11月,18岁的彭×应聘到北京A生物医学技术有限公司(以下简称A公司)担任信息录入员,并签订了从2007年11月28日起至2009年11月27日止的劳动合同,其中试用期至2008年1月27日,转正后每月工资为1200元。

3个月之后,也就是2008年2月27日,彭×突然收到由A公司人事部经理张×签字发出的《劳动合同终止协议》,以"不能胜任工作岗位,并不接受岗位调整"为由,解除了双方的劳动合同。2008年3月12日,A公司又出具了一份告知函,通知彭×在3个工作日内回A公司办理工作移交有关事宜。

突然接到这样的通知,彭×完全没有心理准备。"收到通知时已经转正了,这样突然解除合同,谁能接受得了啊?"彭×的父亲气愤地说:"我们让A公司补发1000元就解除劳动关系,他们都不肯。"无奈之下,彭×提出要求A公司支付经济补偿金等三项要求并申请了劳动仲裁。

经过审理,2008年6月5日,北京市西城区劳动争议仲裁委员会根据《劳动争议调解仲裁法》《劳动合同法》作出裁决:A公司向彭×支付解除劳动合同的经济补偿金1600元,额外经济补偿金800元,支付1个月工资1200元;另外,依据《违反和解除劳动合同的经济补偿办法》第3条的规定,用人单位克扣或者无故拖欠劳动者工资的,以及拒不支付劳动者延长工作时间工资报酬的,除在规定的时间全额支付劳动者的工资报酬外,还需增加补发相当于工资报酬25%的经济补偿金。裁决A公司支付彭×试用期工资与转正后工资差额200元及25%的经济补偿金50元,总共3850元。

拿到仲裁裁决时,彭×松了一口气。可她没想到的是A公司不服,向北京市第一中级人民法院申请撤销裁决。

二、工作任务

在了解相关法律、法规的基础上,教师将学生分成不同的角色。学生根据各自所扮演的角色对案例进行分析,提出自己的处理方案。扮演相同角色的学生进行讨论或辩论,并统一处理方案,进行诉讼。最后,根据各自所扮演的不同角色,学生撰写结案报告。教师对学生的结案报告进行检查,对不足之处要求学生进行修改,然后对最终确定的结案报告进行评估,给出评估成绩。

任务七 集体合同争议处理

教、学、做目标

通过本任务的学习,使学生掌握集体合同的签订程序和法律效力;掌握在用人单位低于集体合同约定标准履行义务时,工会组织维护职工的法律权利可以采取的法律途径;训练学生处理集体合同争议的能力。

案例导入

A棉纺集团现有职工3246人,先后与企业签订了劳动合同。2016年9月5日,A棉纺集团与工会签订集体合同,并于9月29日报劳动行政部门审查。该集体合同规定:公司根据国家有关规定,为员工办理社会统筹保险,并按时足额缴纳养老、工伤、生育、失业等保险费。工会有权监督,并向职工定期公开。A棉纺集团每月从职工的工资中按规定扣缴了个人应缴纳的社会保险费,却没有及时上缴职工已缴给企业部分和企业应缴的社保费。截至2018年3月底,企业累计欠缴社会保险费5 219 828.71元,其中养老保险费4 955 140.34元、工伤保险费132 397.22元、生育保险费28 421.39元、失业保险费103 869.76元。2018年4月,A棉纺集团的工会向劳动争议仲裁委员会申请仲裁,要求A棉纺集团补缴拖欠的社会保险费。

工作任务

教师将学生分为劳动者、A棉纺集团人力资源管理人员和仲裁员等不同的角色。学生了解本案的事实,研究相关的法律、法规,对争议进行初步的判断和处理。

案例解析

一、集体合同的概念与效力

集体合同也称集体劳动合同,是指集体协商双方代表根据法律、法规的规定就劳动报酬、工作时间、休息休假、劳动安全卫生、保险福利等事项在平等协商一致的基础上签订的书面协议。它是以用人单位为一方,以工会组织或职工代表为另一方。

专项集体合同是指用人单位与本单位职工根据法律、法规、规章的规定,就集体协商的某项内容签订的专项书面协议。企业职工一方与用人单位可以订立劳动安全卫生、女职工权益保护、工资调整机制等专项集体合同。

集体合同又可以分为行业性集体合同和地区性集体合同。如在建筑行业,某一个地方的建筑行业工会代表本地区的建筑行业的工人同代表本地区建筑行业雇主的雇主协会协商本地区建筑行业的劳动条件,从而签订的合同就属于行业性集体合同。地区性集体合同是指在某一个地区不分行业关系,所有行业的工会组织成为一个工会联合会与代表本地区所有雇主利益的雇主协会进行协商所形成的关于劳动条件的协议。

集体合同与个人劳动合同有明显的区别,集体合同的主要特征如下:

第一,集体合同当事人一方是工会组织或职工代表,另一方是企业或事业组织;而劳动合同的当事人一方是职工个人,另一方是企业或事业组织。

第二,集体合同的内容是改善集体劳动关系的具体规定,包括劳动报酬、工作时间、休息休假、劳动安全卫生、保险福利等事项,内容比劳动合同更复杂、具体。

第三,集体合同需要履行相应的手续。集体合同订立后,应当报送劳动行政部门。劳动行政部门自收到集体合同文本之日起15日内未提出异议的,集体合同即行生效。

第四,集体合同适用于企业或事业组织、工会、全体职工,劳动合同适用于企业或事业组织和职工个人。

符合法律规定的集体合同,对用人单位和本单位的全体职工具有法律约束力。用人单位与职工个人签订的劳动合同约定的劳动条件和劳动报酬等标准不得低于集体合同的规定。劳动合同和集体合同并不冲突,工会和用人单位签订集体合同并不影响单个劳动者与用人单位签订劳动合同。只是为了公平起见,劳动合同所约定的劳动条件不可以低于集体合同所约定的劳动条件,如果低于则适用集体合同的约定。

二、集体合同的签订、履行

(一) 集体合同协商的内容

用人单位与本单位职工签订集体合同或专项集体合同,以及确定相关事宜,应当采取集体协商的方式。集体协商主要采取协商会议的形式。集体协商双方可以就下列多项或某项内容进行集体协商,签订集体合同或专项集体合同:

(1) 劳动报酬;

(2) 工作时间;

(3) 休息休假;

(4) 劳动安全与卫生;

(5) 补充保险和福利;

(6) 女职工和未成年工的特殊保护;

(7) 职业技能培训;

(8) 劳动合同管理；

(9) 奖惩；

(10) 裁员；

(11) 集体合同期限；

(12) 变更、解除集体合同的程序；

(13) 履行集体合同发生争议时的协商处理办法；

(14) 违反集体合同的责任；

(15) 双方认为应当协商的其他内容。

其中，关于劳动报酬可以协商的内容包括：

(1) 用人单位工资水平、工资分配制度、工资标准和工资分配形式；

(2) 工资支付办法、加班、加点工资及津贴、补贴标准和奖金分配办法；

(3) 工资调整办法；

(4) 试用期及病假、事假等期间的工资待遇；

(5) 特殊情况下职工工资（生活费）支付办法；

(6) 其他劳动报酬分配办法。

关于工作时间可以协商的内容包括：

(1) 工时制度；

(2) 加班加点办法；

(3) 特殊工种的工作时间；

(4) 劳动定额标准。

关于休息休假可以协商的内容包括：

(1) 日休息时间、周休息日安排、年休假办法；

(2) 不能实行标准工时职工的休息休假；

(3) 其他假期。

关于劳动安全与卫生可以协商的内容包括：

(1) 劳动安全卫生责任制；

(2) 劳动条件和安全技术措施；

(3) 安全操作规程；

(4) 劳保用品发放标准；

(5) 定期健康检查和职业健康体检。

关于补充保险和福利可以协商的内容包括：

(1) 补充保险的种类、范围；

(2) 基本福利制度和福利设施；

(3) 医疗期延长及其待遇等。

关于女职工和未成年工的特殊保护可以协商的内容包括：

(1) 女职工和未成年工禁忌从事的劳动；

(2) 女职工的经期、孕期、产期和哺乳期的劳动保护；

(3) 女职工、未成年工定期健康检查；

(4) 未成年工的使用和登记制度。

关于职业技能培训可以协商的包括：

(1) 职业技能培训项目规划及年度计划；

(2) 职业技能培训费用的提取和使用；

(3) 保障和改进职业技能培训的措施。

关于劳动合同管理可以协商的包括：

(1) 劳动合同签订时间；

(2) 确定劳动合同期限的条件；

(3) 劳动合同变更、解除、续订的一般原则及无固定期限劳动合同的终止条件；

(4) 试用期的条件和期限。

关于奖惩可以协商的包括：

(1) 劳动纪律；

(2) 考核奖惩制度；

(3) 奖惩程序。

关于裁员可以协商的包括：

(1) 裁员的方案；

(2) 裁员的程序；

(3) 裁员的实施办法和补偿标准。

(二) 集体合同协商代表的产生程序

协商集体合同首先需要确定集体协商代表。集体协商代表(以下统称协商代表)是指按照法定程序产生并有权代表本方利益进行集体协商的人员。集体协商双方的代表人数应当对等,每方至少3人,并各确定1名首席代表。

职工一方的协商代表由本单位工会选派。未建立工会的,由本单位职工民主推荐,并经本单位半数以上职工同意。职工一方的首席代表由本单位工会主席担任。工会主席可以书面委托其他协商代表代理首席代表。工会主席空缺的,首席代表由工会主要负责人担任。未建立工会的,职工一方的首席代表从协商代表中民主推举产生。

用人单位一方的协商代表,由用人单位法定代表人指派,首席代表由单位法定代表人担任或由其书面委托的其他管理人员担任。

协商代表履行职责的期限由被代表方确定。集体协商双方的首席代表可以书面委托本单位以外的专业人员作为本方协商代表。委托人数不得超过本方代表的1/3。首席代表不得由非本单位人员代理。用人单位的协商代表与职工的协商代表不得相互兼任。工会可以更换职工一方的协商代表；未建立工会的,经本单位半数以上职工同意可以更换职工一方的协商代表。用人单位法定代表人可以更换用人单位一方的协商代表。协商代表因更换、辞职或遇有不可抗力等情形造成空缺的,应在空缺之日起15日内按照规定产生新的代表。

协商代表应履行下列职责：

(1) 参加集体协商；

(2) 接受本方人员的质询,及时向本方人员公布协商情况并征求意见；

(3) 提供与集体协商有关的情况和资料；

(4) 代表本方参加集体协商争议的处理；

(5) 监督集体合同或专项集体合同的履行；

(6) 法律、法规和规章规定的其他职责。

协商代表应当维护本单位正常的生产、工作秩序，不得采取威胁、收买、欺骗等行为。协商代表应当保守在集体协商过程中知悉的用人单位的商业秘密。企业内部的协商代表参加集体协商视为提供了正常劳动。职工一方的协商代表在其履行协商代表职责期间劳动合同期满的，劳动合同期限自动延长至完成履行协商代表职责之时，除出现下列情形之一的，用人单位不得与其解除劳动合同：

(1) 严重违反劳动纪律或用人单位依法制定的规章制度的；

(2) 严重失职、营私舞弊，对用人单位的利益造成重大损害的；

(3) 被依法追究刑事责任的。

职工一方的协商代表履行协商代表职责期间，用人单位无正当理由不得调整其工作岗位。职工一方的协商代表因担任该职务导致与用人单位发生争议的时候，可以向当地劳动争议仲裁委员会申请仲裁。

(三) 集体协商程序

集体协商任何一方均可就签订集体合同或专项集体合同以及相关事宜，以书面形式向对方提出进行集体协商的要求。一方提出进行集体协商要求的，另一方应当在收到集体协商要求之日起20日内以书面形式给予回应，无正当理由不得拒绝进行集体协商。

协商代表在协商前应进行下列准备工作：

(1) 熟悉与集体协商内容有关的法律、法规、规章和制度。

(2) 了解与集体协商内容有关的情况和资料，收集用人单位和职工对协商意向所持的意见。

(3) 拟定集体协商议题，集体协商议题可由提出协商的一方起草，也可由双方指派代表共同起草。

(4) 确定集体协商的时间、地点等事项。

(5) 共同确定一名非协商代表担任集体协商记录员。记录员应保持中立、公正，并为集体协商双方保密。

集体协商会议由双方的首席代表轮流主持，并按下列程序进行：

(1) 宣布议程和会议纪律。

(2) 一方的首席代表提出协商的具体内容和要求，另一方的首席代表就对方的要求作出回应。

(3) 协商双方就商谈事项发表各自意见，开展充分的讨论。

(4) 双方的首席代表归纳意见。达成一致的，应当形成集体合同草案或专项集体合同草案，由双方的首席代表签字。集体协商未达成一致意见或出现事先未预料的问题时，经双方协商，可以中止协商。中止期限及下次协商时间、地点、内容由双方商定。

(四) 集体合同的订立、变更、解除和终止

经双方的协商代表协商一致的集体合同草案或专项集体合同草案应当提交职工代表大

会或者全体职工讨论。职工代表大会或者全体职工讨论集体合同草案或专项集体合同草案，应当有2/3以上职工代表或者职工出席，且须经全体职工代表半数以上或者全体职工半数以上同意，集体合同草案或专项集体合同草案方能通过。集体合同草案或专项集体合同草案经职工代表大会或者职工大会通过后，由集体协商双方首席代表签字。集体合同或专项集体合同的期限一般为1~3年，期满或双方约定的终止条件出现，即行终止。集体合同或专项集体合同期满前3个月内，任何一方均可向对方提出重新签订或续订的要求。双方的协商代表协商一致，可以变更或解除集体合同或专项集体合同。

在集体合同存续期间，可能有种种原因需要变更和解除集体合同。理论上一般认为有下列情形之一的，可以变更或解除集体合同或专项集体合同：

（1）用人单位因被兼并、解散、破产等原因，致使集体合同或专项集体合同无法履行的；

（2）因不可抗力等原因致使集体合同或专项集体合同无法履行或部分无法履行的；

（3）集体合同或专项集体合同约定的变更或解除条件出现的；

（4）法律、法规、规章规定的其他情形。

变更或解除集体合同或专项集体合同适用法定的集体协商程序。

（五）集体合同审查

集体合同或专项集体合同签订或变更后，应当自双方的首席代表签字之日起10日内，由用人单位一方将文本一式三份报送劳动行政部门审查。劳动行政部门对报送的集体合同或专项集体合同应当办理登记手续。集体合同或专项集体合同审查实行属地管辖，具体管辖范围由省级劳动行政部门规定。中央管辖的企业以及跨省、自治区、直辖市的用人单位的集体合同应当报送劳动行政部门。

劳动行政部门应当对报送的集体合同或专项集体合同的下列事项进行合法性审查：

（1）集体协商双方的主体资格是否符合法律、法规和规章规定；

（2）集体协商程序是否违反法律、法规和规章规定；

（3）集体合同或专项集体合同的内容是否与国家规定相抵触。

劳动行政部门对集体合同或专项集体合同有异议的，应当自收到文本之日起15日内将《审查意见书》送达双方的协商代表。《审查意见书》应当载明以下内容：

（1）集体合同或专项集体合同当事人双方的名称、地址；

（2）劳动行政部门收到集体合同或专项集体合同的时间；

（3）审查意见；

（4）作出审查意见的时间。

《审查意见书》应当加盖劳动行政部门的印章。用人单位与本单位职工就劳动行政部门提出异议的事项经集体协商重新签订集体合同或专项集体合同的，用人单位一方应当根据规定将文本报送劳动行政部门审查。劳动行政部门自收到文本之日起15日内未提出异议的，集体合同或专项集体合同即行生效。生效的集体合同或专项集体合同，应当自其生效之日起由协商代表及时以适当的形式向本方全体人员公布。

（六）集体协商争议的协调处理

集体协商过程中发生争议，双方当事人不能协商解决的，当事人一方或双方可以书面向劳动行政部门提出协调处理申请；未提出申请的，劳动行政部门认为必要时也可以进行协调处理。劳动行政部门应当组织同级工会和企业组织第三方面的人员，共同协调处理集体协商争议。

集体协商争议处理实行属地管辖，具体管辖范围由省级劳动行政部门规定。中央管辖的企业以及跨省、自治区、直辖市用人单位因集体协商发生的争议，由人力资源和社会保障部指定的省级劳动行政部门组织同级工会和企业组织第三方的人员协调处理，必要时，人力资源和社会保障部也可以组织有关方面协调处理。协调处理集体协商争议，应当自受理协调处理申请之日起30日内结束协调处理工作。期满未结束的，可以适当延长协调期限，但延长期限不得超过15日。

协调处理集体协商争议应当按照以下程序进行：

（1）受理协调处理申请；

（2）调查了解争议的情况；

（3）研究制订协调处理争议的方案；

（4）对争议进行协调处理；

（5）制作《协调处理协议书》。

《协调处理协议书》应当载明协调处理申请、争议的事实和协调的结果，双方当事人就某些协商事项不能达成一致的，应将继续协商的有关事项予以载明。《协调处理协议书》由集体协商争议协调处理人员和争议双方的首席代表签字盖章后生效。争议双方均应遵守生效后的《协调处理协议书》。因履行集体合同发生的争议，当事人协商解决不成的，可以依法向劳动争议仲裁委员会申请仲裁。用人单位无正当理由拒绝工会或职工代表提出的集体协商要求的，按照《中华人民共和国工会法》及有关法律、法规的规定处理。

三、本案的具体处理情况

劳动争议仲裁委员会在受理此案后依法组成仲裁庭，经审理后认为，本案属于履行集体合同发生的争议，申诉人要求补缴社会保险费的请求应予以支持，遂裁决A棉纺集团依法补缴拖欠职工的社会保险费5 219 828.71元。本案中，A棉纺集团与工会在2016年9月5日专门就社会统筹保险等事项签订了集体合同，该集体合同经劳动行政部门审查，合法有效。现A棉纺集团工会作为签订集体合同的一方具备申诉人主体资格，要求合同的另一方A棉纺集团按时足额缴纳社会保险费的请求事项符合《劳动合同法》的规定，劳动争议仲裁委员会裁决支持申诉人的仲裁请求是正确的。

实务训练

一、案情介绍

2017年3月6日，A皮革公司工会代表全体职工与该公司签订了集体合同。集体合同规定：职工工作时间为每日8小时，每周40小时，周六、周日为公休日。如果在周六、周日安排职工加班，要在加班后的一周内安排补休；在上午和下午连续工作4小时内安排工间操各一次,每次时间为20分钟,此20分钟计入工作时间之内;职工的工资报酬不低于每月3000元,加班加点的工资及其他实物性福利不包括在内;工资为每月5日前支付;合同的有效期为从2017年4月3日至2018年4月2日,双方对于集体合同都要严格遵守,任何一方也不能违反,否则要赔偿对方所造成的损失。此合同于2017年3月20日由劳动行政部门进行了确认。

2017年8月1日,A皮革公司从人才市场上招聘了一批女工去充实新建立的一个皮革分厂。2017年8月3日,A皮革公司与这批女工签订了劳动合同,内容包括:本合同有效期为1年,自2017年8月7日至2018年8月6日;工人工作时间为每天8小时,上下午各4小时,每周40小时;没有工间休息时间;工作实行每月3500元的工资制度。双方签字盖章后合同生效。

当2017年8月1日招聘的女工到A皮革公司下属的皮革分厂上班后,发现车间的细尘很多,连续工作4小时会头昏脑涨,以陶×为首的分厂职工就向分厂领导提出在工作期间休息一会儿,换换空气。分厂领导答复说,在上班时间不休息是劳动合同中已经规定了的,集体合同中规定职工报酬是每月3000元,而你们的报酬是每月3500元,就是因为取消了20分钟的中间休息时间。

请问:

(1) 陶×等人是在集体合同生效后进入A皮革公司工作的,A皮革公司的集体合同是否适用于陶×等人?

(2) 在劳动合同中,陶×等人与A皮革公司约定的工作时间的内容低于集体合同的标准,该内容是否有效?

(3) 陶×等人能否在不减少工资的情况下得到20分钟工间操的休息时间?

二、工作任务

在了解相关法律、法规的基础上,教师将学生分为不同的角色。学生根据各自所扮演的角色对案例进行分析,提出自己的处理方案。扮演相同角色的学生进行讨论或辩论,并统一处理方案。学生根据选择的处理方案启动和实施争议解决程序。根据各自所扮演的不同角色,学生撰写结案报告。教师对学生的结案报告进行检查,对不足之处要求学生进行修改,然后对最终确定的结案报告进行评估,给出评估成绩。

任务八 劳务派遣争议处理

教、学、做目标

通过本任务的学习,使学生掌握劳务派遣的相关法律、法规;在用人单位和用工单位违反相关的法律、法规时,被派遣劳动者可以采取的法律途径和可以主张的法律权利;训练学生处理劳务派遣争议的能力。

项目三 劳动合同和集体合同争议处理

案例导入

信诚劳务公司于2012年1月1日与长山大通公司签订了劳务派遣协议书,约定由信诚劳务公司为长山大通公司派遣劳务人员,并约定了双方的权利和义务,合同期限从2012年1月1日至2012年12月31日。

信诚劳务公司于2012年5月4日与马振签订了劳动合同,约定由信诚劳务公司派遣马振从事锅炉制粉检修工作,合同期限从2012年5月4日至2013年5月3日。该劳动合同签订后,马振由信诚劳务公司派遣到长山大通公司从事锅炉制粉检修工作。

2013年2月4日,马振在工作中受伤,被送往A市人民医院进行治疗。后马振被认定为工伤,伤残等级被评定为八级。在马振治疗期间,长山大通公司于2013年5月1日将马振退回到信诚劳务公司,停发了马振的工资,并停止为马振缴纳社会保险金。

经协商未果,马振向A市劳动争议仲裁委员会提起劳动仲裁申请。

工作任务

教师将学生分为公司、马振的代理人、仲裁员等不同的角色,调查本案的事实,收集、整理相关证据,研究相关的法律、法规,模拟进行劳动仲裁。

案例解析

一、劳务派遣的概述

劳务派遣是指劳务派遣单位(用人单位)根据用工单位(即要派单位)的要求,与用工单位签订派遣协议,将与劳务派遣单位建立劳动合同关系的劳动者派往用工单位,被派遣劳动者在用工单位的指挥和管理下提供劳动,劳务派遣单位从用工单位获取派遣费,并向被派遣劳动者支付劳动报酬的一种特殊劳动关系。

在《劳动合同法》颁布以前,有人将劳务派遣称为"劳动派遣""劳动力派遣""人才派遣""人才租赁"等。劳务派遣最明显的特征就是"劳动力雇用"和"劳动力使用"相分离,被派遣劳动者不与用工单位签订劳动合同和发生劳动关系,而是与劳务派遣单位存在劳动关系,形成"有关系没劳动,有劳动没关系"的特殊形式(如图3-1所示)。

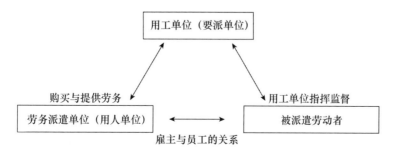

图 3-1 劳务派遣示意图

二、劳务派遣单位的权利和义务

劳务派遣单位即用人单位依照《劳动合同法》规定的条件和程序,可以与劳动者解除劳动合同。劳务派遣单位有权向用工单位收取劳务派遣费用。

劳务派遣单位应当履行用人单位对劳动者的义务。劳务派遣单位与被派遣劳动者订立的劳动合同,除应当载明普通劳动合同的基本条款外,还应当载明被派遣劳动者的用工单位以及派遣期限、工作岗位等情况。劳务派遣单位应当与被派遣劳动者订立2年以上的固定期限劳动合同,按月支付劳动报酬;被派遣劳动者在无工作期间,劳务派遣单位应当按照所在地人民政府规定的最低工资标准,向其按月支付报酬。

劳务派遣单位派遣劳动者应当与接受以劳务派遣形式的用工单位订立劳务派遣协议。劳务派遣协议应当约定派遣岗位和人员数量、派遣期限、劳动报酬和社会保险费的数额与支付方式,以及违反协议的责任。用工单位应当根据工作岗位的实际需要与劳务派遣单位确定派遣期限,不得将连续用工期限分割订立数个短期劳务派遣协议。

劳务派遣单位应当将劳务派遣协议的内容告知被派遣劳动者。劳务派遣单位不得克扣用工单位按照劳务派遣协议支付给被派遣劳动者的劳动报酬。劳务派遣单位和用工单位不得向被派遣劳动者收取费用。劳务派遣单位跨地区派遣劳动者的,被派遣劳动者享有的劳动报酬和劳动条件,按照用工单位所在地的标准执行。

三、用工单位的权利和义务

被派遣劳动者有《劳动合同法》规定或劳务派遣协议约定的一些情形,用工单位可以将劳动者退回劳务派遣单位。

用工单位应当履行下列义务:
(1) 执行国家劳动标准,提供相应的劳动条件和劳动保护;
(2) 告知被派遣劳动者的工作要求和劳动报酬;
(3) 支付加班费、绩效奖金,提供与工作岗位相关的福利待遇;
(4) 对在岗被派遣劳动者进行工作岗位所必需的培训;
(5) 连续用工的,实行正常的工资调整机制。

用工单位不得将被派遣劳动者再派遣到其他的用人单位。

四、被派遣劳动者的权利和义务

被派遣劳动者享有与用工单位的劳动者同工同酬的权利。用工单位无同类岗位劳动者的,参照用工单位所在地相同或者相近岗位劳动者的劳动报酬确定。被派遣劳动者有权在劳务派遣单位或者用工单位依法参加或者组织工会,维护自身的合法权益。

被派遣劳动者有服从用工单位管理的义务,要遵守用工单位的规章制度,尽一个普通劳动者应尽的义务。

五、本案的具体处理情况

A市劳动争议仲裁委员会经审理认定马振的劳动派遣单位是信诚劳务公司,实际用工单位是长山大通公司。根据《劳动合同法》第92条的规定,用工单位给劳务派遣劳动者造成损害的,劳动派遣单位与用工单位承担连带赔偿责任。本案中,马振是在劳务派遣期间为长山大通公司提供劳动的过程中受伤的,信诚劳务公司应当与长山大通公司承担连带赔偿责任。遂该仲裁委裁决信诚劳务公司支付马振一次性伤残补助金34 487.31元,一次性工伤医疗补助金50 885.25元,合计85 372.56元,长山大通公司承担连带赔偿责任。

实务训练

一、案情介绍

在办理出国劳务时,劳动者承诺不享有带薪休假,而出国后劳动者向日方公司索要带薪休假费用,引发了劳动者和劳务输出公司之间的诉讼。2017年3月15日,张女士与大连A劳务公司签订了出国劳务合同书,双方约定A劳务公司为张女士办理出国劳务,将其派遣到日本。张女士将家里的房产证交给了A劳务公司,并交纳了保证金2万元,双方约定在张女士回国后,A劳务公司返还房产证和保证金。合同中还约定,张女士在日本期间不享有带薪休假的权利。张女士赴日本工作期间,以带薪休假为由向日方公司索要并领取了137 096日元。2018年4月,张女士回国。A劳务公司不同意张女士拿回房产证和保证金,张女士将A劳务公司起诉到人民法院。

审理中,被告A劳务公司反诉称,根据合同的约定,张女士应承担违约责任。而对于这笔费用,张女士表示属于加班费用,而不是带薪休假的费用。

二、工作任务

在了解相关法律、法规的基础上,教师将学生分为不同的角色。学生根据各自所扮演的角色对案例进行分析,提出自己的处理方案。扮演相同角色的学生进行讨论或辩论,并统一处理方案。然后学生模拟选择和实施争议解决程序:放弃(满足员工的主张)、协商、调解、仲裁和诉讼。首先由担任不同角色的学生分别进行取证,并对案件进行协商或调解,协商或调解达成协议的,形成和解协议书或调解书。和解或调解不成的,进行仲裁。对仲裁不服的,由任何一方进行诉讼。最后,根据各自所扮演的不同角色,学生撰写结案报告。教师对学生的结案报告进行检查,对不足之处要求学生进行修改,然后对最终确定的结案报告进行评估,给出评估成绩。

项目四　工作时间和休息休假争议处理

教、学、做目标

通过本任务的学习,使学生掌握我国现有工作时间和休息休假制度的相关法律、法规;掌握延长工作时间的条件、最长限度和程序;学会计算各种情况下延长工作时间的劳动报酬;提高处理有关工作时间和休息休假方面劳动争议的能力。

案例导入

小李是A服装生产公司的工资核算员,劳动合同中明确约定其月工资为2800元,但每个月的实际收入为3500元左右。2017年春节前的第二周周末,由于工作忙,小李被要求加班两天;在春节前的第三周,由于事情做不完,她自己决定每天加班2小时。

春节后一上班,小李向人力资源部递交了辞职申请,并在第二天就获得同意辞职的批复。在结算工资的时候,小李获得的加班工资为515元。小李认为加班费的计算不合理,春节前的第三周,她每天加班2小时,累计有10小时,应该也计算加班费。A服装生产公司不同意小李的要求,双方不能达成一致,小李向当地的劳动争议仲裁委员会申请仲裁。

工作任务

教师将学生分为A服装生产企业、小李的代理人,仲裁员等不同的角色,调查本案的事实,收集、整理证据,研究相关的法律、法规,模拟进行劳动争议仲裁。

案例解析

一、工作时间制度

工作时间是指劳动者在用人单位中应从事劳动或工作的时间,包括每日应工作的时数和每周应工作的天数。休息休假制度是国家法律规定的劳动者每昼夜、每周、每年节假日享有休息权的制度。休息休假时间是劳动者在工作时间之外用于个人自行支配的时间。工作时间和休息休假的法律规定是《中华人民共和国宪法》(以下简称《宪法》)对公民休息权法律保障的具体化。《宪法》第43条第1款规定:中华人民共和国劳动者有休息的权利。该规定被确定为《劳动法》的基本原则之一。

根据《国务院关于职工工作时间的规定》,我国目前实行的是每日工作8小时、每周工作

40 小时的标准工作制。《国务院关于职工工作时间的规定》与《劳动法》规定的工作时间上有所区别,即《劳动法》规定的工作时间为每日 8 小时、每周不超过 44 小时;而《国务院关于职工工作时间的规定》则为每日 8 小时、每周不超过 40 小时,应以后者为标准工时。因工作性质或生产特点的限制,不能实行每日工作 8 小时、每周工作 40 小时标准工时制度的,可以实行缩短工时制、综合计算工时制、不定时工时制、计件工时制。用人单位与劳动者都要遵守《劳动法》规定的工时制度,用人单位由于生产经营的需要,经与工会和劳动者协商后可以延长工作时间,一般每日不得超过 1 小时;因特殊原因需要延长工作时间的,在保障劳动者身体健康的条件下延长工作时间每日不得超过 3 小时,但每月不得超过 36 小时。用人单位不得任意延长工作时间,依法延长劳动时间的,应按国家规定的标准支付劳动报酬。

二、休息休假制度

《劳动法》第 38 条、第 40 条和第 45 条及相关劳动法律规范对劳动者的休息休假制度作了原则性规定,加之多数用人单位的习惯性做法,劳动者的休息休假的种类主要包括工作间隙休息、日休息、周休息、法定节日休假、探亲休假、年休假和其他休假等。现对各类休息休假制度简要介绍如下:

(一) 工作间隙休息

工作间隙休息是指劳动者在工作日的工作时间内享有的休息时间和用膳时间。《劳动法》对工作间隙休息虽未作规定,但作为劳动者一种休息的习惯已实行多年。如许多用人单位在上下午工作期间允许劳动者在规定的时间休息 10~15 分钟,有的用人单位还组织劳动者做工间操;有的用人单位在劳动者上夜班期间为其安排了夜间用膳时间。所有这些简短的休息时间都属于劳动者工作间隙休息。

(二) 日休息

日休息是指劳动者在每昼夜(24 小时)内,除工作时间外,由自己支配的时间。也就是说除最多 8 小时工作时间外,其余的时间均为劳动者的休息时间,包括上午上班前、下午下班后、中午用餐等所有的时间。

(三) 周休息

周休息又称公休日,是指劳动者在一周(7 天)内,享有连续休息在一天(24 小时)以上的休息时间。根据《国务院关于职工工作时间的决定》的规定,一般情况下劳动者每周应休息两天,即星期六和星期日两天的休息时间。休息日是不带薪的。

(四) 法定节日休假

法定节日休假是指在革命斗争纪念日和民族风俗习惯或传统的庆祝日子里,劳动者全部或部分不从事生产或工作的时间。1999 年 9 月 18 日国务院发布的《全国年节及纪念日放假办法》对此作了具体规定。根据 2013 年 12 月 11 日《国务院关于修改〈全国年节及纪念日放假办法〉的决定》的规定,自 2014 年 1 月 1 日起全体公民放假的节日是:

(1) 新年,放假 1 天(1 月 1 日);
(2) 春节,放假 3 天(农历正月初一、初二、初三);

(3) 清明节,放假1天(农历清明当日);

(4) 劳动节,放假1天(5月1日);

(5) 端午节,放假1天(农历端午当日);

(6) 中秋节,放假1天(农历中秋当日);

(7) 国庆节,放假3天(10月1日、2日、3日)。

部分公民放假的节日及纪念日为:

(1) 妇女节,妇女放假半天(3月8日);

(2) 青年节,14周岁以上的青年放假半天(5月4日);

(3) 儿童节,不满14周岁的少年儿童放假1天(6月1日);

(4) 中国人民解放军建军纪念日,现役军人放假半天(8月1日)。

少数民族习惯的节日,由各少数民族聚居地区的地方人民政府,按照各该民族习惯,规定放假日期。

二七纪念日、五卅纪念日、七七抗战纪念日、九三抗战胜利纪念日、九一八纪念日、教师节、护士节、记者节、植物节等其他节日、纪念日,均不放假。

全体公民放假的假日,如果适逢星期六、星期日,应当在工作日补假。部分公民放假的假日,如果适逢星期六、星期日,则不放假。

(五) 探亲休假

探亲休假是指在全民所有制企业、事业单位工作满1年且与配偶、父母不住在一起,又不能在公休日团聚的劳动者探望配偶和父母而享受的休假时间。《劳动法》虽未对此作规定,但国务院1981年3月14日发布的《关于职工探亲待遇的规定》已有较全面的规定:

(1) 职工探望配偶的,每年给予一方探亲假1次,假期为30天;

(2) 未婚职工探望父母的,原则上每年给假1次,假期为20天,如果因为工作需要,本单位当年不能给予假期或者职工自愿2年探亲1次,可以2年给假1次,假期为45天;

(3) 已婚职工探望父母的,每4年给假1次,假期为20天。

该规定还规定,用人单位可以根据实际需要给予路程假。

上述假期均包括休息日和法定节日在内。凡实行休假制度的劳动者(如教师所休的寒暑假),应在休假期间探亲,若休假期较短,可予补差,探亲假与路程假按照本人的标准工资(或称基本工资)发给。

国务院上述规定发布较早,对于三资企业、民营企业、企业、事业单位是否适用该规定未作规定;集体所有制企业是否适用,由省级人民政府自行规定。另外,根据《关于配偶是军官的工人、职员是否享受探亲假待遇问题的通知》的规定,配偶是军官的劳动者,在军人休假的情况下,仍可享受探亲休假,其工资照发,路费自理。

(六) 年休假

年休假是指劳动者连续工作1年以上的,每年享有1次连续的带工资的休假时间。《劳动法》第45条明确规定:国家实行带薪年休假制度,劳动者连续工作1年以上的,享受带薪年休假,具体办法由国务院规定。由该规定可知,带薪年休假是国家依法赋予劳动者的法定休假权利。依据《劳动法》的规定,带薪年休假应在劳动合同中明确约定,若没有明确约定的用人单位不能以此为由剥夺劳动者的法定休假权利。

2007年12月,国务院公布了《职工带薪年休假条例》(以下简称《条例》),《条例》于2008年1月1日起施行。

根据《条例》第2条的规定,机关、团体、企业、事业单位、民办非企业单位、有雇工的个体工商户等单位的职工连续工作1年以上的,享受带薪年休假。职工在年休假期间享受与正常期间相同的工资收入。

《条例》第3条规定,职工累计工作已满1年不满10年的,年休假5天;已满10年不满20年的,年休假10天;已满20年的,年休假15天。国家法定休假日、休息日不计入年休假假期。

针对职工因工作原因不能休年休假的问题,《条例》第5条规定,单位确因工作需要不能安排职工休年休假的,经职工本人同意,可以不安排职工休年休假。对职工应休未休的年休假天数,单位应当按照该职工日工资收入的300%支付年休假工资报酬。

目前,我国职工可以享受的其他休假主要有寒暑假、探亲假、病假、事假等。《条例》对年休假与这些休假的关系作了明确规定。根据《条例》第4条的规定,职工依法享受寒暑假,其休假天数多于年休假天数的,不享受当年的年休假。职工请事假累计20天以上且单位按照规定不扣工资的,不享受当年的年休假;累计工作满1年不满10年的职工请病假累计2个月以上的,累计工作满10年不满20年的职工请病假累计3个月以上的,累计工作满20年以上的职工请病假累计4个月以上的,不享受当年的年休假。

为了保证《条例》的贯彻落实,《条例》第7条规定,单位不安排职工休年休假又不依照该条例规定给予年休假工资报酬的,由县级以上地方人民政府人事部门或者劳动保障部门依据职权责令限期改正;对逾期不改正的,除责令该单位支付年休假工资报酬外,单位还应当按照年休假工资报酬的数额向职工加付赔偿金;对拒不支付年休假工资报酬、赔偿金的,属于公务员和参照《中华人民共和国公务员法》管理的人员所在单位的,对直接负责的主管人员以及其他直接责任人员依法给予处分;属于其他单位的,由劳动保障部门、人事部门或者职工申请人民法院强制执行。

2008年9月,人力资源和社会保障部以第1号令的形式公布并实施《企业职工带薪年休假实施办法》,对与企业、民办非企业单位、有雇工的个体工商户等单位建立劳动关系的职工享受带薪年休假的问题作了进一步的规定。

(七) 其他休假

除上述劳动者休息休假的主要种类外,劳动者根据自己的具体情况还可以享受婚假、丧假和产假等。

职工本人结婚或职工的直系亲属(父母、配偶、子女)死亡时,可以根据具体情况,由本单位领导批准,酌情给予1~3天的婚丧假。职工结婚时双方不在一地工作的,职工在外地的直系亲属死亡时需要职工本人前去料理丧事的,可以根据路程远近,给予路程假。在批准的婚丧假和路程假期间,照发职工工资。这一规定最早见于《对企业单位工人、职员加班加点、事假、病假和停工期间工资待遇问题的意见》和《关于国营企业职工请婚丧假和路程假问题的通知》。

根据《女职工劳动保护特别规定》第6条第3款的规定,怀孕女职工在劳动时间内进行产前检查,所需时间计入劳动时间。第7条规定,女职工生育享受98天产假,其中产前可以休假15天;难产的,增加产假15天;生育多胞胎的,每多生育1个婴儿,增加产假15天。女职工怀孕未满4个月流产的,享受15天产假;怀孕满4个月流产的,享受42天产假。第9条第2款规定,用人单位应当在每天的劳动时间内为哺乳期女职工安排1小时哺乳时间;女职工生育多胞胎的,每多哺乳1个婴儿每天增加1小时哺乳时间。

2015年12月27日,全国人大常委会审议通过修订后的《中华人民共和国人口与计划生育法》(以下简称《人口与计划生育法》)第25条规定,符合法律、法规规定生育子女的夫妻,可以获得延长生育假的奖励或者其他福利待遇。各地相继开始修订地方计生条例。山西、江西、广西、广东、湖北、天津、浙江、宁夏、青海等省份的新计生条例已正式出台。在新规定中均取消了晚婚假,同时对产假和男性陪产、护理假作出一定的调整。如调整后,青海省的婚假达15天,山西省的婚假达30天,安徽、江西等地的产假有158天,广西和宁夏男性的陪产假延长到25天。

延长工作时间或法定休息休假日安排工作的,用人单位应按照《劳动法》第44条的规定向劳动者支付高于正常工作时间工资的工资报酬,分以下三种标准:

一是延长工作时间的,支付不低于工资的150%的工资报酬;

二是休息日安排工作又不能安排补休的,支付不低于工资的200%的工资报酬;

三是法定休假日安排工作的,支付不低于工资的300%的工资报酬。

对于延长工作时间及休息休假日如何计算工资报酬的问题,《关于职工全年月平均工作时间和工资折算问题的通知》规定劳动者的制度工作时间(即全年总天数减去休息日及法定节假日)为每年250天,每月工作日为20.83天。该通知提出"月计薪天数"的概念,用以计算日工资、小时工资,而俗称的节假日加班三薪、公休日加班双薪正是以日工资、小时工资为计算基数。该通知还指出,按《劳动法》第51条的规定,法定节假日用人单位应当依法支付工资,即折算日工资、小时工资时不剔除国家规定的11天法定节假日。据此,日工资、小时工资的折算为:

日工资＝月工资收入÷月计薪天数;

小时工资＝月工资收入÷(月计薪天数×8小时);

月计薪天数＝(365－104)天÷12个月＝21.75(天)。

例如,以月平均工资3008元为例,则劳动者节假日加班应以138.3元(3008÷21.75)为基数,发放三薪或双薪。

三、本案的具体处理意见

本案主要涉及两个方面:(1)加班事实的认定,即什么样的情况下加班是法律意义上的加班;(2)加班工资基数的认定。

(一) 加班事实的认定

计算加班工资的一个前提就是"加班事实"是法律意义上的加班。本案中,双方争议的焦点之一就是小李每天自愿加班2小时的情况算不算加班。结果是A服装生产公司不认可这是加班,仲裁庭也支持了 A 服装生产公司的观点,小李的要求未被采纳。因为法律意义上的加班是企业安排的加班,员工自愿加班不属于法律意义上的加班,不会得到法律的支持和保护。

用人单位支付加班工资的前提是"用人单位根据实际需要安排员工在法定标准工作时间以外工作",即由用人单位安排加班的,用人单位才应支付加班工资。如果员工的工作既不是用人单位的要求、决定,也没有用人单位认可的加班记录,而只是自愿加班的情况,则不属于加班,用人单位无须支付加班费。但是,如果用人单位安排了过多的工作任务,而使员工不得不在正常的工作时间以外加班,就应该支付相应的加班工资。但需要注意前提是员工必须有证据证明,确属因用人单位安排了过多的工作任务,变相地延长了员工的工作时间。

本案中,小李在春节前的第三周每天自愿加班 2 小时,由于不能提供是由 A 服装生产公司安排加班的证据,不能被确认为法律意义上的加班,因此 A 服装生产公司可以不支付加班费。

(二) 加班工资基数的认定

在认定了加班时间的基础上,要准确地计算加班工资,首先必须正确确定加班工资的计算基数,即员工的小时工资率。员工的小时工资率=月工资收入÷月计薪天数,因此,要确定员工的小时工资率的前提就是清楚地界定月工资收入和月计薪天数这两个概念。

1. 月工资收入

由于国家相关法律没有明确规定,因此,月工资收入是加班工资争议颇多的一个环节,在实践中"月工资收入"的确定应把握以下三个方面:

(1) 如果劳动合同有明确约定工资数额的,按照不低于劳动合同约定的工资标准确定月工资收入。集体合同确定的标准高于劳动合同约定标准的,按集体合同的标准确定月工资收入。应当注意的是,如果劳动合同的工资项目分为基本工资、岗位工资、职务工资等,应当以各项工资的总和作为基数计发加班工资,不能以基本工资、岗位工资或职务工资单独一项作为计算基数。

(2) 如果劳动合同没有明确约定工资数额,或者劳动合同约定不明确时,原则上月工资收入以员工实际月工资为标准。

(3) 月工资收入不得低于当地最低工资标准,否则,应以最低工资确定月工资收入。

综上所述,本案中小李在劳动合同中约定月工资收入为每月 2800 元,因此,应该以 2800 元作为她的月工资收入,其加班工资基数=2800÷21.75=128.73(元)。

2. 月计薪天数

根据《全国年节及纪念日放假办法》《关于职工全年月平均工作时间和工资折算问题的通知》和《劳动法》第 51 条的相关规定,法定节假日用人单位应当依法支付工资,即折算日工资、小时工资时不剔除国家规定的 11 天法定节假日。据此,日工资、小时工资的折算为 21.75 天。由此可见,法律明确规定月计薪天数一律为 21.75 天。

实务训练

一、案情介绍

2017年7月,广东省台山市A钢丝绳厂的职工盘×等74人联名向公司提交了一份权利主张函,要求厂方补偿他们之前本该获得而没有获得的年休假,同时还要求厂方赔偿没有实行住房货币分配政策给他们带来的损失。他们认为,根据《劳动法》第45条的规定:国家实行带薪年休假制度。劳动者连续工作1年以上的,享受带薪年休假。他们认为,自己有权利享受每年10天的带薪年休假,由此要求厂方支付其参加工作以来每年10天的加班工资作为未享受带薪年休假的赔偿。

二、工作任务

学生以A钢丝绳厂人力资源管理人员的身份,对企业职工带薪年休假制度进行调研,对现行带薪年休假的法律规定、单位规章制度加以整理;对74名职工要求补偿其未享受带薪年休假的要求进行法律分析,论证其要求是否合法;对企业在今后如何执行带薪年休假制度给出建议。

项目五　工资争议处理

教、学、做目标

通过本项目的学习,使学生了解和掌握有关工资的法律知识,了解工资争议的基本焦点,掌握工资争议处理的基本流程。

案例导入

2012年6月,李平入职凯里公司,双方签订了全日制劳动合同书一份,约定李平在凯里公司从事模具工程师工作,期限从2012年6月1日起至2013年5月31日止。

关于劳动报酬,合同第4条第3项约定,经甲方(凯里公司)和乙方(李平)双方协商一致,对乙方的工资报酬按下列A条款执行:乙方的工资报酬按照甲方依法制定的规章制度中的内部工资分配办法确定,根据乙方的工作岗位确定其每月工资为4500元;第5项约定,乙方加班加点的工资,按本条第3项约定的工资标准为基数计算。

2013年5月16日,双方续订了全日制劳动合同书一份,期限从2013年6月1日起至2014年5月31日止,约定李平在工艺部工作,关于劳动报酬的内容同上。

凯里公司于每月20号左右发放工资,并将当月的工资条发放给李平,工资条中列明了各项工资明细,包括基本工资、岗位津贴、平常加班工时、双休日加班工时、加班费、应发工资及实发工资等。其中,基本工资和岗位津贴两项合计为双方合同约定的每月工资4500元。

凯里公司以工资条中载明的基本工资(苏州市最低工资标准)为基数计算李平的加班工资。

此后,李平就加班工资争议向苏州市虎丘区劳动争议仲裁委员会申请仲裁,请求裁决:被申请人凯里公司支付从2012年5月至2013年4月的加班工资差额7.5万元。

2013年10月10日,苏州市虎丘区劳动争议仲裁委员会出具苏虎劳仲案字〔2013〕第5××号仲裁裁决书,裁决如下:驳回申请人李平的仲裁请求。

李平对此不服,故起诉至人民法院。

另查明,凯里公司的《员工手册》共有两版,其中A/0版(即2006年11月20日版)第8条关于薪酬规定:员工薪酬主要包括基本工资+全勤奖+效益奖,管理人员还包括职位津贴……工资不能代领,领取工资时,员工应仔细核实,如有疑问应向所属部门报告,以便核查纠正。

A/1版(即2011年7月20日版)第8条也作了同样的规定。

又查明,李平在职期间,如遇请假,则凯里公司以双方劳动合同约定的4500元为基数扣除工资。

在庭前调查中,李平、凯里公司一致确认李平从2012年6月至2013年8月期间的加班情况如下:2012年6月,平时加班83小时,双休加班99小时;7月,平时加班106小时,双休加班108.5小时;8月,平时加班102小时,双休加班94小时;9月,平时加班87小时,双休加班64小时;10月,平时加班80.5小时,双休加班107小时;11月,平时加班99小时,双休加班89小时;12月,平时加班101.5小时,双休加班69小时。2013年1月,平时加班82.5小时,双休加班82小时;2月,不存在加班;3月,平时加班58小时,双休加班80小时;4月,平时加班68.5小时,双休加班87小时;5月,平时加班64.5小时,双休加班66小时;6月,平时加班48.5小时,双休加班86小时;7月,平时加班88小时,双休加班45.5小时;8月,平时加班32.5小时,双休加班56小时。

上述期间,凯里公司合计支付李平加班工资30 880元。

李平诉请判令:(1)凯里公司支付李平从2012年6月至2013年8月的加班工资差额7.5万元;(2)本案诉讼费由凯里公司承担。

工作任务

教师将学生分为两组,分别作为李平和凯里公司的代理人,起草代理词,并组织学生模拟进行法庭辩论,起草判决书。

案例解析

一、工资制度概况

我国现阶段实行以按劳分配为主体,多种分配方式并存的分配制度。具体来讲,就是把按劳分配和按生产要素分配结合起来,确立劳动、资本、技术和管理等生产要素按贡献参与分配,以及效率优先、兼顾公平的分配原则,强调初次分配注重效率,再次分配注重公平。我国在工资分配制度改革实践中出现的劳动分红、技术分红、风险收入、股份收入、经营成果收入和私营企业家的部分非劳动收入等分配方式就是我国现阶段收入分配制度和分配原则的具体体现。

工资是指建立劳动关系的劳动者在为用人单位付出正常劳动的情况下,用人单位依据劳动合同的约定,以货币形式支付给劳动者的劳动报酬。工资一般包括计时工资、计件工资、奖金、津贴和补贴、加班加点工资,以及在患病、工伤、产假、婚丧假、年休假等特殊情况下,按计时工资标准或计时工资标准的一定比例支付的工资。

工资一般可以分为标准工资和非标准工资。

标准工资又称基本工资,是指按规定或劳动合同约定的工资标准计算的工资,包括实行结构工资制的基础工资、职务工资、岗位工资、工龄津贴、教龄津贴、护士工龄津贴等,人们形象地称之为"死"工资。非标准工资又称辅助工资,是指除标准工资外的各种工资,如奖金、津贴、加班加点工资等,人们形象地称之为"活"工资。目前,国家积极倡导建立的现代企业分配制度就是以岗位工资为主的基本工资制度,明确规定岗位职责和技能要求,实行以岗定薪、岗变薪变。

工资总额是指在一定时期内通过各种形式实际支付给职工的货币工资总和。即凡企业、事业单位和机关团体以货币形式或实物形式（需折算成货币）支付给职工的劳动报酬，不论其经费来源如何，均应包括在工资总额内。构成工资总额的项目主要有计时工资、计件工资、各种经常性奖金、工资性津贴和补贴、加班加点工资以及特殊情况下支付的工资等。不属于劳动报酬性质的经费开支，如用于职工生活福利、劳动保险、劳动保护等方面的费用不包含在工资总额内。工资总额是计算平均工资的依据，一般是用人单位在从事统计、缴费等劳动工资工作中常用的一个概念，与劳动者全额工资的概念有联系，但不是同一个概念。

工资是劳动者获得的劳动报酬的主要组成部分，但不是全部。也就是说，劳动者的劳动报酬并非都是工资。按照《关于贯彻执行〈中华人民共和国劳动法〉若干问题的意见》规定，劳动者的以下劳动报酬不属于工资的范围：

（1）单位支付给劳动者个人的社会保险福利费用，如离休、退休、退职人员的待遇，丧葬抚恤救济费，生活困难补助费，计划生育补贴等；

（2）劳动保护方面的费用，如用人单位支付给劳动者的工作服、解毒剂、清凉饮料费用等；

（3）按规定未列入工资总额的各种劳动报酬及其他劳动收入，如根据国家规定发放的创造发明奖、国家星火奖、自然科学奖、科学技术进步奖、合理化建议和技术改进奖、中华技术大奖等，以及稿费、讲课费、翻译费、出差补助费、误餐补助费、调动工作的旅费和安家费，对购买本企业股票和债券的职工所支付的股息（包括股金分红）和利息，企业向被解除或终止劳动合同的劳动者支付的医疗补助费、经济补偿金、生活补助费，支付给家庭工人的加工费和按加工订货办法支付给承包单位的发包费等。

二、工资的基本构成

工资一般包括计时工资、计件工资、奖金、津贴与补贴、加班加点工资。

（一）计时工资

计时工资是指按照劳动者本人的技术、业务等级水平，或者是劳动者所在工作岗位、职位的劳动等级预先规定的相应工资标准及劳动者实际有效工作时间计付工资的一种形式。按计算时间的单位不同，一般分为小时工资制、日工资制、月工资制和年薪制。计时工资一般应包括：对已做工作按计时工资标准支付的工资，含地区生活费补贴；实行结构工资制的单位支付给职工的基础工资和职务（岗位）工资；新参加工作的见习或试用工资、学徒的生活费；运动员的体育津贴。

由于计时工资以劳动时间计算报酬，简便易行，便于计算，所以它的适应性很强，实行范围广，任何部门、单位和各类工种、岗位均可采用。其中，计时工资最适用于以下行业、企业和工种、岗位：

（1）机械化、自动化水平较高，技术性强、操作复杂、产品需要经过多道工序、多道操作才能完成，不易单独计算个人的劳动成果的行业和工种；

（2）主要为生产第一线服务和从事辅助劳动，其劳动量不便于用产品产量准确计量的工人和服务人员；

（3）劳动量不便于统计计量的企业行政管理人员和技术人员等；

（4）产品、经营项目和生产条件多变的企业。

随着企业内部工资分配制度改革的深化，需要把计时工资与其他的工资形式有机地结合起来，以利于全面考核职工劳动的数量和质量，以便更好地体现按劳分配原则。

计时工资有以下三种主要形式：

（1）小时工资制。

小时工资制是指按照小时工资标准和实际工作的小时数来计算工资。小时工资标准按日工资标准除以日法定工作时数求得。

（2）日工资制。

日工资制是指根据劳动者的日工资标准和实际工作日数来计算工资。日工资的计算方法是：先求得制度工时天数，即用全年天数减去国家法定节假日天数和休息日天数，以其之差除以 12 个月，得出每月平均应出勤天数，然后用职工本人月工资标准除以制度工时天数，即可求得日工资。

（3）月工资制。

月工资制是指按照劳动者的岗位、等级工资制的工资标准来计算工资。企业职工如果出满勤，就按月工资标准支付工资；缺勤则按实际缺勤天数或小时数减发工资。在我国境内的国家机关、社会团体、企业、事业单位以及其他组织的职工基本工作时间是每日工作 8 小时、每周工作 40 小时。

（二）计件工资

计件工资是指按照劳动者生产的合格产品的数量或完成的工作量，根据企业内部确定的计件工资单价，计算并支付工资的一种形式。它由工作物等级、劳动定额和计件单价所组成。

工作物等级是根据某种工作物的技术复杂程度、劳动强度、劳动责任和不同的设备状况而划分的等级。它是确定劳动定额水平、计算计件单价和合理安排劳动力的科学依据。

劳动定额分为产量定额和工时定额。产量定额就是在单位时间内应该生产的合格产品的数量。工时定额就是在一定条件下完成某一产品所必须消耗的劳动时间。

计件单价是工人完成某种产品或某项工作的单位工资，即单位产品的工资率。

根据《关于工资总额组成的规定》，计件工资是指对已做工作按计件单价支付的劳动报酬，包括：

（1）实行超额累进计件、直接无限计件、限额计件、超定额计件等工资制，按劳动部门或主管部门批准的定额和计件单价支付给个人的工资；

（2）按工会任务包干方法支付给个人的工资；

（3）按营业额提成或利润提成办法支付给个人的工资。

实行计件工资的条件是：

（1）必须是产品的数量能够准确计量，并能正确反映工人所支出的劳动量的工种或单位；

（2）必须是产品的数量和质量主要取决于工人主观努力的工种或单位；

（3）必须是具有明确的产品质量标准，能够检验产品质量的单位或工种才能实行计件工资；

(4) 必须是具有先进合理的劳动定额和比较健全的原始记录统计制度,并有严格的计量标准的单位或工种;

(5) 必须是生产任务饱满,原材料、燃料、动力供应和产品销路比较正常,能够组织均衡生产,并鼓励增加产量的单位。

目前,我国的企业中通常采用的计件工资形式主要有:

(1) 全额无限计件工资;

(2) 超额无限计件工资;

(3) 超额有限计件工资;

(4) 按质计价的计件工资;

(5) 累进计件工资;

(6) 间接计件工资;

(7) 集体计件工资制。

(三) 奖金

奖金是指支付给职工的超额劳动报酬和增收节支的劳动报酬。奖金包括:

(1) 生产奖,节约奖,劳动竞赛奖,机关事业单位各类人员的年终一次性奖金、机关工人的奖金;

(2) 体育运动员的平时训练奖以及其他奖金。

基本工资是定额内劳动的报酬,不能充分反映职工的劳动差别。而多种多样的奖金则是超额劳动的报酬,能较灵活地反映职工的实际劳动差别。奖金作为基本工资的补充,在整个工资结构中应处于次要地位或从属地位。

奖金具有以下四个特点:

一是单一性,奖金可以在报酬上只反映职工某方面的实际劳动效果的差别;

二是灵活性,奖金的形式灵活多样,奖励的对象、数额及获奖人数均可随生产(工作)的变化而变化;

三是及时性,奖金的使用不受工资发放的限制,能及时反映劳动者向社会提供劳动量的变化情况;

四是鼓励的双重性,奖金不仅是对职工的物质奖励,而且还有精神鼓励的作用。

(四) 津贴与补贴

补贴是指为了保证职工工资水平不受物价等因素的影响,而支付给职工的工资性补贴。它是职工工资的一种辅助形式,也是工资的一个组成部分。通常把补偿生产(工作)条件方面的叫作津贴,而把弥补生活开支方面的叫作补贴。

从补贴的管理层次区分,补贴可以分为两类:一类是国家或地区、部门统一建立的补贴;另一类是企业自行建立的补贴。国家统一建立的补贴,一般在企业成本中开支;企业自行建立的补贴,一般在企业留利的效益工资中开支。补贴主要包括:为保证职工工资水平不受物价上涨或变动等因素影响而支付的各种补贴,如副食品价格补贴、住房补贴等。我国的物价补贴有两种方式:一种是明补(补给居民或职工)方式;另一种是暗补(补给企业或流通环节)方式。纳入工资总额范围的物价补贴是指明补。

津贴是指为了补偿职工特殊或额外的劳动消耗和因其他特殊原因而支付给职工的一种辅助性工资。津贴主要包括特殊劳动消耗津贴、保健津贴、技术性津贴、年功津贴和地区性津贴等几种类型。如高温津贴、野外地质勘探津贴、矿山井下津贴、化工行业实行的有毒有害津贴,卫生防疫津贴、医疗卫生津贴、科技保健津贴,特级教师补贴、科研津贴、工人技师津贴等,上述津贴可统称为特殊工种岗位津贴。年功津贴一般包括工龄津贴、教龄津贴、护士工龄津贴等。地区性津贴是为了补偿职工在某些特殊的地理、自然条件下生活费用的额外支出而设立的津贴,如林区津贴、高寒山区津贴、海岛津贴、高原地区临时补贴等。至于地区生活费补贴,也应属于地区性津贴的范围,但是按照国家的规定,却将其列为计时工资的内容。也就是说,地区生活费补贴属于基本工资的范围。此外,其他的工资性津贴还有火车司机和乘务员的乘务津贴,航行和空勤人员的伙食津贴,专业车队汽车司机的行车津贴,体育运动员、教练员的伙食补助费,少数民族的伙食津贴以及书报费等。

(五) 加班加点工资

加班加点工资是指用人单位根据生产、工作需要,安排劳动者在法定节假日和公休假日内,或在法定日标准工作时间以外继续生产劳动所支付的工资。

加班加点工资应按以下标准支付:

(1) 用人单位依法安排劳动者在法定日标准工作时间以外加点的,按照不低于劳动合同规定的劳动者本人小时工资标准的150%支付劳动者工资;

(2) 用人单位依法安排劳动者在公休假日内工作,而又不能安排补休的,按照不低于劳动合同规定的劳动者本人日或小时工资标准的200%支付劳动者工资;

(3) 用人单位依法安排劳动者在法定节假日工作的,按照不低于劳动合同规定的劳动者本人的日或小时工资标准的300%支付劳动者工资。

实行计件工资的劳动者,只有在完成定额任务且实际工作时间达到标准日工作时间之后,根据用人单位的命令和要求从事劳动的,才视为加点;在休息日或节假日,根据用人单位的命令和要求从事劳动的,即视为加班。加班加点工资的计算方法,是将加班加点期间完成的产品件数乘以单位产品的工资金额,再按《劳动法》的规定乘以150%、200%、300%。劳动者在标准日工作时间内未完成定额任务而延长工作时间的,不视为加班加点;在标准日工作时间内超额完成定额任务的部分,由于不是加班加点时间干的,所以不能按加班加点工资支付,可按超额奖金支付。

经劳动保障行政部门批准实行综合计算工时制的劳动者,工作日正好是休息日的,属于正常工作;工作日正好是法定节假日的,则应按本人日工资标准的300%支付加班工资。综合计算周期内的实际工作时间超过法定标准工作时间的部分,应视为加班加点的时间,均按本人日或小时工资标准的150%支付加班加点工资。经批准实行不定时工作制的劳动者,由于其工作时间不确定,所以无法实行加班加点工资制度。对"三八"国际妇女节、回民开斋节假间,参加庆祝活动和放假的职工,不扣工资,照常工作的也不加发工资。实行三班制生产的工人,在法定节假日照常生产,应按照规定发给加班工资。对于不是整班的,按小时计算加班工资。如果在法定节假日恰好本人轮休,则应不发加班工资。三班制工人的法定节假日的起止时间,应从法定全民节假日的当天零时起到24时止。

(六) 特殊情况下支付的工资

特殊情况下支付的工资是指正常情况以外用人单位须向劳动者支付的工资待遇,包括根据国家和用人单位的规定,因病、工伤、产假、计划生育假、婚假、丧假、探亲假、年休假、停工学习、参加社会活动等原因,按计时或计件工资标准,或者按计时或计件工资标准的一定比例支付的工资,以及附加工资、保留工资等。

企业破产后,原有职工因企业破产而引发的安置、工资、保险福利待遇等问题的争议较多,影响了社会的稳定。为了解决好这些问题,国家作出了相应的规定。在工资处理上,《工资支付条例》规定,用人单位依法破产时,劳动者有权获得其工资。在破产清偿中用人单位应按《企业破产法》的规定,首先支付欠付本单位劳动者的工资。

由于用人单位原因造成停工停产期间,用人单位应支付给劳动者停工工资(亦称停工津贴)。停工停产在一个工资支付周期内,用人单位应按劳动合同规定的标准支付劳动者工资。超过一个工资支付周期的,若劳动者提供了正常劳动,则支付给劳动者的劳动报酬不得低于当地的最低工资标准;若劳动者没有提供正常劳动,应按国家有关规定办理,目前应按职工基本生活保障制度的规定向劳动者支付基本生活费。由于劳动者原因造成停工停产期间,除因工负伤在停工治疗的停工留薪期间,用人单位应向劳动者支付原工资待遇外,一般是可以不支付工资或基本生活费的。

职工因工作遭受事故伤害或者患职业病需要暂停工作接受工伤医疗的,在停工留薪期内,原工资福利待遇不变,由所在单位按月支付。停工留薪期一般不超过12个月。伤情严重或者情况特殊,经设区的市级劳动能力鉴定委员会确认,可以适当延长,但延长不得超过12个月。工伤职工评定伤残等级后,停发原待遇,按照有关规定享受伤残待遇。工伤职工在停工留薪期满后仍需治疗的,继续享受工伤医疗待遇。生活不能自理的工伤职工在停工留薪期需要护理的,由所在单位负责。

国家实行带薪年休假制度。凡劳动者连续工作1年以上的,都可以享受年休假。年休假期间,用人单位应按劳动合同约定的标准支付劳动者工资。地方有支付标准规定的,按其规定执行。合同中约定的工资标准可以是全额工资,也可以是结构工资中的基本工资。需要注意的是,基本工资应是结构工资中的主要部分。

凡在国家机关、人民团体和全民所有制、企事业单位工作满1年的职工,与配偶或父母不住在一起,又不能在公休假日团聚的,可以享受探望配偶或父母的待遇。职工探望配偶每年给予一方探亲假1次,假期为30日。未婚职工探望父母的,每年给假1次,假期为20天。已婚职工探望父母的,每4年给假1次,假期为20日。凡享受其他休假制度(如寒暑假、年休假)的职工,应在休假期间探亲,如果休假期较短,可由本单位适当安排,补足其探亲假的天数。根据《国务院关于职工探亲待遇的规定》,劳动者依法享受探亲假期间,用人单位应按劳动合同规定的标准支付劳动者工资。实行计件工资的,按计件工资标准发给。利用单位停工期间探亲的,探亲假期间工资仍按本人计时标准工资发给。地方有支付标准规定的,按其规定执行。职工探望配偶和未婚职工探望父母的往返路费,由所在单位负担。已婚职工探望父母的往返路费,在本人标准工资的30%以内的,由本人自理,超过部分由所在单位负担。对非国有制企事业单位的职工是否有探亲假,国家无规定。因此,这类用人单位可以根据本单位的实际情况决定是否参考国务院有关规定制定本单位有关探亲假的规章制度。

劳动者在法定工作时间,依法参加社会活动,用人单位应当依法支付工资。这里的工资一般是指全额工资,而不仅是标准工资。这里的社会活动主要包括:依法行使选举权或被选举权;当选代表出席乡(镇)、区以上政府、党派、共青团、妇女联合会等组织召开的会议;出任人民法庭证明人;出席劳动模范、先进工作者大会;不脱产的工会基层委员会委员参加工会活动等。

职工因事请假期间的待遇,国家现行的法律、法规中没有具体规定。因此,关于职工因私事请假期间的待遇问题,可以由用人单位根据本单位的实际情况通过内部规章制度加以规定。有的单位规定按计时工资标准的一定比例支付待遇,有的单位则规定事假期间没有任何待遇。这些规定都与国家的法律、法规不抵触,因而都是有效的。职工因私事请假,没有为用人单位提供正常劳动,用人单位可以向职工支付一定的生活费,也可以不向职工支付任何待遇。不过,目前,不享受加班加点工资待遇的国家机关和事业单位的工作人员,在经批准的事假期间,工资是照发的。

职工因病或非因工负伤停止工作医疗时,其停止工作连续医疗期在6个月以内的,按连续工龄的长短发给病伤假工资,其标准为:连续工龄不满2年者,发给本人工资的60%;满2年不满4年者,发给本人工资的70%;满4年不满6年者,发给本人工资的80%;满6年不满8年者,发给本人工资的90%;满8年及以上者,发给本人工资的100%。停止工作连续医疗期超过6个月的,按连续工龄长短发给疾病救济费,其标准为:连续工龄不满1年者,发给本人工资的40%;满1年不满3年者,发给本人工资的50%;满3年及以上者,发给本人工资的60%。目前,许多地方制定了新规定,许多企业对职工的病伤假待遇也进行了改革。因此,这些地方和企业可按其规定执行。另外,如果按上述规定支付给职工的病假工资或疾病救济费低于当地最低工资的80%,则应按当地最低工资的80%支付。

目前,国家对职业病患者的工资和生活待遇规定比较详细的是矽肺病患者。根据《国家劳动总局保险福利司关于矽肺病待遇问题的复函》的规定,对于调任较轻工作的矽肺病患者,不降低其原标准工资。对于二期、三期矽肺病患者,需要脱产休养的,在1年以内发给原标准工资的100%,1年以后发给原标准工资的90%。对患一期矽肺病合并活动性肺结核或代偿机能属于乙、丙两类需要脱产休养的,可以按二期、三期矽肺病患者的待遇处理。一期矽肺病患者回乡休养的,发给本人标准工资的60%。患矽肺病的职工调到其他单位工作时,不降低本人原标准工资,其原来享受的保健待遇,由调入单位发给。其他没有具体工资待遇规定的职业病工资,应按照工伤保险的规定执行。

女职工在孕期、产期、哺乳期期间的工资不得低于其基本工资。在实行了生育保险社会统筹的地区,女职工产期享受生育津贴。生育津贴由该地区的社会保险机构从生育保险基金中支付,女职工所在用人单位不再支付其产假工资。生育津贴的标准应按照本单位上年度职工社会月平均工资计发。

三、工资的支付、克扣与拖欠

(一) 工资的支付

用人单位在制定、修改或者决定有关劳动报酬、工作时间、休息休假等直接涉及劳动者切身利益的规章制度或者重大事项时,应当经职工代表大会或者全体职工讨论,提出方案和意见,与工会或者职工代表平等协商确定。集体合同中劳动报酬和劳动条件等标准不得低于当地人民政府规定的最低标准;用人单位与劳动者订立的劳动合同中劳动报酬和劳动条件等标准不得低于集体合同规定的标准。

用人单位未在用工的同时订立书面劳动合同,与劳动者约定的劳动报酬不明确的,新招用的劳动者的劳动报酬按照集体合同规定的标准执行;没有集体合同或者集体合同未规定的,实行同工同酬。

工资应当以货币形式支付,不得以实物及有价证券替代货币支付。以货币形式支付工资,可以更好地体现按劳分配,实现劳动者的消费愿望,强化个人所得税调节收入分配的功能,同时也符合国际通行的做法。

用人单位支付工资的对象是劳动者本人。若劳动者本人因故不能领取工资,则可以由其亲属或委托他人代领。用人单位可以采取签单的方式直接将工资支付给劳动者,也可以委托银行代发工资。无论采取哪种支付方式,用人单位均须向劳动者提供一份清单,书面记录支付劳动者工资的数额、时间、领取者的姓名以及签字,并保存2年以上备查。

用人单位应当按月向劳动者支付工资。所谓按月支付,是指按照用人单位与劳动者约定的每月支付工资的日期支付。如果支付工资的日期恰遇节假日或休息日,则用人单位应提前在最近的工作日向劳动者支付工资。工资至少每月支付1次,对于实行周、日、小时工资制的人员,工资也可以按周、日、小时发放。对完成一次性临时劳动和某项具体工作的劳动者,用人单位应按有关协议或合同规定在劳动者完成劳动任务后即支付工资。

劳动者在试用期的工资不得低于本单位相同岗位最低档工资或者劳动合同约定工资的80%,并不得低于用人单位所在地的最低工资标准。用人单位与劳动者约定服务期的,不影响按照正常的工资调整机制提高劳动者在服务期期间的劳动报酬。劳动合同被确认无效,劳动者已付出劳动的,用人单位应当向劳动者支付劳动报酬。劳动报酬的数额,参照本单位相同或者相近岗位劳动者的劳动报酬确定。用人单位违反规定与劳动者约定试用期的,由劳动行政部门责令改正;违法约定的试用期已经履行的,由用人单位以劳动者试用期满月工资为标准,按已经履行的超过法定试用期的期间向劳动者支付赔偿金。

用人单位应当严格执行劳动定额标准,不得强迫或者变相强迫劳动者加班。用人单位安排加班的,应当按照国家有关规定向劳动者支付加班费。

非全日制用工是指以小时计酬为主,劳动者在同一用人单位一般平均每日工作时间不超过4小时,每周工作时间累计不超过24小时的用工形式。非全日制用工小时计酬标准不得低于用人单位所在地人民政府规定的最低小时工资标准。非全日制用工劳动报酬结算支付周期最长不得超过15日。

用人单位自用工之日起超过1个月不满1年未与劳动者订立书面劳动合同的,应当向劳动者每月支付二倍的工资。用人单位违反《劳动合同法》规定不与劳动者订立无固定期限劳动合同的,自应当订立无固定期限劳动合同之日起向劳动者每月支付二倍的工资。

(二) 克扣与拖欠工资的救济

克扣是指用人单位无正当理由扣减劳动者应得的工资报酬(即在劳动者已提供正常劳

动的前提下,用人单位按劳动合同约定的标准应支付给劳动者的全额工资)的行为,但不包括以下减发工资的情况:

(1) 国家法律、法规中有明确规定的(如法院判决、裁定中要求代扣的抚养费、赡养费等);

(2) 依法签订的劳动合同中有明确约定的(如用人单位代扣代缴的个人所得税和应由劳动者个人缴纳的各项社会保险费用等);

(3) 用人单位依法制定并经职代会批准的厂规、厂纪中有明确规定的;

(4) 企业工资总额与经济效益相联系,经济效益下浮时,工资必须相应下浮的,但支付给劳动者的工资不得低于当地最低工资标准;

(5) 因劳动者请事假等相应减发的工资等。

拖欠是指用人单位无正当理由超过规定的工资发放时间而未付给劳动者工资的行为。但不包括下列情况:

(1) 用人单位遇到非人力所能抗拒的自然灾害、战争等原因,无法正常支付工资;

(2) 用人单位确因生产经营困难、资金周转受到影响,在征得本单位工会的同意后,可以暂时延期支付劳动者工资,延期时间的最长限制可以由各省、自治区、直辖市劳动行政部门根据各地情况确定。

其他情况的拖欠工资均属无故拖欠。

如果用人单位未及时足额支付劳动报酬,劳动者可以解除劳动合同。

用人单位违反国家规定,拖欠或者未足额支付劳动报酬,或者拖欠工伤医疗费、经济补偿或者赔偿金的,劳动者可以向劳动行政主管部门投诉,劳动行政主管部门应当依法处理。用人单位未按照劳动合同的约定或者国家规定及时足额支付劳动者劳动报酬的,低于当地最低工资标准支付劳动者工资的,安排加班不支付加班费的以及解除或者终止劳动合同,未依照规定向劳动者支付经济补偿的,由劳动行政主管部门责令限期支付劳动报酬、加班费或者经济补偿。劳动报酬低于当地最低工资标准的,应当支付其差额部分;逾期不支付的,责令用人单位按应付金额50%以上100%以下的标准向劳动者加付赔偿金。

用人单位拖欠或者未足额支付劳动报酬的,劳动者可以依法向当地人民法院申请支付令,人民法院应当依法发出支付令。因支付拖欠劳动报酬、工伤医疗费、经济补偿或者赔偿金事项达成调解协议的,用人单位在协议约定期限内不履行的,劳动者可以持调解协议书依法向人民法院申请支付令,人民法院应当依法发出支付令。

因劳动报酬发生争议的可以申请劳动仲裁,劳动关系存续期间因拖欠劳动报酬发生争议的,劳动者申请仲裁不受仲裁时效期间的限制;但是,劳动关系终止的,应当自劳动关系终止之日起1年内提出。仲裁庭对追索劳动报酬、工伤医疗费、经济补偿或者赔偿金的案件,根据当事人的申请,可以裁决先予执行,移送人民法院执行。追索劳动报酬、工伤医疗费、经济补偿或者赔偿金,不超过当地月最低工资标准12个月金额的争议的仲裁裁决为终局裁决,裁决书自作出之日起发生法律效力。

四、本案的具体处理意见

本案的争议焦点为加班工资的计算基数。李平认为应当以劳动合同约定的每月工资

4500元作为加班工资的计算基数,凯里公司则认为应当以工资条载明的基本工资作为加班工资的计算基数。

本案中,应当以双方劳动合同约定的每月工资4500元作为加班工资的计算基数,理由如下:

第一,《江苏省工资支付条例》第64条明确规定,用于计算劳动者加班加点工资的标准,用人单位与劳动者双方有约定的,从其约定。李平与凯里公司签订的全日制劳动合同书中明确约定转正后加班加点工资以每月4500元为基数计算,对双方当事人均具有约束力。

第二,凯里公司并未举证证明其两版《员工手册》均依法告知了李平,亦未举证证明2011年的A/1版《员工手册》的修订经过民主程序,且两版《员工手册》也未明确对劳动合同约定的加班工资计算基数进行修改。

第三,凯里公司实际支付李平的加班工资以最低工资为标准,但如果李平请假却又以劳动合同约定的4500元为基数扣款,采用双重标准显失公平。

综上所述,凯里公司应以每月4500元的标准向李平计发加班工资。

根据庭审中双方一致确认的加班时数,2012年6月至2013年8月期间,李平平时加班1101.5小时、双休日加班1133小时,故凯里公司应支付李平平时加班工资42 730.60(4500÷21.75÷8×1101.5×1.5)元、双休加班工资58 603.40(4500÷21.75÷8×1133×2)元,合计101 334元,扣除凯里公司已支付李平的30 880元,其还应支付70 454元。

据此,人民法院应依据《劳动法》第44条,《劳动合同法》第29条、第30条第1款、第31条的规定,判决凯里公司应支付李平加班工资差额70 454元。

实务训练

一、案情介绍

原告卢×于2007年9月1日至被告上海市A服饰有限公司(以下简称A公司)处工作,双方于2008年2月13日签订期限从2008年1月1日至2008年3月31日的劳动合同。合同约定,若乙方(即原告)开始工作的时间与合同订立的时间不一致的,以实际到岗之日为合同起始时间。合同同时约定,乙方加班必须征得甲方(即被告)的确认同意,并由相关负责人签字认可,否则不视为加班。合同期限届满后,原告卢×与被告A公司又续订劳动合同至2008年5月31日。原告卢×的首月工资为1500元,此后工资为1600元,月平均工资为1609余元。在职期间,原告卢×经常超过工作时间在单位工作,被告A公司从未支付过加班工资。2008年4月30日,原告卢×与被告A公司签订协议约定:被告A公司在劳动合同终结后支付给原告卢×经济补偿金749元。原告卢×在该协议上签字确认。2008年5月31日,双方的劳动关系终结,6月15日被告A公司按约支付了原告卢×经济补偿金,同时,被告A公司以原告卢×在2008年5月27日旷工为由,扣发了原告卢×工资161.25元。2008年6月11日,原告卢×向上海市A区劳动争议仲裁委员会申请仲裁,要求被告A公司支付2007年9月1日至2008年5月31日的加班工资、经济补偿金差额、克扣的工资、综合保险费。经上海市A区劳动争议仲裁委员会裁决:

(1) 被申请人(即被告)应当于裁决书生效之日起7日返还申请人2008年5月27日扣罚的工资161.25元；

(2) 对申请人(即原告)的其他请求不予支持。

原告卢×不服裁决第2条,诉诸人民法院,请求判令被告A公司支付2007年9月1日至2008年5月31日的加班工资4684.40元以及经济补偿金差额851元。

原告卢×提供的证据材料包括:(1)劳动合同;(2)终止劳动合同协议书;(3)储蓄账户交易明细;(4)电子考勤打印件;(5)考勤表;(6)仓库物流费用单据。

被告A公司对证据材料1、2、3、4的真实性无异议,却对证据材料5、6的真实性提出异议,认为考勤表及仓库物流费用单据均不是该公司的资料,且均无被告的盖章及签名。

被告A公司辩称,原告卢×于2007年9月1日入职,双方签订了劳动合同,期限至2008年5月31日。合同约定,如果加班必须办理审批手续,否则不能认定为加班。原告卢×对此是知道的,但是原告卢×从未办理过加班审批手续,公司也未安排原告卢×加班,原告卢×要求被告A公司支付加班工资,被告A公司不予同意。原告卢×与被告A公司的劳动关系终结时,已经对经济补偿金达成一致协议。现原告卢×要求被告A公司支付经济补偿金的差额,被告A公司也不予同意,请求人民法院驳回原告卢×的诉讼请求。

被告A公司为证明其陈述,向人民法院提供了其他员工的加班申请单。原告卢×对此表示不知晓。

二、工作任务

教师将所有的学生分成若干组,分别代理原告与被告起草起诉状(答辩状)及代理词。教师组织学生模拟进行法庭审理,并起草判决书。

项目六　劳动安全卫生争议处理

教、学、做目标

通过本项目的学习,使学生掌握劳动安全卫生法规,着重掌握劳动安全卫生管理制度。在了解相关法律制度的基础上,进行劳动安全卫生有关争议的处理训练,以利于深入把握并在劳动管理岗位上切实全面贯彻落实好劳动安全卫生制度,增强进行劳动安全卫生方面管理的职业素养,并具备处置劳动安全卫生事件与争议的职业能力。

案例导入

原告:宜章县关溪乡岭西煤矿。

代表人李岩,宜章县关溪乡岭西煤矿矿长。

被告:张英。

岭西煤矿系经湖南省工商行政管理局注册登记从事煤炭开采、销售的普通合伙企业。2009年4月21日,张英的上一个用人单位宜章县栗源杉木冲煤矿组织张英进行了离岗前体检,体检结果为无尘肺0+。2009年11月,张英到岭西煤矿从事采掘工作。2012年4月21日,张英因病离开岭西煤矿。2012年6月7日,经郴州市疾病预防控制中心诊断,39岁的张英患有煤工尘肺二期。

2012年7月10日,宜章县劳动人事争议仲裁委员会以宜劳人仲裁字〔2012〕第48号仲裁裁决书确认张英从2009年11月至2012年3月与岭西煤矿存在劳动关系。岭西煤矿主张张英在井下从事掘进工作加起来不足4个月,但未提供证据加以证实。

2012年12月10日,郴州市人力资源和社会保障局认定张英在岭西煤矿所患职业病属于工伤认定范围,予以认定为工伤。2013年5月23日,郴州市劳动能力鉴定委员会对张英的劳动能力进行鉴定后出具鉴定结论为伤残四级。对于职业病认定机构的诊断及工伤认定机构的认定,岭西煤矿在法律规定的时间内均没有提出异议。

2013年7月22日,宜章县劳动人事争议仲裁委员会以宜劳人仲裁字〔2013〕第61号仲裁裁决书裁决:岭西煤矿应一次性支付张英工伤保险待遇款共计人民币316 437元。

岭西煤矿不服该仲裁裁决起诉至人民法院,请求判令岭西煤矿不支付张英工伤保险待遇。

另查明,张英系农民工,岭西煤矿在招用张英时,未对其进行全面的健康体检,也未到工伤保险经办机构对张英是否患有职业病进行登记备案,工伤保险经办机构依据《关于进一步规范职业病工伤保险待遇管理的通知》第1条第4款"凡未备案以及备案时已经受到职业病危害的,或者所患职业病与岗位无关的,工伤保险经办机构不支付职业病待遇,所有职业病待遇费用由用人单位承担"的规定,拒付张英的伤残等工伤保险待遇。

张英被确诊患有职业病之日(2012年6月7日)前12个月平均月缴费工资为2453元。

工作任务

将学生分为岭西煤矿、张英的代理人、法官等不同的角色，调查本案的事实，收集、整理证据，研究相关的法律、法规，对本案进行分析，制作法律文书，模拟进行劳动争议诉讼。

案例解析

一、劳动安全卫生制度

劳动安全卫生又称职业安全卫生，过去称为"劳动保护"，是指直接保护劳动者在劳动或工作中的生命安全和身体健康的法律制度。《宪法》第 42 条规定，国家通过各种途径，创造劳动就业条件，加强劳动保护，改善劳动条件，并在发展生产的基础上，提高劳动报酬和福利待遇。该规定被确定为《劳动法》的基本原则之一，也是我国劳动安全卫生立法的指导思想。

《劳动法》第六章对"劳动安全卫生"作了专章规定，根据该些规定，用人单位必须建立的劳动安全卫生制度包括：

（1）安全生产责任制；
（2）编制劳动安全卫生技术措施计划制度；
（3）劳动安全卫生技术措施经费制度；
（4）劳动安全卫生教育制度；
（5）劳动安全卫生检查制度；
（6）劳动防护用品发放管理制度；
（7）职业病危害作业劳动者的健康检查制度；
（8）伤亡事故与职业病统计报告调查处理制度。

劳动安全卫生制度的实施具有强制性。劳动安全卫生制度以劳动过程为其保护范围，以改善劳动条件和劳动环境为主要途径，通过消除劳动过程中不安全和不卫生的因素，实现对劳动者生命安全和身体健康的保护。劳动安全卫生立法，既有利于保障劳动者的生命权和健康权，也有利于促进生产力的发展和劳动生产率的不断提高。

需要注意的是，就用人单位与劳动者双方的市场主体地位而言，由于用人单位掌握着招收录用权、岗位分配权、生产经营的监督管理权、劳动报酬决定权等实际权力，所以劳动者处于相对弱势地位。因此，一些用人单位随意侵害劳动者权益的现象时有发生。为此，我国法律为了保护劳动者的权益，特别赋予了劳动者在一定条件下的紧急处置权。同时，法律还赋予劳动者对于危害生命安全和身体健康的劳动条件有批评权、检举权和控告权。

二、职业病的概念和构成要件

（一）职业病的概念

根据《中华人民共和国职业病防治法》（以下简称《职业病防治法》）第 2 条的规定，职业病是指企业、事业单位和个体经济组织等用人单位的劳动者在职业活动中，因接触粉尘、放射性物质和其他有毒、有害因素而引起的疾病。各国法律都有对于职业病预防方面的规定，一般来说，只有符合法律规定的疾病才能称为职业病。

在生产劳动中，接触生产中使用或产生的有毒化学物质、粉尘气雾、异常的气象条件、高低气压、噪声、振动、微波、X射线、γ射线、细菌、霉菌，长期强迫体位操作，局部组织器官持续受压等，均可引起职业病，一般将这类职业病称为广义的职业病。对其中某些危害性较大，诊断标准明确，结合国情，由政府有关部门审定公布的职业病，称为狭义的职业病，或称法定（规定）职业病。

我国政府规定，诊断为法定（规定）职业病的，需由诊断部门向卫生主管部门报告；职业病患者，在治疗休息期间，以及确定为伤残或治疗无效而死亡时，按照国家有关规定，享受工伤保险待遇或职业病待遇。有的国家对职业病患者给予经济赔偿，因此，也称这类疾病为需赔偿的疾病。《职业病防治法》规定职业病的诊断应当由省级卫生行政部门批准的医疗卫生机构承担。

（二）职业病的构成要件

《职业病防治法》规定的职业病，必须具备以下四个条件：

(1) 患病主体是企业、事业单位或个体经济组织的劳动者；
(2) 必须是在从事职业活动的过程中产生的；
(3) 必须是因接触粉尘、放射性物质和其他有毒、有害物质等职业病危害因素引起的；
(4) 必须是国家公布的职业病分类和目录所列的职业病。

需要注意的是，以上四个条件缺一不可。

三、《职业病防治法》赋予劳动者的权利及用人单位的相关义务

（一）知情权

产生职业病危害的用人单位，应当在醒目位置设置公告栏，公布有关职业病防治的规章制度、操作规程、职业病危害事故应急救援措施和工作场所职业病危害因素检测结果。对产生严重职业病危害的作业岗位，应当在其醒目位置，设置警示标识和中文警示说明。向用人单位提供可能产生职业病危害的设备、化学品、放射性同位素和含有放射性物质的材料的，应当提供中文说明书，并在设备的醒目位置设置警示标识和中文警示说明。用人单位与劳动者订立劳动合同（含聘用合同）时，应当将工作过程中可能产生的职业病危害及其后果、职业病防护措施和待遇等如实告知劳动者，并在劳动合同中写明，不得隐瞒或者欺骗。对从事接触职业病危害的作业的劳动者，用人单位应当组织上岗前、在岗期间和离岗时的职业健康检查，并将检查结果如实告知劳动者。劳动者有权了解工作场所产生或者可能产生的职业病危害因素、危害后果和应当采取的职业病防护措施。

（二）培训权

用人单位应当对劳动者进行上岗前的职业卫生培训和在岗期间的定期职业卫生培训，普及职业卫生知识，督促劳动者遵守职业病防治法律、法规、规章和操作规程，指导劳动者正确使用职业病防护设备和个人使用的职业病防护用品。劳动者应当学习和掌握相关的知识，遵守相关的法律、法规、规章和操作规程，正确使用、维护职业病防护设备和个人使用的职业病防护用品。劳动者有权获得职业卫生教育、培训。

（三）拒绝冒险权

劳动者有权拒绝在没有职业病防护措施下从事职业病危害作业，有权拒绝违章指挥和强令的冒险作业。用人单位若与劳动者设立劳动合同时，没有将可能产生的职业病危害及其后果等告知劳动者，劳动者有权拒绝从事存在职业病危害的作业，用人单位不得因此解除或者终止与劳动者所订立的劳动合同。

（四）检举、控告权

任何单位和个人有权对违反《职业病防治法》的行为进行检举和控告。用人单位若因劳动者依法行使检举、控告权而降低其工资、福利等待遇，或者解除、终止与其订立劳动合同的行为是无效的。

（五）特殊保障权

产生职业病危害的用人单位在工作场所应有配套的更衣间、洗浴间、孕妇休息间等卫生设施。国家对从事放射、高毒等作业实行特殊管理。用人单位不得安排未成年工从事接触职业病危害的作业，不得安排孕期、哺乳期的女职工从事对本人和胎儿、婴儿有危害的作业，不得安排有职业禁忌的劳动者从事其所禁忌的作业。

（六）参与决策权

劳动者有权参与用人单位职业卫生工作的民主管理，对所在的用人单位的职业病防治管理工作是否符合法律、法规规定，是否科学合理等方面，可直接或间接地提出意见和建议。

（七）职业健康权

对于从事接触职业病危害的作业的劳动者，用人单位除应组织职业健康检查外，还应为劳动者建立职业健康监护档案，并按照规定的期限妥善保存。对遭受或者可能会遭受急性职业病危害的劳动者，用人单位应及时组织救治，进行健康检查和医学观察，所需费用由用人单位承担。当劳动者被疑患有职业病时，用人单位应及时安排对病人进行诊断，在病人诊断或者医学观察期间，不得解除或者终止与其订立的劳动合同。职业病病人依法享受国家规定的职业病待遇。用人单位应按照国家有关规定，安排病人进行治疗、康复和定期检查；对不适宜继续从事原工作的病人，应调离原岗位，并妥善安置；对从事接触职业病危害作业的劳动者，应给予适当岗位津贴。职业病病人的诊疗、康复费用，伤残以及丧失劳动能力职业病病人的社会保障，按照国家有关工伤社会保障的规定执行。

（八）损害赔偿权

用人单位应当建立、健全职业病防治责任制，加强对职业病防治的管理，提高职业病防治水平，对本单位产生的职业病危害承担责任。职业病病人除依法享有工伤社会保险外，依照有关民事法律，尚有获得赔偿权利的，有权向用人单位提出赔偿要求。

四、本案的具体处理意见

（一）张英所患职业病与岭西煤矿是否存在因果关系

当事人对自己主张的事实应提供证据加以证实，没有证据或者证据不足以证明当事的事实主张的,由负有举证责任的当事人承担不利后果。

张英的《职业病诊断书》《工伤认定书》《劳动能力鉴定书》,岭西煤矿在法定时间内均未提出异议。

在本案审理时,岭西煤矿主张尘肺病是长期从事岩巷掘进和采煤工作吸入大量的粉尘而引起的,发病工龄最短一般也要10年左右,但对该主张未提供科学权威的医学论著等相关证据进行证实,对该主张不予采信。

同时,张英之前虽然在其他的煤矿工作过,但张英在2009年4月21日离开原工作的煤矿前的职业健康体检报告证明其无尘肺病。

而岭西煤矿未提供证明张英进入岭西煤矿工作时就患有尘肺病的证据,对于岭西煤矿主张张英的尘肺病是在其他的煤矿形成的主张不予采信。

故此,对张英主张的其尘肺病系在岭西煤矿形成予以确认。

(二) 职业病待遇

《职业病防治法》第56条规定,用人单位应当保障职业病病人依法享受国家规定的职业病待遇。

从办理工伤参保到办理工伤保险待遇的理赔等相关义务均由用人单位承担。

张英系在岭西煤矿工作期间患煤工尘肺二期职业病的,故该职业病应为工伤。

对张英患职业病构成四级伤残所享受的全部工伤待遇应由岭西煤矿承担责任。

张英因患职业病被鉴定为工伤四级伤残,根据《工伤保险条例》第35条第1款、第64条的规定,应享受一次性伤残补助金为21个月的本人工资,本人工资以张英患职业病前12个月平均月缴费工资为标准。

张英患职业病诊断之日前12个月平均月缴费工资为2453元,故岭西煤矿应支付张英一次性伤残补助金51 513(2453元/月×21个月)元。

张英患职业病诊断日(2012年6月7日)的年龄为39岁,依据《湖南省农民工参加工伤保险暂行办法》第8条、第9条第2款的规定,张英可以一次性享受工伤保险长期待遇,其标准为108个月的本人工资,张英享受的一次性工伤保险长期待遇为264 924(2453元/月×108个月)元。

综上所述,依据《工伤保险条例》第35条第1款,参照《湖南省农民工参加工伤保险暂行办法》第8条、第9条第2款的规定,宜章县关溪乡岭西煤矿应一次性支付被告张英职业病工伤四级赔偿款共计316 437元。

实务训练

一、案情介绍

徐甲自2001年起一直在景程煤矿某工区从事采煤工作至2009年6月28日,双方未签订书面劳动合同。

2009年2月,景程煤矿组织全矿职工进行职业健康体检,徐甲疑似患有尘肺病,医院建议徐甲申请职业病诊断。

2009年5月,景程煤矿为徐甲购买了工伤保险。同年6月28日,景程煤矿通知徐甲停止下井作业,徐甲离开景程煤矿。

2009年7月28日,徐甲被益阳市疾病预防控制中心诊断为一期煤工尘肺并右上活动性肺结核,2009年11月3日经安化县劳动和社会保障局认定为工伤,2010年3月15日经益阳市劳动能力鉴定委员会鉴定为四级伤残。

双方为此发生争议。

二、工作任务

教师将全体学生分为两组,分别担任用人单位和劳动者的代理人,起草代理词,并组织学生模拟进行法庭辩论,起草判决书。

项目七　女职工和未成年工特殊保护争议处理

任务一　女职工特殊保护争议处理

教、学、做目标

通过本任务的学习,使学生掌握女职工特殊保护的法律规定,培养处理女职工特殊保护争议的职业素养和职业能力。

案例导入

陈×是A百货公司的女售货员,与单位签订了2007—2017年为期10年的劳动合同。2015年11月陈×怀孕,2016年6月A百货公司以营业任务重为由要求陈×每天加班1小时。2016年8月陈×分娩,后婴儿死亡。陈×在休产假期满后上班,要求A百货公司赔偿损失,理由是婴儿死亡与A百货公司在其孕期安排加班有关,如果A百货公司不满足陈×的要求她就拒绝上班。A百货公司则认为,陈×在怀孕期间曾被公共汽车夹过1次,并且婴儿是在分娩后死亡的,与其孕期加班没有关系,因此不同意陈×的要求。于是,自休满产假后陈×就一直没有上班。A百货公司在陈×无故不上班长达几十天后,再次要求陈×上班,在陈×再次拒绝后,A百货公司以陈×旷工、经劝告无效为由决定解除与陈×的劳动合同。2017年5月,A百货公司向陈×出示了解除劳动合同决定书。陈×不服,向当地劳动争议仲裁委员会提出申诉,要求撤销A百货公司解除劳动合同的决定并为其补发工资。

工作任务

教师请学生以A百货公司人力资源管理人员的身份,查明事实,收集研究相关的法律、法规,分析本案的法律关系,向公司领导出具法律意见,参与争议的妥善解决。

案例解析

一、女职工禁忌从事的劳动

女职工特殊保护又称女职工劳动保护,是指根据女职工的身体结构、生理特点和哺育子女的需要,对其在劳动过程中的安全健康所采取的有别于男子的保护。女职工特殊保护包括禁止或限制女职工从事某些作业、女职工"四期"(即经期、孕期、产期、哺乳期)保护等内容。

为了保护女职工的身心健康及其子女的正常发育和成长,2012年4月国务院颁布的《女职工劳动保护特别规定》的附录部分规定了女职工禁忌从事的劳动范围,明确规定禁忌女职工从事下列作业:

(1) 矿山井下作业;

(2) 体力劳动强度分级标准中规定的第四级体力劳动强度的作业;

(3) 每小时负重6次以上、每次负重超过20公斤的作业,或者间断负重、每次负重超过25公斤的作业。

二、对女职工实行"四期"保护

根据女性的生理特点和哺育子女的需要,我国有关部门制定的劳动法律、法规对女职工在劳动过程中的安全健康采取了有别于男职工的特殊保护措施。如禁止或限制女职工从事某些不适合妇女生理特点的作业,对妇女在经期、孕期、产期、哺乳期进行保护等。

1. 经期保护

根据《劳动法》第60条的规定,不得安排女职工在经期从事高处、低温、冷水作业和国家规定的第三级体力劳动强度的劳动。

《女职工劳动保护特别规定》的附录中进一步明确了女职工在经期禁忌从事的劳动范围:

(1) 冷水作业分级标准中规定的第二级、第三级、第四级冷水作业;

(2) 低温作业分级标准中规定的第二级、第三级、第四级低温作业;

(3) 体力劳动强度分级标准中规定的第三级、第四级体力劳动强度的作业;

(4) 高处作业分级标准中规定的第三级、第四级高处作业。

2. 孕期保护

根据《女职工劳动保护特别规定》第6条第1款和第2款的规定,女职工在孕期不能适应原劳动的,用人单位应当根据医疗机构的证明,予以减轻劳动量或者安排其他能够适应的劳动。对怀孕7个月以上的女职工,用人单位不得延长劳动时间或者安排夜班劳动,并应当在劳动时间内安排一定的休息时间。

《女职工劳动保护特别规定》的附录中进一步明确了女职工在孕期禁忌从事的劳动范围:

(1) 作业场所空气中铅及其化合物、汞及其化合物、苯、镉、铍、砷、氰化物、氮氧化物、一氧化碳、二硫化碳、氯、己内酰胺、氯丁二烯、氯乙烯、环氧乙烷、苯胺、甲醛等有毒物质浓度超过国家职业卫生标准的作业;

(2) 从事抗癌药物、己烯雌酚生产,接触麻醉剂气体等的作业;

(3) 非密封源放射性物质的操作,核事故与放射事故的应急处置;

(4) 高处作业分级标准中规定的高处作业;

(5) 冷水作业分级标准中规定的冷水作业;

(6) 低温作业分级标准中规定的低温作业;

(7) 高温作业分级标准中规定的第三级、第四级的作业;

(8) 噪声作业分级标准中规定的第三级、第四级的作业;

(9) 体力劳动强度分级标准中规定的第三级、第四级体力劳动强度的作业;

(10) 在密闭空间、高压室作业或者潜水作业,伴有强烈振动的作业,或者需要频繁弯腰、攀高、下蹲的作业。

3. 产期保护

根据《女职工劳动保护特别规定》第7条的规定,女职工生育享受98天产假,其中产前可以休假15天;难产的,增加产假15天;生育多胞胎的,每多生育1个婴儿,增加产假15天。女职工怀孕未满4个月流产的,享受15天产假;怀孕满4个月流产的,享受42天产假。我国的基础产假期为98天,但《人口与计划生育法》明确规定,对于符合法律、法规规定生育子女的夫妻,可以获得延长生育假的奖励或者其他福利待遇。自2015年12月27日全国人大常委会审议通过修订后的《人口与计划生育法》以来,各地相继开始修订地方计生条例,各地新计生条例中都对产假天数有所延长。其中,山西、安徽、江西、宁夏等增加最多,可以多休60天,即产假时间共计158天。产假延长时间最少的也有30天,如广东、湖北、天津、浙江等。在男方的陪产、护理假方面,目前以广西和宁夏最多:广西的陪产假由以前晚育才享有的10天增加至凡符合法律、法规规定生育的夫妻,男方均有25天陪产假;宁夏也明确规定,给予产妇的配偶25天护理假。除这两地外,山西、江西、广东、湖北、浙江规定男方有15天的陪产假,天津明确规定男方有7天护理假。

4. 哺乳期保护

根据《女职工劳动保护特别规定》第9条的规定,对哺乳未满1周岁婴儿的女职工,用人单位不得延长劳动时间或者安排夜班劳动。用人单位应当在每天的劳动时间内为哺乳期女职工安排1小时哺乳时间;女职工生育多胞胎的,每多哺乳1个婴儿每天增加1小时哺乳时间。第10条规定,女职工比较多的用人单位应当根据女职工的需要,建立女职工卫生室、孕妇休息室、哺乳室等设施,妥善解决女职工在生理卫生、哺乳方面的困难。

《女职工劳动保护特别规定》的附录中进一步明确了女职工在哺乳期禁忌从事的劳动范围:

(1) 孕期禁忌从事的劳动范围的第一项、第三项、第九项;

(2) 作业场所空气中锰、氟、溴、甲醇、有机磷化合物、有机氯化合物等有毒物质浓度超过国家职业卫生标准的作业。

三、本案的具体处理意见

(1) 用人单位A百货公司在陈×怀孕期间安排其加班,违反了《劳动法》和《女职工劳动保护特别规定》。

根据《劳动法》第61条的规定,不得安排女职工在怀孕期间从事国家规定的第三级体力劳动强度的劳动和孕期禁忌从事的劳动。对怀孕7个月以上的女职工,不得安排其延长劳动时间和夜班劳动。《女职工劳动保护特别规定》第6条规定,女职工在孕期不能适应原劳动的,用人单位应当根据医疗机构的证明,予以减轻劳动量或者安排其他能够适应的劳动。对怀孕7个月以上的女职工,用人单位不得延长劳动时间或者安排夜班劳动,并应当在劳动时间内安排一定的休息时间。本案中,用人单位 A 百货公司在陈×怀孕 8 个月时安排其每天加班 1 小时是违反上述规定的,陈×要求 A 百货公司补发加班工资是合法、合理的要求,劳动争议仲裁委员会裁决 A 百货公司补发陈×加班工资符合《劳动法》和《工资支付暂行规定》。

(2) 陈×要求 A 百货公司赔偿损失应客观分析,区别对待。

陈×在怀孕期间曾被公共汽车夹过 1 次,最后婴儿在分娩后死亡的原因是多种多样的,应由医务部门经过鉴定后才能得出结论,在没有医务部门证明的前提下,陈×的要求不能支持。陈×认为婴儿死亡与其怀孕期内休息不好有关,主张 A 百货公司安排其在怀孕期间加班导致婴儿死亡,目前没有充分的证据证明两者之间存在因果关系,陈×要求 A 百货公司赔偿经济损失没有明确的法律依据,A 百货公司拒绝陈×的赔偿要求也并无不妥之处。但是,A 百货公司在陈×怀孕期间安排其加班是侵犯女职工合法权益的行为,根据《女职工劳动保护特别规定》第 15 条的规定:用人单位违反该规定,侵害女职工合法权益,造成女职工损害的,依法给予赔偿;用人单位及其直接负责的主管人员和其他直接责任人员构成犯罪的,依法追究刑事责任。本案中,A 百货公司的行为显然违反了上述规定,陈×要求 A 百货公司给予适当补偿是合法的,A 百货公司应当给予陈×适当的补偿。

(3) 陈×休满产假后不上班,旷工长达几十天之久,这是严重违反劳动纪律的行为。A 百货公司在劝说无效的情况下,解除与陈×的劳动合同是有法律依据的。根据《劳动法》第 25 条的规定,劳动者严重违反劳动纪律或者用人单位规章制度的,用人单位可以解除劳动合同,由此可见,A 百货公司解除与陈×的劳动合同的决定是合法的,劳动争议仲裁委员会应予以支持。

实务训练

一、案情介绍

小霞与北京 A 化工销售公司于 2017 年 3 月签订了劳动合同。A 化工销售公司在小霞入职后的一周里对她进行了公司的规章制度、岗位职责等的培训。经过培训,小霞通过了相关的考试,并在《员工手册》上签字确认。2017 年 11 月,小霞发现自己已怀孕 3 个月,由于身体的原因,小霞时常感觉不适,在 1 个月内连续请病假超过 10 天(该病假均得到部门领导的同意)。由于请假天数过多,A 化工销售公司的人力资源部根据《员工手册》第 8 章第 3 条"病假超过 10 天的,公司有权根据情况调整其工作岗位"的规定,对小霞作出了调整工作岗位的决定。小霞收到调岗通知书后,不接受调岗安排,并与领导进行了沟通,在与领导沟通未果的情况下,小霞一气之下连续请假 10 天(口头请假,无任何书面手续)。2018 年 2 月,A 化工销售公司的人力资源部根据《员工手册》第 12 章第 9 条"员工无故旷工 3 天,公司可以解除劳动合同,且不给予经济补偿"的规定,对小霞作出解除劳动合同并不给予经济补偿的决定。小霞收到决定书后不服,申请劳动争议仲裁,要求 A 化工销售公司解除该决定书,恢复双方的劳动合同关系,并按正常工作时的工资计发其休假工资。

二、工作任务

教师请学生以A化工销售公司人力资源管理人员的身份,收集研究相关的法律、法规,分析本案的法律关系,妥善提出争议解决方案,协助公司或作为公司的代理人圆满解决此项争议。

任务二 未成年工特殊保护争议处理

教、学、做目标

通过本任务的学习,使学生掌握未成年工特殊保护的法律规定,养成处理未成年工特殊保护争议的职业素养和职业能力。

案例导入

江×,2001年3月18日出生,2017年10月18日被某县红旗煤矿招收为集体合同制工人,但未到劳动行政部门办理未成年工手续。从2017年11月18日起,江×在红旗煤矿担任坑道凿岩机手。2018年3月19日,江×所在煤矿的坑道因支撑枕木断裂造成塌方,他差点当场被埋在坑道里。江×因害怕事故就在第二天由自己的亲属陪同到矿长的办公室要求矿长赵×出面调整自己的工作,最好到一些不太危险的岗位工作。因为江×才17岁,年纪太小,矿长当场拒绝,双方因此发生争议。

工作任务

教师请学生以红旗煤矿人力资源管理人员的身份,查明事实,收集相关的法律、法规,分析本案的法律关系,向煤矿领导出具法律意见,参与争议的妥善解决。

案例解析

一、未成年工特殊劳动保护规定

未成年工是指年满16周岁、未满18周岁的劳动者。未成年工劳动特殊保护是指根据未成年工生长发育的特点及其接受义务教育的需要,对其在劳动法律关系中所应享有特殊权益的保护。未成年工特殊劳动保护包括限制就业年龄、限制工作时间、禁止从事某些作业、定期进行健康检查等特殊保护。

任何组织和个人依照国家有关规定招收已满16周岁、未满18周岁的未成年人的,应当在工种、劳动时间、劳动强度和保护措施等方面执行国家有关规定,不得安排未成年工从事过重、有毒、有害的劳动或者危险作业。用人单位应当对未成年工定期进行健康检查。

根据《未成年工特殊保护规定》等有关法律、法规的规定，用人单位不得安排未成年工从事以下范围的劳动：

（1）《生产性粉尘作业危害程度分级》国家标准中第一级以上的接尘作业；

（2）《有毒作业分级》国家标准中第一级以上的有毒作业；

（3）《高处作业分级》国家标准中第二级以上的高处作业；

（4）《冷水作业分级》国家标准中第二级以上的冷水作业；

（5）《高温作业分级》国家标准中第三级以上的高温作业；

（6）《低温作业分级》国家标准中第三级以上的低温作业；

（7）《体力劳动强度分级》国家标准中第四级体力劳动强度的作业；

（8）矿山井下及矿山地面采石作业；

（9）森林业中的伐木、流放及守林作业；

（10）工作场所接触放射性物质的作业；

（11）有易燃易爆、化学性烧伤和热烧伤等危险性较大的作业；

（12）地质勘探和资源勘探的野外作业；

（13）潜水、涵洞、涵道作业和海拔 3000 米以上的高原作业（不包括世居高原者）；

（14）连续负重每小时在 6 次以上并每次超过 20 公斤，间断负重每次超过 25 公斤的作业；

（15）使用凿岩机、捣固机、气镐、气铲、铆钉机、电锤的作业；

（16）工作中需要长时间保持低头、弯腰、上举、下蹲等强迫体位和工作频率每分钟大于 50 次的流水线作业；

（17）锅炉司炉。

未成年工患有某种疾病或具有某些生理缺陷（非残疾型）时，用人单位不得安排其从事以下范围的劳动：

（1）《高处作业分级》国家标准中第一级以上的高处作业；

（2）《低温作业分级》国家标准中第二级以上的低温作业；

（3）《高温作业分级》国家标准中第二级以上的高温作业；

（4）《体力劳动强度分级》国家标准中第三级以上体力劳动强度的作业；

（5）接触铅、苯、汞、甲醛、二硫化碳等易引起过敏反应的作业。

患有某种疾病或具有某些生理缺陷（非残疾型）的未成年工，是指有以下 1 种或 1 种以上情况者：

（1）心血管系统。

① 先天性心脏病。

② 克山病。

③ 收缩期或舒张期二级以上心脏杂音。

（2）呼吸系统。

① 中度以上气管炎或支气管哮喘。

② 呼吸音明显减弱。

③ 各类结核病。

④ 体弱儿,呼吸道反复感染者。

(3) 消化系统。

① 各类肝炎。

② 肝、脾肿大。

③ 胃、十二指肠溃疡。

④ 各种消化道疝。

(4) 泌尿系统。

① 急、慢性肾炎。

② 泌尿系统感染。

(5) 内分泌系统。

① 甲状腺功能亢进。

② 中度以上糖尿病。

(6) 精神神经系统。

① 智力明显低下。

② 精神忧郁或狂暴。

(7) 肌肉、骨骼运动系统。

① 身高和体重低于同龄人标准。

② 一个及一个以上肢体存在明显功能障碍。

③ 躯干1/4以上部位活动受限,包括强直或不能旋转。

(8) 其他。

① 结核性胸膜炎。

② 各类重度关节炎。

③ 血吸虫病。

④ 严重贫血,其血色素每升低于95g($<9.5g/dL$)。

用人单位招收使用未成年工,除符合一般用工要求外,还须向所在地的县级以上劳动行政部门办理登记。劳动行政部门根据《未成年工健康检查表》《未成年工登记表》,核发《未成年工登记证》。未成年工必须持《未成年工登记证》上岗。

二、本案的具体处理意见

根据《劳动法》第64条的规定,不得安排未成年工从事矿山井下、有毒有害、国家规定的第四级体力劳动强度的劳动和其他禁忌从事的劳动;《未成年工特殊保护规定》第3条规定,用人单位不得安排未成年工从事矿山井下及矿山地面采石作业,使用凿岩机、捣固机、气镐、气铲、铆钉机、电锤的作业。本案中的江×年仅17周岁,系未成年工,而被安排到矿山井下操作凿岩机进行作业,严重违反上述有关规定,应当予以制止。处理结果为:红旗煤矿立即将江×从矿山井下调至地面担任机修工,尽快到本地劳动行政部门办好未成年工登记手续,在江×到新岗位上班前,由矿上负责对其进行一次全面的健康检查。

实务训练

一、案情介绍

小吴今年16周岁,由于父亲有病不能从事体力劳动,母亲又下岗,所以家庭生活困难。小吴便四处寻找工作,由于小吴身强力壮,很快被一家建筑公司录用,到建筑工地上班。小吴被录用后非常高兴,希望能马上上班,可单位领导却告诉小吴虽然他被录用了,但由于小吴是未成年人,还要对他先进行身体检查,然后根据他的身体状况安排适合他的岗位。小吴听了以后认为自己的身体很好,无须检查,要求尽快上班,但单位领导没有同意。

二、工作任务

教师请学生以该建筑公司人力资源管理人员的身份,收集相关的法律、法规,分析本案的法律关系,协助建筑公司的领导处理好小吴的工作安排问题。

项目八　职业培训争议处理

教、学、做目标

通过本项目的学习,使学生掌握职业培训法律制度,进行职业培训有关争议的处理训练,以利于深入把握并在劳动管理岗位上切实全面贯彻落实好职业培训制度,并具备处置职业培训争议的职业能力。

案例导入

E半导体公司是一家知名的世界500强企业,非常重视对员工的培养。小张是一位名牌大学毕业的高才生,成绩优异。2015年4月,E半导体公司与小张正式签订了《雇员劳动合同》,劳动合同期限从2015年4月至2017年4月;同时,劳动合同载明小张参加E半导体公司安排的为期2年的培训项目,在培训期内若小张提出辞职,根据工作期限应按比例向E半导体公司作出赔偿,赔偿金额最高可达6万元。2015年4月,E半导体公司对小张进行了8个小时的新员工入职培训。2015年5—7月,E半导体公司委托某商务咨询公司对包括小张在内的38名员工进行了英语培训。此后,小张和其他的新员工又依次接受了E半导体公司提供的个人有效性培训、销售与市场技术原理培训和在岗培训。

由于和直接上司的关系处理欠佳,2016年4月小张提出辞职,E半导体公司要求小张按照《雇员劳动合同》的有关条款,交纳2.5万元的培训费后才同意给他办理退工手续。为了尽快办理退工手续,小张无奈只好向E半导体公司支付了离职违约金2.5万元,双方的劳动关系于2016年5月终结。

离职后,小张认为违约金只有在双方约定服务期的情况下才适用,本案中双方并没有约定服务期,E半导体公司收取违约金缺少相关的事实依据,自己是在E半导体公司以不办理退工手续的要挟下支付的,并不是本人的真实意思表示,E半导体公司理应返还。在向E半导体公司要求无果后,小张提起了劳动争议仲裁,请求劳动争议仲裁委员会裁决责令E半导体公司返还违约金。

工作任务

教师请学生以E半导体公司人力资源管理人员的身份,收集有关职业培训的法律、法规,依据本案的事实,分析本案的法律关系,对劳动仲裁结果作出法律判断,向E半导体公司的相关负责人出具法律意见。

案例解析

一、职业培训术语介绍

职业培训也称职业技能培训或职业技术培训,是指在不同程度的普通教育的基础上,对失业的劳动者、在职的劳动者等培训对象进行旨在从事某种生产或工作所需的专业技术知识和实际操作技能的教育训练活动。它是普通教育的延伸和专门化,是国家教育事业的重要组成部分,是促进经济社会发展和劳动就业的重要途径。

根据不同的标准,职业培训有不同的分类。按培训目标划分,职业培训可以分为初等职业培训、中等职业培训和高等职业培训。按培训阶段和性质划分,职业培训可以分为职前培训和职后培训。按培训内容划分,职业培训可以分为后备劳动力培训、岗位培训、转业培训、再就业培训和进修培训。按培训形式划分,职业培训可以分为学徒(培训生)培训、职业技术学校教育、成人高等学校教育、就业训练和职工培训。

二、目前我国职业培训的立法情况

职业培训立法是劳动立法的重要内容。我国现行有效的职业培训立法有《劳动法》、《中华人民共和国职业教育法》(以下简称《职业教育法》)、《劳动合同法》、《中华人民共和国就业促进法》(以下简称《就业促进法》),以及其他大量的法规和规章等。

现行立法对职业培训的地位、任务、原则、途径、措施以及各方主体的权利和义务作了全面的、原则的规定。例如,根据《职业教育法》第 20 条的规定,企业应当根据本单位的实际,有计划地对本单位的职工和准备录用的人员实施职业教育。企业可以单独举办或者联合举办职业学校、职业培训机构,也可以委托学校、职业培训机构对本单位的职工和准备录用的人员实施职业教育。从事技术工种的职工,岗前必须经过培训;从事特种作业的职工必须经过培训,并取得特种作业资格。第 28 条规定,企业应当承担对本单位的职工和准备录用的人员进行职业教育的费用,具体办法由国务院有关部门会同国务院财政部门或者由省、自治区、直辖市人民政府依法规定。第 29 条规定,企业未按该法第 20 条的规定实施职业教育的,县级以上地方人民政府应当责令改正;拒不改正的,可以收取企业应当承担的职业教育经费,用于本地区的职业教育。又如,《劳动合同法》第 22 条规定,用人单位为劳动者提供专项培训费用,对其进行专业技术培训的,可以与该劳动者订立协议,约定服务期。劳动者违反服务期约定的,应当按照约定向用人单位支付违约金。违约金的数额不得超过用人单位提供的培训费用。用人单位要求劳动者支付的违约金不得超过服务期尚未履行部分所应分摊的培训费用。用人单位与劳动者约定服务期的,不影响按照正常的工资调整机制提高劳动者在服务期期间的劳动报酬。

根据《劳动合同法实施条例》第 16 条的规定,《劳动合同法》第 22 条第 2 款规定的培训费用,包括用人单位为了对劳动者进行专业技术培训而支付的有凭证的培训费用、培训期间的差旅费用以及因培训产生的用于该劳动者的其他直接费用。另外,根据《违反〈劳动法〉有关劳动合同规定的赔偿办法》第 4 条的规定,劳动者违反规定或劳动合同的约定解除劳动合同,对用人单位造成损失的,劳动者应赔偿用人单位下列损失:

（1）用人单位招收录用其所支付的费用；
（2）用人单位为其支付的培训费用，双方另有约定的按约定办理；
（3）对生产、经营和工作造成的直接经济损失；
（4）劳动合同约定的其他赔偿费用。

也就是说，对于用人单位提供了培训，但没有签订服务期协议的，在符合法律有关规定的情况下，劳动者也要承担相应的赔偿责任。

三、职业技能鉴定、职业资格证书制度的基本规定

职业技能鉴定是指由国家批准的职业技能鉴定机构依据职业技能标准，对劳动者技能水平和工作能力作出客观的测量和评价，考核和评定劳动者职业技能所达到的等级，从而赋予劳动者一定的职业资格的活动。国务院劳动行政部门和省级劳动行政部门所属的职业技能鉴定指导中心、国务院劳动行政部门批准的有关行业建立的职业技能鉴定指导中心是职业技能鉴定的组织、推动、研究和服务部门。职业技能鉴定站（所）是具体承担职业技能鉴定的事业性机构。凡申报职业技能鉴定的个人，由当地职业技能鉴定站（所）签发准考证，并按指定的时间、地点和方式进行考核或考评。经考核鉴定合格后，发给相应的职业资格证书。

职业资格证书是确定劳动者职业资格、职业技能等级的法定形式，是劳动者进入劳动力市场就业的通行证，是劳动者求职、任职、开业的资格凭证，是用人单位招聘、录用劳动者的主要依据，也是境外就业、对外劳务合作人员办理技能水平公证的有效证件。实行职业资格证书制度，对全面提高劳动者的素质，促进劳动力市场建设，加强国家对劳动力市场的指导、监管，促进经济发展具有重要意义。

四、本案的具体处理意见

E半导体公司人力资源管理人员应在收集本案证据、弄清事实的同时，收集和研究上述有关职业培训的法律规定。在本案中，小张提出辞职的行为显然违反了他与E半导体公司签订的《雇员劳动合同》的约定，至少给E半导体公司造成了已支付培训费的损失，虽然他们之间没有服务期的约定，但根据《雇员劳动合同》的约定和《违反〈劳动法〉有关劳动合同规定的赔偿办法》第4条的规定，小张有责任向E半导体公司支付2.5万元的赔偿金。至于小张提出的支付赔偿金是由于E半导体公司的要挟，与事实不符，因为小张支付赔偿金的责任在先，在小张未履行责任时，E半导体公司有权要求小张先支付赔偿金，后为他办理退工手续。至于小张认为支付赔偿金并不是自己的真实意思表示，也无法律依据，因为根据法理，法律责任的承担并不考虑承担人的意愿。通过对本案法律关系的分析，E半导体公司人力资源管理人员可以作出劳动争议仲裁委员会会驳回小张的仲裁请求的法律判断。在作出这样的分析、判断后，E半导体公司人力资源管理人员应依据事实和法律向企业的相关负责人口头提出法律意见或出具书面的法律意见书。法律意见书的内容一般包括：对问题的简要陈述；案件事实相关证据的真实性由提供人负责的声明；所提意见的法律依据；对案件法律关系的分析；结论性意见和建议；关于本意见书仅供当事人参考，不得挪作他用的声明。

实务训练

一、案情介绍

2014年6月13日,A纺织公司与小刘及B职业技术学院签订了一份三方协议书,约定由A纺织公司为小刘提供在B职业技术学院的学费,每年为6000元,3年共计1.8万元。同时约定,自毕业之日起,小刘为A纺织公司服务4年,若因各种原因擅自离校或离开公司,小刘必须交纳违约金,违约金为学费、交通费及实习补贴总和的二倍。小刘毕业后,于2017年7月2日到A纺织公司上班,并于10月12日与A纺织公司签订了为期4年的劳动合同。2018年4月27日,小刘以回家另找工作为由向A纺织公司提交了一份辞职报告后就离开了工作岗位。A纺织公司拟通过法律途径,要求小刘按协议支付违约金3.6万元,并承担诉讼费。为了证明自己的主张,A纺织公司准备了其与小刘及B职业技术学院签订的教育培训合同、学费缴纳情况证明、劳动合同、辞职报告等相关证据。

二、工作任务

教师请学生以A纺织公司人力资源管理人员的身份,收集《职业教育法》《劳动法》《合同法》《中华人民共和国教育法》等相关的法律、法规,分析本案的法律关系和争议解决程序,妥善提出争议解决方案,协助公司或作为公司的代理人圆满地解决此项争议。

项目九　社会保险和福利争议处理

任务一　职工社会保险费征缴争议处理

教、学、做目标

通过本任务的学习,使学生掌握职工社会保险的有关法律规定,掌握处理职工社会保险费征缴争议的职业能力。

案例导入

在王×与中国A股份有限公司兰州分公司(以下简称A公司)劳动争议纠纷一案中,王×原为A公司的员工,但A公司一直未给王×办理基本养老保险。2005年11月、12月间,A公司支付给王×同年9月、10月的养老金补贴。2006年4月30日,双方签订了解除劳动合同协议书。2006年5月1日,A公司与甘肃省陇兴劳务派遣服务中心(以下简称劳务中心)签订劳务派遣协议。随后,劳务中心与王×签订了劳动合同书,并派遣王×到A公司工作。2008年10月9日王×辞职,10月27日劳务中心作出解除劳动关系的通知。王×于2008年11月向兰州市劳动争议仲裁委员会提起申诉,该仲裁委于2009年1月9日作出仲裁裁决仅支持了王×对劳务中心补缴2006年4月至2008年10月的养老保险费及支付失业保险金、医疗补助金等请求,王×不服而起诉。兰州市城关区人民法院认为,王×在2006年4月签订劳动合同时即应当明知自己的权利受侵害,而在2008年10月才申请仲裁已经超过诉讼时效,而且对于王×主张的有关社会保险费的请求,根据《社会保险费征缴暂行条例》第26条的规定,缴费单位逾期拒不缴纳社会保险费、滞纳金的,由劳动保障行政部门或者税务机关申请人民法院依法强制征缴。追缴社会保险属于社会保险行政部门的职责,不属于人民法院受理民事案件的范围,当事人可以向社会保险行政部门申请处理,故判决驳回王×的诉讼请求。王×不服一审判决,提起上诉。

工作任务

教师将学生分为原告、被告和法官等不同的角色。学生了解事实,研究相关的法律、法规,分析法律关系,作出有关法律判断,提出争议的解决方案。

案例解析

一、社会保险术语介绍

社会保险是指由国家立法强制实施,由政府、用人单位和劳动者等社会各方面筹集资金建立专门基金,在劳动者年老、失业、患病、工伤、生育或者丧失劳动能力时,从国家或社会获得物质帮助的制度。社会保险具有强制性、互济性、普遍性、非营利性等特点。目前,我国的社会保险包括企业职工基本养老保险、基本医疗保险、失业保险、工伤保险和女职工生育保险等五大保险项目。此外,在一些地方还包括农村养老保险、企业补充养老保险等社会保险项目。

二、社会保险基金及社会保险费的征缴问题

社会保险基金主要是由参加社会保险的用人单位和劳动者个人缴纳的社会保险费组成的专项资金,专门用于劳动者在出现规定的风险情况时的资金帮助。通常情况下,政府财政补贴、社会保险基金自身产生的利息,以及社会其他方面的捐款也是构成社会保险基金的来源。社会保险基金是依法强制收缴,专门管理,并按规定用途专项使用的,是社会保险制度中最重要的内容。

在我国,根据《中华人民共和国社会保险法》(以下简称《社会保险法》)第64条的规定,社会保险基金按照不同的用途分为基本养老保险基金、基本医疗保险基金、工伤保险基金、失业保险基金和生育保险基金。各项社会保险基金按照社会保险险种分别建账,分账核算,执行国家统一的会计制度。此外,在一些地方还包括农村养老保险基金、机关事业单位职工养老保险基金、企业补充养老保险基金等。每一项社会保险基金都有专门的法律、法规予以规范,有专门的机构收缴、管理和发放,而且每项社会保险基金的资金来源不尽相同。社会保险基金与商业保险基金的主要区别在于社会保险基金实行强制原则,商业保险基金则实行自愿原则。

根据《劳动法》第72条的规定,社会保险基金按照保险类型确定资金来源,逐步实行社会统筹。用人单位与劳动者必须依法参加社会保险,缴纳社会保险费。《社会保险法》第64条进一步规定,基本养老保险基金逐步实行全国统筹,其他社会保险基金逐步实行省级统筹,具体时间、步骤由国务院规定。

由于社会保险的强制性,决定了社会保险费是征缴制,即参加社会保险者必须在规定时间、按规定标准缴纳社会保险费,或者由专门机构直接收取,拒不缴纳的要承担相应的法律责任。按照《社会保险费申报缴纳管理规定》,我国征缴社会保险费的法定机构有两个:一是税务机构;二是社会保险行政部门按照国务院规定设立的社会保险经办机构。在某个地区具体由哪个机构征收社会保险费,由省级人民政府确定。2018年7月20日,中共中央办公厅、国务院办公厅印发了《国税地税征管体制改革方案》,明确从2019年1月1日起,将基本养老保险费、基本医疗保险费、失业保险费、工伤保险费、生育保险费等各项社会保险费交由税务部门统一征收。

缴费单位、缴费个人应当按时足额缴纳社会保险费。基本养老保险费的征缴范围包括：国有企业、城镇集体企业、外商投资企业、城镇私营企业和其他城镇企业及其职工，实行企业化管理的事业单位及其职工。

基本医疗保险费的征缴范围包括：国有企业、城镇集体企业、外商投资企业、城镇私营企业和其他城镇企业及其职工，国家机关及其工作人员，事业单位及其职工，民办非企业单位及其职工，社会团体及其专职人员。

失业保险费的征缴范围包括：国有企业、城镇集体企业、外商投资企业、城镇私营企业和其他城镇企业及其职工，事业单位及其职工。

自愿参加社会保险的无雇工的个体工商户、未在用人单位参加社会保险的非全日制从业人员以及其他灵活就业人员，应当向社会保险经办机构申请办理社会保险登记。无雇工的个体工商户、未在用人单位参加社会保险的非全日制从业人员以及其他灵活就业人员，可以直接向社会保险费征收机构缴纳社会保险费。

缴费单位必须按月向社会保险经办机构申报应缴纳的社会保险费数额，经社会保险经办机构核定后，在规定的期限内缴纳社会保险费。缴费单位不按规定申报应缴纳的社会保险费数额的，由社会保险经办机构暂按该单位上月缴费数额的110%确定应缴数额；没有上月缴费数额的，由社会保险经办机构暂按该单位的经营状况、职工人数等有关情况确定应缴数额。缴费单位补办申报手续并按核定数额缴纳社会保险费后，由社会保险经办机构按照规定结算。缴费单位和缴费个人应当以货币形式全额缴纳社会保险费。缴费个人应当缴纳的社会保险费，由所在单位从其本人工资中代扣代缴。社会保险费不得减免。

缴费单位违反有关财务、会计、统计的法律、行政法规和国家有关规定，伪造、变造、故意毁灭有关账册、材料，或者不设账册，致使社会保险费缴费基数无法确定的，依照有关法律、行政法规的规定给予行政处罚、纪律处分、刑事处罚，另外由社会保险行政部门或者税务机关决定加收滞纳金，并对直接负责的主管人员和其他直接责任人员处5000元以上2万元以下的罚款。缴费单位和缴费个人对社会保险行政部门或者税务机关的处罚决定不服的，可以依法申请复议；对复议决定不服的，可以依法提起诉讼。缴费单位逾期拒不缴纳社会保险费、滞纳金的，由社会保险行政部门或者税务机关申请人民法院依法强制征缴。

三、人民法院有关社会保险的主管范围

根据《最高人民法院关于审理劳动争议案件适用法律若干问题的解释（一）》第1条的规定，劳动者退休后，与尚未参加社会保险统筹的原用人单位因追索养老金、医疗费、工伤保险待遇和其他社会保险费而发生的纠纷，属于劳动争议。

根据《最高人民法院关于审理劳动争议案件适用法律若干问题的解释（二）》第5条的规定，劳动者与用人单位解除或者终止劳动关系后，请求用人单位办理劳动者的社会保险关系移转手续产生的争议，经劳动争议仲裁委员会仲裁后，当事人依法起诉的，人民法院应予受理。第6条规定，劳动者因为工伤、职业病，请求用人单位依法承担给予工伤保险待遇的争议，经劳动争议仲裁委员会仲裁后，当事人依法起诉的，人民法院应予受理。第7条规定，劳动者请求社会保险经办机构发放社会保险金的纠纷，劳动者对劳动能力鉴定委员会的伤残

等级鉴定结论或者对职业病诊断鉴定委员会的职业病诊断鉴定结论的异议纠纷,不属于劳动争议。第8条规定,用人单位不履行上述裁决中的给付义务,劳动者依法向人民法院申请强制执行的,人民法院应予受理。

《劳动争议调解仲裁法》对仲裁机构受理劳动争议的范围以及仲裁机构享有一裁终决权的部分劳动争议范围作了明确规定,该规定直接关系到人民法院对劳动争议案件的受案范围。根据《劳动争议调解仲裁法》第2条、第5条的规定,劳动争议仲裁的范围就是人民法院劳动争议案件的受案范围,但按照该法第47条、第48条、第49条的规定,对用人单位而言,仲裁机构就"追索劳动报酬、工伤医疗费、经济补偿或者赔偿金,不超过当地月最低工资标准12个月金额的争议"以及"因执行国家的劳动标准在工作时间、休息休假、社会保险等方面发生的争议"所做的仲裁裁决是终局裁决,用人单位如不服此类裁决,只能有条件地向劳动争议仲裁委员会所在地的中级人民法院申请撤销裁决,不能直接向人民法院提起劳动争议诉讼,若坚持起诉的,则应不予受理。对劳动者而言,若不服仲裁机构对该法第47条规定的劳动争议作出的裁决,则可以向人民法院提起诉讼。由此可见,人民法院对劳动争议案件的受案范围是:《劳动争议调解仲裁法》第2条规定的六大类案件,但用人单位对第47条规定的劳动争议仲裁裁决不服直接起诉的劳动争议案件除外。

根据相关的法律、法规,缴费单位逾期拒不缴纳社会保险费、滞纳金的,由社会保险行政部门或者税务机关申请人民法院依法强制征缴。从这一规定来看,有关保险费和滞纳金的征缴问题是由社会保险行政部门或税务机关主管的,人民法院对此问题没有主管权限。案例导入中的案例涉及的问题由于实质上是王×的社会保险费及滞纳金的征缴问题,因此人民法院没有主管权限,当事人王×只能就此事向社会保险行政部门申请处理。

四、本案的具体处理意见

具体到本案,根据《劳动法》第100条的规定,用人单位无故不缴纳社会保险费的,由劳动行政部门责令其限期缴纳;逾期不缴的,可以加收滞纳金。《社会保险费征缴暂行条例》第26条也规定,缴费单位逾期拒不缴纳社会保险费、滞纳金的,由劳动保障行政部门或者税务机关申请人民法院依法强制征缴。由此可见,追缴社会保险费是上述行政机关的职权,上述法律、法规对此规定得非常清楚。社会保险行政部门在依法行使上述职权时,自然要对有关劳动合同及其效力进行必要的审查。劳动者对于上述机关的行政决定或者行政不作为可以通过行政复议或行政诉讼的方式来寻求救济,而不是通过民事诉讼的方式来解决。

▎实务训练

一、案情介绍

原告尤×于2014年6月1日进入被告涛丰电子科技(上海)有限公司工作,任生产部经理一职。尤×在涛丰电子科技(上海)有限公司工作期间,每月工资为人民币1万元左右(以下均为人民币)。2015年9月,尤×得知涛丰电子科技(上海)有限公司一直以1800元的标准为自己缴纳社会保险费,在2015年度的劳动审计抽查中被指社会保险费缴费额不符合国家和地方的缴费基数统计口径,因此涛丰电子科技(上海)有限公司被审计部门要求补交当年(2015年4—9月)少缴的社会保险费,包括补缴个人部分。由于审计部门未要求涛丰电子科技(上海)有限公司补缴尤×2014年6月1日至2015年3月31日期间少缴的社会保险费,在尤×多次要求下,涛丰电子科技(上海)有限公司至今未缴纳。2016年6月25日,尤×就涛丰电子科技(上海)有限公司少缴社会保险费一事向上海市某区劳动争议仲裁委员会提起仲裁,但被以超过仲裁时效为由而不予受理。尤×遂起诉至人民法院:一是要求涛丰电子科技(上海)有限公司为自己补缴2014年6月1日至2015年3月31日期间少缴的社会保险费,共计约39 119.5元;二是要求诉讼费由涛丰电子科技(上海)有限公司承担。

涛丰电子科技(上海)有限公司辩称,尤×自2014年6月1日起至该公司工作,就要求该公司按照低基数缴纳社会保险费,以便多得工资。2015年2月10日,尤×签字认可社会保险费缴纳基数为1800元。尤×现提出要求该公司补缴,已经超过诉讼时效,故不同意尤×的诉讼请求。

二、工作任务

教师将学生分为两组,分别代表原告、被告起草代理词,并组织学生模拟进行法庭辩论,起草判决书。

任务二 职工工伤保险争议处理

教、学、做目标

通过本任务的学习,使学生掌握有关职工工伤保险的基本法律,了解职工工伤保险争议的基本形态,培养解决职工工伤保险争议的职业能力。

案例导入

杨×于2012年3月进入无锡市市级机关汽车修理所(以下简称汽车修理所)从事汽车修理工作。后汽车修理所改制为第三人无锡市机关汽车修理有限责任公司(以下简称汽车修理公司)。2012年6月某日,杨×与师傅王×拆一辆汽车的拉杆球头,在用榔头敲打球头时铁屑溅入杨×的左眼中。当时杨×只是感到左眼疼痛,视物有点模糊不清,随即停下手中的工作,但没有特别在意,汽车修理公司也没有及时送杨×就医诊治。2014年10月3日,杨×的左眼突然剧烈疼痛,感到视觉模糊,10月4日左眼即看不到任何东西。杨×由父亲陪同到医院诊治,确诊为陈旧性铁锈症,经过手术治疗,虽然病情趋于稳定,但造成左眼永久性失明。而且,根据医生的陈述,从医学的角度来看,此类陈旧性铁锈症如果造成一眼失明,则很有可能会进一步感染发展,导致另一眼失明。2014年12月21日,杨×向无锡市滨湖区人民法院提起民事诉讼,请求判令第三人汽车修理公司及其上级主管部门赔偿原告因涉案事故受到的损失,并承担后续治疗费用。人民法院经审理认为杨×系因工伤事故受到人身损害,应请求工伤保险赔偿,遂裁定驳回了杨×的起诉。2015年4月9日,杨×向无锡市人力资源和社会保障局提交工伤认定申请。2015年4月11日,无锡市人力资源和社会保障局予以杨×的工伤认定申请已超过法定的申请时效为由,作出了《不予受理通知书》。2015年4月25日,杨×提起行政诉讼,请求撤销无锡市人力资源和社会保障局作出的涉案《不予受理通知书》。

杨×掌握的证据包括:(1)被告无锡市人力资源和社会保障局作出的〔2015〕第0003号《不予受理通知书》一份;(2)杨×的身份证复印件。

无锡市滨湖区人民法院根据杨×的申请,调取了该院〔2015〕滨民一初字第2号案件卷宗内的以下证据:

(1) 两次庭审笔录以及证人王×、傅×、周×的当庭证言,用以证明涉案事故发生的情况;

(2) 杨×的医疗费凭证、出院记录,用以证明杨×因涉案事故受到的伤害后果、该伤害后果与涉案事故之间的因果关系,以及杨×为此所支出的医疗费用;

(3) 无锡市滨湖区人民法院最初对杨×的主治医生王×所做的调查笔录,用以证明杨×的眼睛所受伤害在病理上的特殊性,以及铁屑溅入眼睛后因受伤部位的不同和病人感觉情况的个体差异,可能导致伤害潜伏期不同,并证明涉案事故与杨×所受伤害之间存在着必然联系;

(4) 杨×的工资表,用以证明杨×与汽车修理公司之间存在着劳动关系;

(5) 企业转制材料,用以证明汽车修理公司应对涉案事故负责;

(6) 无锡市滨湖区人民法院〔2015〕滨民一初字第2号民事裁定书,用以证明原告就涉案事故提起民事诉讼,被人民法院依法裁定驳回。

无锡市人力资源和社会保障局提交以下证据:

(1) 被告作出的〔2015〕第0003号《不予受理通知书》,用以证明被告作出的涉案具体行政行为的内容;

(2)《工伤认定申请表》、原告杨×的工资表、身份证、医疗证明复印件,用以证明被告审核杨×提出的工伤认定申请所依据的材料;

(3) 被告对原告的调查笔录,用以证明被告在涉案工伤认定程序中进行了调查并形成相关材料;

(4)《无锡市职工工伤认定申请材料接收单》、涉案《不予受理通知书》交寄邮件清单、送达回执,用以证明被告作出涉案具体行政行为的程序合法。

汽车修理公司述称:同意被告无锡市人力资源和社会保障局的答辩意见,并提交以下证据:

(1) 企业法人营业执照、单位组织机构代码证,用以证明第三人的法人资格;

(2) 单位转制批复,用以证明汽车修理所改制为第三人的情况。

工作任务

教师将学生分为两组,分别代理杨×和无锡市人力资源和社会保障局,掌握案件的事实,收集相关的法律、法规,起草法庭辩论意见,模拟进行法庭辩论。

案例解析

一、工伤保险争议的基本类别

由于工伤保险制度涉及的部门较多,所以因工伤保险问题发生纠纷的种类也比较多,大致有以下四种:

(一) 职业病诊断争议

职业病诊断是由省级卫生行政部门批准的医疗卫生机构来承担的。当事人对该机构的职业病诊断有异议,可以在接到职业病诊断证明书之日起 30 日内,向作出诊断的医疗卫生机构所在地设区的市级卫生行政部门申请鉴定。该卫生行政部门组织的职业病诊断鉴定委员会负责职业病诊断争议的首次鉴定。当事人对首次鉴定结论不服,在接到该鉴定书之日起 15 日内,可以向该鉴定机构所在地省级卫生行政部门申请再鉴定。省级职业病诊断委员会的鉴定为最终鉴定。

(二) 工伤鉴定争议

劳动能力鉴定委员会是从事工伤职工伤残等级鉴定工作的专门机构。用人单位、工伤职工或者其直系亲属申请劳动能力鉴定,应向设区的市级劳动能力鉴定委员会提出。若当事人对该鉴定委员会作出的鉴定结论不服,可以在收到该鉴定结论之日起 15 日内向省级劳动能力鉴定委员会提出再次鉴定申请。省级劳动能力鉴定委员会作出的鉴定结论为终局结论。

(三) 工伤保险行政争议

行政管理相对人与承担工伤保险管理工作的社会保险行政部门及社会保险经办机构之间就工伤保险的有关事项发生纠纷主要有以下四种情形:

(1) 申请工伤认定的职工或者其直系亲属、该职工所在单位对统筹地区社会保险行政部门作出的不予受理决定和工伤认定结论不服的;

(2) 用人单位对社会保险经办机构确定的单位缴费费率不服的;

(3) 签订服务协议的医疗机构、辅助器具配置机构认为社会保险经办机构未履行有关协议或者规定的;

(4) 工伤职工或者其直系亲属对社会保险经办机构核定的工伤保险待遇有异议的。

发生工伤保险行政争议后,有关单位和个人可以依法申请行政复议;对行政复议决定不服的,可以依法提起行政诉讼。有关单位和个人也可以直接提起行政诉讼。

(四) 工伤保险劳动争议

职工与用人单位之间就工伤保险待遇方面的事项所发生的纠纷主要有以下两种情形:

(1) 职工与参加工伤保险的用人单位之间就用人单位应当承担的工伤保险待遇发生劳动争议;

(2) 伤残职工或死亡其直系亲属、伤残童工或者死亡童工的直系亲属就一次性赔偿数额与非法经营单位发生的争议。

发生劳动争议,用人单位、职工或其直系亲属可以向有管辖权的劳动争议仲裁委员会申诉。对该劳动争议仲裁委员会作出的不予受理通知书或仲裁裁决书不服的,可以向有管辖权的人民法院起诉。

二、工伤保险及其保险费征缴

工伤保险制度是指由国家依法向社会筹集资金,为职工因工作遭受事故伤害或患职业病时提供医疗救治和经济补偿,帮助其恢复劳动能力,保证其日常生活并分散用人单位工伤风险的社会保险制度。工伤保险制度的主要内容包括:

(1) 工伤保险的适用范围;
(2) 工伤保险基金的筹集;
(3) 职业病的诊断;
(4) 工伤认定;
(5) 劳动能力鉴定;
(6) 工伤保险待遇;
(7) 工伤保险管理服务与监督等。

根据《工伤保险条例》第2条的规定,中华人民共和国境内的企业、事业单位、社会团体、民办非企业单位、基金会、律师事务所、会计师事务所等组织和有雇工的个体工商户应当依照该条例规定参加工伤保险,为本单位全部职工或者雇工缴纳工伤保险费。中华人民共和国境内的企业、事业单位、社会团体、民办非企业单位、基金会、律师事务所、会计师事务所等组织的职工和个体工商户的雇工,均有依照该条例的规定享受工伤保险待遇的权利。

国家机关和依照或者参照国家公务员制度进行人事管理的事业单位、社会团体的工作人员因工作遭受事故伤害或者患职业病的,由所在单位支付费用。

工伤保险基金是指按照国家关于社会保险征缴规定在一定范围内筹集,主要用于工伤保险适用范围内的职工工伤保险待遇、劳动能力鉴定费用支付的资金。工伤保险基金是实施工伤保险制度的基础,其来源主要是由社会保险行政部门所属的社会保险经办机构按照一定费率,向参加工伤保险的企业征收的工伤保险费,以及工伤保险基金的利息和依法纳入基金的其他资金,如政府财政的拨付、民间组织和个人的捐助等。工伤保险基金在直辖市和设区的市实行全市统筹;其他地区,主要是指分布在中西部少数民族自治区内的地市级的州、盟,其统筹层次由省、自治区人民政府确定。工伤保险费,只由参加社会统筹的用人单位缴纳,职工或雇工个人不缴纳。社会保险行政部门依法对工伤保险费的征缴和工伤保险基金的支付情况进行监督检查。财政部门和审计机关依法对工伤保险基金的收支、管理情况进行监督。

根据《工伤保险条例》第3条的规定,工伤保险费的征缴按照《社会保险费征缴暂行条例》关于基本养老保险费、基本医疗保险费、失业保险费的征缴规定执行。《工伤保险条例》第7条规定,工伤保险基金由用人单位缴纳的工伤保险费、工伤保险基金的利息和依法纳入工伤保险基金的其他资金构成。第10条规定,用人单位应当按时缴纳工伤保险费。职工个人不缴纳工伤保险费。用人单位缴纳工伤保险费的数额为本单位职工工资总额乘以单位缴费

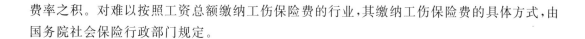

费率之积。对难以按照工资总额缴纳工伤保险费的行业,其缴纳工伤保险费的具体方式,由国务院社会保险行政部门规定。

三、工伤认定

工伤认定是指社会保险行政部门根据用人单位或劳动者提出的工伤认定申请及证据材料,依法对职工遭受的事故伤害或所患职业病作出是否属于工伤的判定。它是关系到职工切身利益的重要环节,是职工享受工伤保险待遇的基本前提。

《工伤保险条例》第14条规定了职工有下列情形之一的,应认定为工伤:

1. 在工作时间和工作场所内,因工作原因受到事故伤害的

这里的"工作时间"是指法律规定或者是用人单位要求职工工作的时间;"工作场所"是指职工日常工作所在的场所,以及领导临时指派其从事工作的场所;"因工作原因"是指遇到的事故是在职工工作过程中发生的;"事故伤害"是指职工在事故中受到人身伤害。职工遭受的事故伤害,只要同时具备了时间、地点、原因这三个要素,就应当认定为工伤。

2. 工作时间前后在工作场所内,从事与工作有关的预备性或者收尾性工作受到事故伤害的

工作时间前后的一定时间,虽然不是在工作时间内,但它与工作时间紧密相连。如果职工在此期间,在工作场所从事与工作有关的预备性工作(如备车、备料、准备生产工具等),或者收尾性工作(如清理工作场所、收拾工具归仓等)发生事故,人身受到伤害,也应当认定为工伤。

3. 在工作时间和工作场所内,因履行工作职责受到暴力等意外伤害的

这里的"因履行工作职责受到暴力等意外伤害"一般有两种情况:一是职工因履行职责,致使某些人不合理或违法的目的没有实现,这些人出于报复而对该职工实施暴力,使其人身受到伤害;二是职工在工作时间、工作场所正常履行工作职责,突然发生意外事件(如地震、火灾、爆炸等),使其受到人身伤害。职工具备这些情形的应当认定为工伤。

4. 患职业病的

职工根据用人单位的安排,在职业活动中,因接触粉尘、放射性物质和其他有毒、有害物质等因素而引发的疾病,经省级以上人民政府卫生行政部门批准的医疗卫生机构诊断,属于职业病的,应当认定为工伤。

5. 因工外出期间,由于工作原因受到伤害或者发生事故下落不明的

这里所说的"因工外出"是指职工不在本单位的工作场所内,受领导的指派在本单位以外从事工作;"由于工作原因受到伤害"是指在履行工作职责的过程中直接或间接受到人身伤害,包括意外事故伤害、暴力伤害和其他形式的伤害;"发生事故下落不明"包括安全事故、意外事故以及自然灾害等各种形式的事故,致使职工下落不明。职工具备这些情形应当认定为工伤。

6. 在上下班途中,受到非本人主要责任的交通事故或者城市轨道交通、客运轮渡、火车事故伤害的

这里的"上下班途中"是指职工在上班或下班的合理路线、合理时间内的途中;受到的事

故伤害属于交通事故或者城市轨道交通、客运轮渡、火车事故伤害。"非本人主要责任"是指本人无责任,或次要责任,或同等责任。只要同时具备以上要素,被伤害的职工就应当认定为工伤。

7. 法律、行政法规规定应当认定为工伤的其他情形

这主要是从发展的角度,为国家立法留出了空间和余地。因为随着实践的发展,新情况会层出不穷,届时国家将通过立法规定为可以认定为工伤的情形。

在实际生活中常存在一些不符合认定工伤的条件,却又与工伤相近的情形。从合情合理的角度,现行法规对视同工伤的情形作了规定:

一是在工作时间和工作岗位,突发疾病死亡或者在48小时之内经抢救无效死亡的。这种死亡情况的主要原因是职工原有疾病的突然发作,而不是由于工作的原因。然而,该职工是在工作时间和工作岗位上死亡的,因此与工作也是有关系的,将其列为视同工伤的情形是合适的。

二是在抢险救灾等维护国家利益、公共利益活动中受到伤害的。虽然职工从事的这些公益活动不是履行本职工作,其人身受到伤害不符合工伤认定的条件,但是这种大公无私、见义勇为的行为应当大力弘扬。因此,将其列为视同工伤的情形是符合民意的。

三是职工原在军队服役,因战、因公负伤致残,已取得革命伤残军人证,到用人单位后旧伤复发的。不言而喻,将这种情形列为视同工伤也是在情理之中的。

在以上这三种视同工伤的情形中,符合前两种情形的职工可以完全享受工伤保险待遇,符合第三种情形的职工可以享受除一次性伤残补助金以外的工伤保险待遇。

在实际工作中,表面上看似是在工作中发生的人身伤害,而仔细调查则又发生相反认识的事也时有发生。为了便于操作,国家明确规定了三种情形是不能认定为工伤或者视同工伤的:第一种是故意犯罪的。尽管是在工作时间、工作场所,也是在从事领导安排的工作,只要该职工有危害社会、触犯刑法的故意犯罪行为而造成自身受到伤害,就不能认定为工伤或视同工伤。第二种是醉酒或者吸毒导致伤亡的。第三是自残或者自杀的。有的职工为了达到某种目的或因为某种原因,利用从事工作的时间进行自残或自杀,遇有类似情形,应在查清事实的基础上,不予认定工伤和视同工伤。

四、工伤认定的基本程序

(一) 提出工伤认定申请

用人单位应自职工发生事故伤害或者按照《职业病防治法》的规定被诊断、鉴定为职业病之日起30日内,向统筹地区社会保险行政部门提出工伤认定申请。如该社会保险行政部门是省级社会保险行政部门,则用人单位应根据属地原则向用人单位所在地设区的市级社会保险行政部门提出。用人单位未在规定的期限内提出工伤认定申请的,受伤害职工或者其直系亲属、工会组织在事故伤害发生之日或者被诊断、鉴定为职业病之日起1年内,可以直接向有管辖权的社会保险行政部门提出工伤认定申请。这里的1年就是受伤害职工申请工伤认定的时效。超过这一时效,该职工则丧失了工伤认定申请的权利,不能再向社会保险行政部门提出工伤认定的申请,或者说,即使提出工伤认定申请,社会保

险行政部门也会作出不予受理的决定。这一规定对充分保护受伤害职工的权利有着十分积极的意义。

（二）提交相关材料

申请工伤认定，除应填写《工伤认定申请表》外，还应提交：

(1) 劳动合同文本复印件或其他建立劳动关系的有效证明；

(2) 医疗机构出具的受伤后诊断证明书或者职业病诊断证明书（或者职业病诊断鉴定书）。

（三）决定是否受理

经研究，社会保险行政部门决定受理或者不予受理的，应当书面告知申请人并说明理由。

（四）调查核实

社会保险行政部门决定受理的申请，对申请人提供的符合国家有关规定的职业病诊断证明书或者职业病诊断鉴定书，不再进行调查核实；对不符合国家规定的格式和要求的，可以要求出具证明的部门重新提供。对遭受事故伤害而提出申请的，必须进行调查核实。

（五）当事人举证

一般情况下，应当是谁主张谁举证。在工伤认定的过程中，用人单位和职工都应根据具体情况向社会保险行政部门提供相关证据，尤其是双方存有异议时，更应重视举证。如果职工或者其直系亲属认为是工伤，用人单位不认为是工伤的，则由该用人单位承担举证责任。用人单位拒不举证的，社会保险行政部门可以根据受伤害职工提供的证据依法作出工伤认定结论。

（六）作出工伤认定决定

社会保险行政部门应当自受理工伤认定申请之日起 60 日内作出工伤认定的决定，并书面通知申请工伤认定的职工或者其近亲属和该职工所在单位。对受理的事实清楚、权利和义务明确的工伤认定申请，应当在 15 日内作出工伤认定的决定。作出工伤认定决定需要以司法机关或者有关行政主管部门的结论为依据的，在司法机关或者有关行政主管部门尚未作出结论期间，作出工伤认定决定的时限中止。职工或者其直系亲属、用人单位对不予受理决定不服或者对工伤认定决定不服的，可以依法申请行政复议或者提起行政诉讼。

五、劳动能力鉴定

劳动能力鉴定是指有关法律授权机构对被认定为工伤或视同工伤的劳动者，经治疗伤情或病情相对稳定后存在残疾、影响劳动能力的，通过医学检查，依据鉴定标准对其劳动功能障碍和生活自理障碍程度作出的等级判定。它能够准确地认定职工因伤残、病残而失能的程度，是确定其工伤保险伤残待遇的基础。

劳动功能障碍又称劳动能力丧失。根据劳动能力鉴定标准，劳动功能障碍分为 10 个伤残等级，一级为最重，十级为最轻。生活自理障碍分为 3 个等级，即生活完全不能自理、生活大部分不能自理和生活部分不能自理。

劳动能力鉴定委员会是经国家法律授权、专门从事对工伤职工伤残、病残等级进行鉴定的机构。它是一个非常设机构。按照《工伤职工劳动能力鉴定管理办法》的规定，劳动能力鉴定委员会分为两级，即省级和设区的市级，分别由省级和设区的市级社会保险行政部门、人事行政部门、卫生行政部门、工会组织、社会保险经办机构的代表以及用人单位方面的代表组成，并设立劳动能力鉴定委员会办事机构，由专人负责委员会的日常工作。

工伤职工经治疗，在伤情、病情相对稳定的情况下，可以向设区的市级劳动能力鉴定委员会申请劳动能力鉴定。用人单位认为需要进行鉴定的，可以直接提出申请。职工或其直系亲属认为需要进行鉴定的，可以先向用人单位提出要求，由用人单位代为申请；用人单位有异议的，职工或其直系亲属可以直接提出申请。职工或其直系亲属也可以不经过用人单位，径直向设区的市级劳动能力鉴定委员会提出申请。申请鉴定时，须提供工伤认定决定书，职业病患者还必须提供具有职业病诊断权的医疗卫生机构出具的诊断证明，以及诊治工伤（职业病）的病历等相关资料。

设区的市级劳动能力鉴定委员会收到劳动能力鉴定申请后立即开展工作。首先，从其建立的医疗卫生专家库中随机抽取3名或者5名相关专家，组成专家组，由专家组提出鉴定意见。其次，根据专家组的鉴定意见作出工伤职工劳动能力鉴定结论；必要时，可以委托具备资格的医疗机构协助进行有关的诊断。在鉴定的过程中，劳动能力鉴定委员会组成人员或者参加鉴定的专家与当事人有利害关系的，应当回避。劳动能力鉴定委员会应当自收到劳动能力鉴定申请之日起60日内作出劳动能力鉴定结论，必要时，期限可以延长30日。劳动能力鉴定结论作出后，必须及时送达申请鉴定的单位和个人。

申请鉴定的单位或者个人对设区的市级劳动能力鉴定委员会作出的鉴定结论不服，可以在收到该鉴定结论之日起15日内向省级劳动能力鉴定委员会提出再次鉴定申请。省级劳动能力鉴定委员会作出的劳动能力鉴定结论为最终结论。

另外，自劳动能力鉴定结论作出之日起1年后，工伤职工或者其直系亲属、所在单位或者经办机构认为伤残情况发生变化的，可以申请劳动能力复查鉴定。

六、工伤保险待遇

工伤保险待遇是指职工因身体健康或生命在工作中遭受暂时或永久的损害而获得的物质或现金的补救和补偿。工伤保险待遇一般包括工伤医疗待遇、工伤伤残待遇和因工死亡待遇，作用是使伤残者的医疗救治、日常生活获得保障，使伤亡者遗属的基本生活获得保障。

根据《工伤保险条例》第30条的规定，职工因工作遭受事故伤害或者患职业病进行治疗，享受工伤医疗待遇。职工治疗工伤应当在签订服务协议的医疗机构就医，情况紧急时可以先到就近的医疗机构急救。

职工住院治疗工伤的，由所在单位按照本单位因公出差伙食补助标准的70%发给住院伙食补助费；经医疗机构出具证明，报经办机构同意，工伤职工到统筹地区以外就医的，所需交通、食宿费用由所在单位按照本单位职工因公出差标准报销。

工伤职工到签订服务协议的医疗机构进行康复性治疗的费用，符合规定的，从工伤保险基金支付。工伤职工因日常生活或者就业需要，经劳动能力鉴定委员会确认，可以安装义肢、矫形器、义眼、假牙和配置轮椅等辅助器具,所需费用按照国家规定的标准从工伤保险基金支付。

职工因工作遭受事故伤害或者患职业病需要暂停工作接受工伤医疗的,在停工留薪期内,原工资福利待遇不变,由所在单位按月支付。停工留薪期一般不超过12个月。伤情严重或者情况特殊,经设区的市级劳动能力鉴定委员会确认,可以适当延长,但延长不得超过12个月。工伤职工评定伤残等级后,停发原待遇,享受伤残待遇。工伤职工在停工留薪期满后仍需治疗的,继续享受工伤医疗待遇。生活不能自理的工伤职工在停工留薪期需要护理的,由所在单位负责。

工伤职工已经评定伤残等级并经劳动能力鉴定委员会确认需要生活护理的,从工伤保险基金按月支付生活护理费。生活护理费按照生活完全不能自理、生活大部分不能自理或者生活部分不能自理3个不同等级支付,其标准分别为统筹地区上年度职工月平均工资的50%、40%或者30%。

本人工资是指工伤职工因工作遭受事故伤害或者患职业病前12个月平均月缴费工资。本人工资高于统筹地区职工平均工资300%的,按照统筹地区职工平均工资的300%计算;本人工资低于统筹地区职工平均工资60%的,按照统筹地区职工平均工资的60%计算。

职工因工致残被鉴定为一级至四级伤残的,保留劳动关系,退出工作岗位,享受以下待遇:

(1) 从工伤保险基金按伤残等级支付一次性伤残补助金,标准为:一级伤残为24个月的本人工资;二级伤残为22个月的本人工资;三级伤残为20个月的本人工资;四级伤残为18个月的本人工资。

(2) 从工伤保险基金按月支付伤残津贴,标准为:一级伤残为本人工资的90%;二级伤残为本人工资的85%;三级伤残为本人工资的80%;四级伤残为本人工资的75%。伤残津贴实际金额低于当地最低工资标准的,由工伤保险基金补足差额。

(3) 工伤职工达到退休年龄并办理退休手续后,停发伤残津贴,享受基本养老保险待遇。基本养老保险待遇低于伤残津贴的,由工伤保险基金补足差额。职工因工致残被鉴定为一级至四级伤残的,由用人单位和职工个人以伤残津贴为基数,缴纳基本医疗保险费。

职工因工致残被鉴定为五级、六级伤残的,享受以下待遇:

(1) 从工伤保险基金按伤残等级支付一次性伤残补助金,标准为:五级伤残为16个月的本人工资;六级伤残为14个月的本人工资。

(2) 保留与用人单位的劳动关系,由用人单位安排适当工作。难以安排工作的,由用人单位按月发给伤残津贴,标准为:五级伤残为本人工资的70%,六级伤残为本人工资的60%,并由用人单位按照规定为其缴纳应缴纳的各项社会保险费。伤残津贴实际金额低于当地最低工资标准的,由用人单位补足差额。经工伤职工本人提出,该职工可以与用人单位解除或者终止劳动关系,由用人单位支付一次性工伤医疗补助金和伤残就业补助金。具体标准由省、自治区、直辖市人民政府规定。

职工因工致残被鉴定为七级至十级伤残的,享受以下待遇:

(1) 从工伤保险基金按伤残等级支付一次性伤残补助金,标准为:七级伤残为12个月的本人工资;八级伤残为10个月的本人工资;九级伤残为8个月的本人工资;十级伤残为6

个月的本人工资。

(2) 劳动合同期满终止,或者职工本人提出解除劳动合同的,由用人单位支付一次性工伤医疗补助金和伤残就业补助金。具体标准由省、自治区、直辖市人民政府规定。工伤职工工伤复发,确认需要治疗的,享受相关的工伤待遇。

职工因工死亡,其直系亲属按照下列规定从工伤保险基金领取丧葬补助金、供养亲属抚恤金和一次性工亡补助金:

(1) 丧葬补助金为6个月的统筹地区上年度职工月平均工资。

(2) 供养亲属抚恤金按照职工本人工资的一定比例发给由因工死亡职工生前提供主要生活来源、无劳动能力的亲属。标准为:配偶每月40%,其他亲属每人每月30%,孤寡老人或者孤儿每人每月在上述标准的基础上增加10%。核定的各供养亲属的抚恤金之和不应高于因工死亡职工生前的工资。供养亲属的具体范围由国务院社会保险行政部门规定。

(3) 一次性工亡补助金标准为上一年度全国城镇居民人均可支配收入的20倍。

依靠因工死亡职工生前提供主要生活来源,并有下列情形之一的,可以按规定申请供养亲属抚恤金:

(1) 完全丧失劳动能力的;

(2) 工亡职工配偶男年满60周岁、女年满55周岁的;

(3) 工亡职工父母男年满60周岁、女年满55周岁的;

(4) 工亡职工子女未满18周岁的;

(5) 工亡职工父母均已死亡,其祖父、外祖父年满60周岁,祖母、外祖母年满55周岁的;

(6) 工亡职工子女已经死亡或完全丧失劳动能力,其孙子女、外孙子女未满18周岁的;

(7) 工亡职工父母均已死亡或完全丧失劳动能力,其兄弟姐妹未满18周岁的。

另外,还有一种职工下落不明的特殊情况。按照《民法通则》的规定,公民不知下落满1年,为下落不明;公民下落不明满2年,为失踪;公民下落不明满4年才可宣告死亡。公民被宣告死亡必须具备以下三个条件:

(1) 公民下落不明满4年;

(2) 必须由利害关系人向人民法院提出申请;

(3) 由人民法院依法定程序宣告。

按照《工伤保险条例》第41条的规定,职工因工外出期间发生事故或者在抢险救灾中下落不明的,从事故发生当月起3个月内,由其所在单位照发工资,从第4个月起停发工资,由社会保险经办机构从工伤保险基金向其供养亲属按月支付供养亲属抚恤金。生活有困难的,可以预支一次性工亡补助金的50%。待职工被人民法院宣告死亡后,再按照上面所说的职工因工死亡的规定处理,即向其直系亲属支付6个月统筹地区平均工资的丧葬补助金,继续按标准每月支付供养亲属抚恤金,支付或补足支付一次性工亡补助金。

工伤职工有下列情形之一的,停止享受工伤保险待遇:

(1) 丧失享受待遇条件的;

(2) 拒不接受劳动能力鉴定的;

(3) 拒绝治疗的;

(4) 被判刑正在收监执行的。

根据《因工死亡职工供养亲属范围规定》，领取抚恤金人员有下列情形之一的，停止享受抚恤金待遇：

（1）年满18周岁且未完全丧失劳动能力的；
（2）就业或参军的；
（3）工亡职工配偶再婚的；
（4）被他人或组织收养的；
（5）死亡的。

七、非法用工单位伤亡人员一次性赔偿办法

非法用工单位伤亡人员是指在无营业执照或者未经依法登记、备案的单位以及被依法吊销营业执照或者撤销登记、备案的单位受到事故伤害或者患职业病的职工，或者用人单位使用童工造成的伤残、死亡童工。上述单位必须向伤残职工或死亡职工的直系亲属、伤残童工或者死亡童工的直系亲属给予一次性赔偿。

一次性赔偿包括受到事故伤害或患职业病的职工或童工在治疗期间的费用和一次性赔偿金，一次性赔偿金的数额应当在受到事故伤害或患职业病的职工或童工死亡或者经劳动能力鉴定后确定。

劳动能力鉴定按属地原则由用人单位所在地设区的市级劳动能力鉴定委员会办理。劳动能力鉴定费用由伤亡职工或者童工所在单位支付。

职工或童工受到事故伤害或患职业病，在劳动能力鉴定之前进行治疗期间的生活费、医疗费、护理费、住院期间的伙食补助费及所需的交通费等费用，按照《工伤保险条例》规定的标准和范围，全部由伤残职工或童工所在单位支付。

一次性赔偿金按以下标准支付：一级伤残的为赔偿基数的16倍；二级伤残的为赔偿基数的14倍；三级伤残的为赔偿基数的12倍；四级伤残的为赔偿基数的10倍；五级伤残的为赔偿基数的8倍；六级伤残的为赔偿基数的6倍；七级伤残的为赔偿基数的4倍；八级伤残的为赔偿基数的3倍；九级伤残的为赔偿基数的2倍；十级伤残的为赔偿基数的1倍。受到事故伤害或患职业病造成死亡的，按赔偿基数的10倍支付一次性赔偿金。赔偿基数是指单位所在地工伤保险统筹地区上年度职工年平均工资。

八、本案的具体处理意见

本案涉及的焦点问题在于工伤申请的时效从何时开始起算。工伤认定是受伤害职工享受工伤保险待遇的基础，而提出工伤认定申请是启动工伤认定程序的前提。根据《工伤保险条例》第17条第2款的规定，工伤职工或者其直系亲属、工会组织在事故伤害发生之日或者被诊断、鉴定为职业病之日起1年内，可以直接向用人单位所在地统筹地区社会保险行政部门提出工伤认定申请。该规定明确提出了工伤认定申请的主体、申请时效及其起算时间，以及受理申请的行政部门。其中，"事故伤害发生之日"即是关于工伤认定申请时效起算时间的规定。在通常情况下，工伤事故发生后，伤害结果也随即发生，伤害结果发生之日也就是事故发生之日，故对于"事故伤害发生之日"的理解不会产生歧义。但在工伤事故发生后，伤

害结果并未马上发生,而是潜伏一段时间后才实际发生,即伤害结果发生之日与事故发生之日不一致的特殊情况下,"事故伤害发生之日"应当理解为工伤事故伤害结果实际发生之日,并以之作为工伤认定申请时效的起算时间。

首先,文义解释是正确理解法律条文的首选方法。《工伤保险条例》第17条第2款规定的"事故伤害发生之日",从字面含义上看,"事故"是对于"伤害"的修饰和限制,即这里的"伤害"是基于工伤事故而发生的,伤害结果与工伤事故之间存在因果关系。据此理解,"事故伤害发生之日"就是指伤害结果发生之日,而不是事故发生之日。

其次,工伤职工或者其直系亲属、工会组织提出工伤认定申请的前提,是工伤事故伤害结果已经实际发生。工伤事故发生后,如果伤害后果尚未发生,上述工伤认定申请主体无法预知是否会产生伤害后果、会产生什么样的伤害后果,也无法预知伤害后果会引发什么样的损失,当然也就无从提出工伤认定申请。因此,正确理解《工伤保险条例》第17条第2款规定的"事故伤害发生之日",应当认定"事故伤害发生之日"即为工伤事故伤害结果实际发生之日,而不是工伤事故发生之日。

最后,根据《民法通则》第137条的规定,诉讼时效期间自权利人知道或者应当知道权利受到损害时起计算。工伤认定申请时效虽然与民事诉讼时效不同,但在判断时效起算时间时应当参照上述关于民事诉讼时效起算时间的规定。社会保险行政部门在确定工伤认定申请时效的起算时间时,应当以工伤事故伤害结果实际发生的时间为标准。

根据本案的事实,杨×于2012年6月在工作时发生铁屑溅入左眼的事故,但当时并未实际发生伤害后果,而是直至2014年10月才病情发作,经医生确诊为左眼陈旧性铁锈症。根据医生的诊断证明,该病具有潜伏性和隐蔽性,与2012年6月杨×在工作时发生的事故具有因果关系。鉴于涉案工伤事故发生时伤害后果尚未实际发生,伤害结果发生后经医生确诊证明确系因涉案工伤事故所致,故本案工伤认定申请时效应当从伤害后果实际发生之日起算,杨×提出涉案工伤认定申请时,尚未超过申请时效。

实务训练

一、案情介绍

2011年7月31日,何×在绵竹市万方有限公司(以下简称万方公司)处检修房屋时不慎摔伤,被送至绵竹市人民医院治疗,于2011年9月15日出院,住院期间的治疗费全部由何×支付。2012年4月6日,何×所受的伤经鉴定为九级伤残。2012年6月15日,何×向绵竹市劳动争议仲裁委员会申请仲裁。在仲裁的过程中,何×认为自己的伤未痊愈,不能作一次性处理,仲裁委中止审理。2013年1月15日,何×再次入院治疗,此次住院费何×未支付。2013年7月26日,何×以需要继续治疗但经济困难为由向绵竹市劳动争议仲裁委员会申请部分裁决,该仲裁委于2013年8月8日作出了部分裁决,裁决万方公司预付治疗费8000元,万方公司已实际履行。2014年10月31日、2014年12月12日何×再次住院治疗。何×四次住院治疗时,医嘱分别休息2个月、6个月、3个月、1个月,共计12个月。何×所受的伤经绵竹市劳动能力鉴定委员会鉴定为八级伤残。2015年6月26日,绵阳市劳动争议仲裁委员会恢复庭审,2015年7月13日作出仲裁裁决:万方公司一次性支付何×以下费用:

(1) 一次性伤残补助金3万元;

(2) 一次性医疗补助金和就业补助金39 104元;

(3) 停工留薪期间的工资7200元;

(4) 住院伙食补助费880元;

(5) 停工留薪期间护理费9000元(750元/月×12个月);

(6) 医疗费17 967.62元;

(7) 卧具费300元;

(8) 鉴定费及鉴定检查费530元;

(9) 生活费7854元(238元/月×33个月)。

万方公司不服仲裁裁决第5项、第9项,故向四川省绵竹市人民法院提起诉讼。诉讼中,万方公司申请对何×受伤后4次住院是否与2011年7月31日何×摔伤有关,4次出院后是否需要护理及护理期限进行司法鉴定。经何×同意,由万方公司委托德阳正源司法鉴定中心进行了鉴定,该鉴定中心于2015年9月14日作出〔2015〕临鉴字第×××号鉴定书,载明:

(1) 委托事项:① 何×的损伤与疾病关系的评定;② 何×的护理依赖程度鉴定。

(2) 鉴定意见:① 被鉴定人何×于2011年7月31日以后的4次住院治疗均与当日的外伤有关;② 被鉴定人何×不需要他人护理。

二、工作任务

教师将学生分为两组,一组代理何×计算诉讼请求中的赔偿数额并起草代理意见,另一组代理万方公司起草起诉状,最后组织学生模拟进行法庭审理。

任务三 企业基本医疗保险争议处理

教、学、做目标

通过本任务的学习,使学生掌握有关职工基本医疗保险的基本法律,了解职工基本医疗保险争议的基本形态,能够操作职工基本医疗保险争议的解决。

案例导入

2018年5月18日,某建筑公司的职工张×在单位突发疾病住院接受治疗,6月2日又转至北京某医院继续治疗,并于6月12日出院,共支付各项医疗费用15万余元。但是,建筑公司未为张×办理职工基本医疗保险。

为了医疗费用的问题,张×向劳动争议仲裁委员会提起仲裁,裁决结果是建筑公司一次性赔偿张×医疗费10.9万元,建筑公司不服仲裁裁决向人民法院提起诉讼。

工作任务

学生掌握案件事实,收集与案件相关的法律、法规,分组代理张×和建筑公司,模拟进行法庭审理。

案例解析

一、医疗保险及其保险费征缴

基本医疗保险制度是指国家通过法律强制实施,由用人单位和职工缴费建立专项基金,为职工在患病或非因工负伤等情况下提供社会救助的一项制度。

按照《社会保险法》第 23 条的规定,职工应当参加职工基本医疗保险,由用人单位和职工按照国家规定共同缴纳基本医疗保险费。无雇工的个体工商户、未在用人单位参加职工基本医疗保险的非全日制从业人员以及其他灵活就业人员可以参加职工基本医疗保险,由个人按照国家规定缴纳基本医疗保险费。

基本医疗保险制度主要包括以下六个方面的内容:

一是建立合理的由用人单位与劳动者共同缴费的机制;

二是建立社会统筹基金与个人账户基金相结合的制度;

三是建立社会统筹基金与个人账户基金分开管理、范围明确的支付机制;

四是建立有效制约的医疗服务管理机制;

五是建立统一的社会化管理体制;

六是建立完善有效的医疗保险基金监督管理机制。

按照《国务院关于建立城镇职工基本医疗保险制度的决定》的规定,基本医疗保险费由用人单位和职工共同缴纳。用人单位缴费率控制在职工工资总额的 6% 左右,职工缴费率一般为本人工资收入的 2% 左右,具体比例由各地确定。用人单位以本单位职工工资总额为基本医疗保险费的缴费基数,职工个人以本人工资收入为缴费基数。按照国家统计局的规定,工资总额是指各单位在一定时期内直接支付给本单位全部职工的工资性收入总额。在实际工作中,为了操作方便,一般都是以上年工资总额为缴费基数来计算应缴额的。同时,为了体现基本医疗保险的公平性和均衡性,对职工个人工资收入作了最高和最低的限制,当职工工资收入超过当地职工平均工资 300% 或低于当地职工平均工资 60% 的,分别按 300% 和 60% 作为缴费基数。

基本医疗保险基金在一定区域内统一筹集、管理和使用,执行统一政策,使参加者之间能够共同分担风险。基本医疗保险原则上以地级以上行政区(包括地、市、州、盟)为统筹单位,也可以以县(市)为统筹单位,条件具备的北京、天津、上海和重庆 4 个直辖市在全市范围内实行统筹。按照社会保险的"大数法则",统筹范围越大,基金的承受能力就越强,参加者的负担也就越公平。

基本医疗保险基金是由用人单位缴费和职工个人缴费构成的,专门用于参保人员在患病就医时进行费用补助的专项资金。按照《国务院关于建立城镇职工基本医疗保险制度的

《决定》的规定，基本医疗保险基金由社会统筹基金和个人账户资金两个部分组成。职工个人缴纳的基本医疗保险费全部记入个人账户。用人单位缴纳的基本医疗保险费分为两个部分，一部分用于社会统筹基金，一部分划入个人账户。

基本医疗保险基金的统筹基金和个人账户有各自的支付范围，分别核算，分别管理，不能相互挤占，特别是不允许统筹基金透支个人账户。这一点与目前的企业职工基本养老保险基金有明显的不同，基本医疗保险个人账户里实实在在地有一笔资金，并且可以按规定随时使用。

基本医疗保险的个人账户是由职工个人缴费的全部和用人单位缴费的一部分共同构成的。单位缴费划入个人账户的比例为30%左右（具体比例由统筹地区根据个人账户的支付范围和职工年龄等因素确定），仍然以每个职工的工资收入为基数。退休人员本人不缴费，但也要为其建立个人账户。建立退休人员个人账户的资金全部从单位缴费部分解决，且总的个人账户记入水平不得低于职工个人账户的水平。建立个人账户一方面可以促使职工个人树立风险意识，自我积累部分医疗费用；另一方面可以形成约束机制，加强职工个人的责任感，自觉地节约医疗费用。

个人账户资金通常用于支付参保人员的特定医疗费用，包括：定点医疗机构发生的门诊费用；定点药店的购药支出；定点医院住院、门诊特定项目基本医疗费用中，统筹基金起付标准以下的费用；超过起付标准以上应由个人负担的费用。参保人员使用个人账户资金支付医疗费用，应当符合基本医疗用药范围、诊疗项目范围、医疗服务设施范围和支付标准的规定。

另外，个人账户的本金和利息均归职工个人所有，可以结转使用和继承。因此，参加基本医疗保险的职工死亡时，其个人账户仍有余额的，可以作为遗产，由其亲属按《中华人民共和国继承法》的规定实施继承。同时，职工个人医疗保险账户台账、《职工医疗社会保险手册》由社会保险经办机构收回注销。参加基本医疗保险的职工发生工作变动时，由所在单位凭有关证件，携带个人医疗保险账户台账、《职工医疗社会保险手册》到当地社会保险经办机构办理个人账户转移手续。凡有欠缴、漏缴社会保险费的，应由原单位缴清，否则由调入单位为其补缴。

目前，灵活就业人员已纳入基本医疗保险的覆盖范围，针对灵活就业人员就业方式不固定、劳动关系不明确、收入不稳定的特点，同时考虑到这些人员对医疗保障的需求，根据《社会保险法》和《关于城镇灵活就业人员参加基本医疗保险的指导意见》规定，已与用人单位建立明确劳动关系的灵活就业人员，要按照用人单位参加基本医疗保险的方法缴费参保。其他灵活就业人员要以个人身份缴费参保。要求各地从建立基本医疗保险统筹基金起步，首先解决灵活就业人员住院和门诊大额医疗费用的保障问题，也可以为有条件的部分灵活就业人员同时建立个人账户和实行大额医疗补助。灵活就业人员参加基本医疗保险的缴费率原则上按照当地的缴费率确定。从统筹基金起步的地区，可以参照当地基本医疗保险建立统筹基金的缴费水平确定。缴费基数可以参照当地上一年职工年平均工资核定。为了鼓励这部分人员及时、连续缴费参保，国家提出了三项措施：一是灵活就业人员的医疗保险待遇可以与缴费年限和连续缴费相挂钩，通过建立这种激励机制，促进其连续参保；二是规定灵活就业人员的待遇享受等待期，即从参加基本医疗保险到开始享受相关医疗保险待遇的期限,防止投机参保;三是明确灵活就业人员中断缴费的认定和处理办法,防止任意中断缴费。另外,对灵活就业人员的医疗保险管理与城镇职工基本医疗保险制度相衔接,灵活就业人员也要按基本医疗保险的规定选择定点医疗机构和定点药店,严格执行基本医疗保险药品、诊疗项目和医疗服务设施标准三个目录。

二、基本医疗保险费用的支付、结算方式

基本医疗保险社会化管理与服务不仅体现在基金的社会统筹,而且还体现在医疗保险费用的支付与结算等方面。基本医疗保险费用的支付、结算方式主要有按服务项目付费、按服务单元付费和按总额付费等。

(一) 按服务项目付费

按服务项目付费是指对医疗服务过程中所涉及的每一个服务项目制定价格,参保人员在享受医疗服务时逐一对服务项目付费或计费,然后由社会保险经办机构向参保人员或者定点医疗机构依照规定按比例偿付发生的医疗费用。它属于"后付制"类型。

按服务项目付费的优点是实际操作方便。但这种付费方式,由于定点医疗机构的收入与其提供的服务项目数直接相关,在有标准规定价格的前提下,定点医疗机构往往以过度医疗服务和诱导需求来增加收入。因此,按服务项目付费在控制医疗费用方面有弊端。

(二) 按服务单元付费

服务单元是指将医疗服务的过程按照一个特定的参数划分为相同的部分,每个部分称为一个服务单元,如一个门诊人次、一个住院人次和一个住院床位。社会保险经办机构根据过去的历史资料以及其他因素制定出平均服务单元费用标准,然后根据定点医疗机构的服务单元量进行偿付的方法称为按服务单元付费。实行按服务单元付费,定点医疗机构有可能通过推诿重病人、多收轻病人以及减少服务来降低其自身服务单元的费用;也可能通过分解服务次数来增加服务单元量。这就要求在实行按服务单元付费时,社会保险经办机构要加强对定点医疗机构的管理,完善监督管理办法,以防止推诿病人或分解服务次数等现象的发生。

(三) 按总额付费

按总额付费是一种预付的方式,是指社会保险经办机构与定点医疗机构经协商,按某种标准(如服务的人群数,医院的服务量,包括门诊人次、住院人次与费用等)确定总预算,定点医疗机构的收入就不能随服务量的增加和病人住院日的延长而增加。因此,它在对定点医疗机构的服务量方面有高度的控制权。定点医疗机构一旦采纳这种方式,对所有前来就诊的参保人员必须提供基本医疗保险范围内的服务,定点医疗机构必须在总预算额内精打细算,控制过量的医疗服务,在保证医疗质量的前提下努力降低成本。

各地应根据当地的实际情况,特别是社会保险经办机构的管理能力,以及定点医疗机构的不同类别确定付费结算方式,可以是单一方式,也可以是多种方式相结合的方式。

另外,目前医疗保险费的支付形式主要有两种,各地可以结合实际自行采用:一是现金支付。参保人员看病直接向定点医疗机构支付全部的医疗费用,然后用发票、处方及有关部

门的证明到用人单位按规定报销,同时扣除所负担的部分。然后,用人单位与社会保险经办机构进行结算。这种方式的优点是参保人员的费用意识强,有利于控制不合理的医疗费支出;缺点是相对增加了定点医疗机构的工作量,收入较低的病人垫资较多,会带来一定的困难和麻烦。二是医疗记账。参保人员除自付少量费用外(自付部分医院直接扣除),不直接与定点医疗机构发生经济关系,由定点医疗机构定期向用人单位或社会保险经办机构提出结算清单,经用人单位或社会保险经办机构审查后,按规定支付费用。这种方式的优点是参保人员的医疗费用意识增强,社会保险经办机构严格把关,有利于控制医疗费。

三、基本医疗保险待遇

参加基本医疗保险统筹的人员,遵循国家和用人单位承担大头、个人承担小头的原则,缴纳保险费用和享受基本医疗保险待遇。因此,参保人员就医、享受待遇必须按规定办理。

一是参保人员要在基本医疗保险定点医疗机构就医、购药,也可以持处方到定点药店外购药品。在非定点医疗机构就医和非定点药店购药发生的医疗费用,除符合转诊等规定条件外,基本医疗保险基金不予支付。

二是所发生医疗费用必须符合基本医疗保险药品目录、诊疗项目目录、医疗服务设施标准目录的范围和给付标准,才能由基本医疗保险基金按规定予以支付。超出部分,基本医疗保险基金将按规定不予支付。

三是对符合基本医疗保险基金支付范围的医疗费用,要区分是属于统筹基金支付范围还是属于个人账户支付范围。属于统筹基金支付范围的医疗费用,即属于统筹基金起付标准以上的费用由统筹基金按比例支付,最高支付到"封顶线"为止。个人也要负担部分医疗费用,"封顶线"以上的费用则全部由个人支付或通过参加补充医疗保险、商业医疗保险等途径解决。起付标准以下的医疗费用由个人账户解决或由个人自付,个人账户有结余的也可以支付统筹基金支付范围内应由个人支付的部分医疗费用。

四、特殊群体人员的医疗待遇

为了使基本医疗保险制度与原来的公费医疗、劳保医疗制度在变革中相应衔接、平稳过渡,国家对一些特殊的弱势群体人员的医疗待遇作了特别的规定。

(一) 离休人员、老红军的医疗待遇不变

离休人员、老红军的医疗费用按原资金渠道解决,支付确有困难时,由同级人民政府帮助解决。为了保证离休人员、老红军的医疗经费有稳定的来源,保障他们的医疗待遇,同时控制不必要的医疗费用支出,减少浪费,对离休人员、老红军的医疗经费必须采用必要的管理办法,一般有三种形式:一是由社会保险经办机构单独列账管理;二是由财政、卫生、民政或老干部管理部门管理;三是仍由原管理单位管理。

(二) 二等乙级以上革命伤残军人和人民警察的医疗待遇

二等乙级以上革命伤残军人的医疗待遇不变,医疗经费按上年该统筹地区离休人员、老红军医疗费用实际支出的平均水平,由其所属单位缴纳。社会保险经办机构单独建账,与基本医疗保险基金分开核算、分别管理,两者之间不能相互挤占或挪用。二等乙级以上革命伤残军人的医疗经费不足支付时,由当地人民政府帮助解决。另外,国家规定二等乙级以上伤残人民警察的医疗待遇与二等乙级以上革命伤残军人的医疗待遇相同,其原有个人账户积累资金可以继续使用。

（三）对参保退休人员的优待

根据《社会保险法》第27条的规定,参加职工基本医疗保险的个人,达到法定退休年龄时累计缴费达到国家规定年限的,退休后不再缴纳基本医疗保险费,按照国家规定享受基本医疗保险待遇；未达到国家规定年限的,可以缴费至国家规定年限。

（四）失业人员的医疗保险

根据《社会保险法》第48条的规定,失业人员在领取失业保险金期间,参加职工基本医疗保险,享受基本医疗保险待遇。失业人员应当缴纳的基本医疗保险费从失业保险基金中支付,个人不缴纳基本医疗保险费。

（五）困难企业职工的医疗保障

对有部分缴费能力的困难企业,劳动保障行政部门可以按照适当降低单位的缴费率,先建立统筹基金、暂不建立个人账户的办法,纳入基本医疗保险,保障其职工相应的医疗保险待遇。单位缴费的具体比例由各地根据建立统筹基金的实际需要确定。对无力参保的困难企业的职工,各地通过探索建立社会医疗救助制度等方式,解决其医疗保险问题。

（六）破产企业离退休人员的医疗保险

国务院发布的《国务院关于在若干城市试行国有企业破产有关问题的通知》和《关于在若干城市试行国有企业兼并破产和职工再就业有关问题的补充通知》规定,对关闭、破产国有企业的退休人员(包括医疗保险制度改革前已关闭、破产的原国有企业退休人员),要充分考虑到这部分人员的医疗费用水平和年龄结构等因素,多渠道筹集医疗保险资金,单独列账管理,专项用于保障其医疗保险待遇。企业实施破产时,从其财产清算和土地转让所得中按实际需要向社会保险经办机构划拨出社会保险费用,破产企业离退休职工的医疗费用由当地社会医疗保险经办机构负责管理。破产企业参加医疗保险基金社会统筹的,其医疗费由所在试点城市社会医疗保险经办机构分别从医疗保险基金社会统筹中支付。没有参加医疗保险基金社会统筹或者医疗保险基金社会统筹不足的,从企业土地使用权出让所得中支付；处置土地使用权所得不足以支付的,不足部分从处置无抵押财产、抵押财产所得中依次支付。

按照中共中央、国务院有关规定实施关闭破产的中央企业及中央下放地方企业,由中央财政核定离退休人员参加医疗保险的费用,按照企业在职职工年工资总额的6％计算10年进行核定。企业所在地财政部门应及时将中央财政补助资金拨付给当地的社会保险经办机构,社会保险经办机构将上述企业离退休人员纳入当地医疗保险体系统一管理。

（七）国家公务员的医疗补助

为了保证国家公务员队伍稳定、高效廉洁,使其医疗待遇不降低,《关于实行国家公务员医疗补助的意见》规定对公务员在参加基本医疗保险的基础上,实行医疗补助的办法。按照《关于实行国家公务员医疗补助的意见》的规定,享受国家公务员医疗补助的人员的范围包括：符合《中华人民共和国公务员法》规定的国家行政机关工作人员和退休人员；经中共中央组织部或省、自治区、直辖市党委批准列入参照国家公务员制度管理的党群机关，人大、政协机关，各民主党派和工商联机关以及列入参照国家公务员管理的其他单位机关工作人员和退休人员；审判机关、检察机关的工作人员和退休人员。医疗补助经费主要用于基本医疗保险统筹基金最高支付限额以上，符合基本医疗保险用药、诊疗项目范围及医疗服务设施范围和支付标准的医疗费用补助；在基本医疗保险支付范围内，个人自付超过一定数额的医疗费用补助；中央和省级人民政府规定享受医疗照顾的人员，在就诊、住院时按规定补助的医疗费用。补助经费的具体使用办法和补助标准，由各地按照收支平衡的原则作出规定。另外，原享受公费医疗待遇的事业单位工作人员、退休人员，可以参照国家公务员，实行医疗补助，具体单位和人员由各地劳动保障和财政部门共同审核，并报同级人民政府批准，原享受公费医疗经费补助的事业单位所需医疗补助资金，仍按原资金来源渠道筹措，需要财政补助的由同级财政在核定事业单位财政拨款时给予安排；对少数资金确有困难的事业单位，由同级财政区别不同情况给予适当补助。

(八) 军人退役的医疗保险

为了保障军人退出现役后享有国家规定的医疗保险待遇，维护军人的权益，激励军人安心服役，《中国人民解放军军人退役医疗保险暂行办法》规定，我国实行军人退役医疗保险制度，设立军人退役医疗保险基金，对军人退出现役后的医疗费用给予补助。中国人民解放军根据国家的有关规定，为军人建立退役医疗保险个人账户。按照规定，军人退役医疗保险基金由国家财政拨款和军人缴纳的退役医疗保险费组成；师职以下现役军官、局级和专业技术四级以下文职干部和士官，每人每月按照本人工资收入1%的数额缴纳退役医疗保险费。国家按照军人缴纳的退役医疗保险费的同等数额，给予军人退役医疗补助；军人缴纳的退役医疗保险费和国家给予的军人退役医疗补助，由其所在单位后勤(联勤)机关财务部门逐步记入本人的退役医疗保险个人账户；军官、文职干部晋升为军职或者享受军职待遇的，不再缴纳退役医疗保险费，个人缴纳的退役医疗保险费连同利息一并退还本人；缴纳退役医疗保险后致残的二等乙级以上革命伤残军人，退还个人缴纳的退役医疗保险费及利息；师职以下现役军官、局级和专业技术四级以下文职干部、士官退出现役时，其退役医疗保险个人账户的资金和利息，由本人所在单位后勤(联勤)机关财务部门结清；义务兵、供给制学员不缴纳退役医疗保险费，服役期间不建立退役医疗保险账户；义务兵退出现役时，按照上一年度全国城镇职工平均工资收入的1.6%乘以服役年数的计算公式计付军人退役医疗保险金；军人牺牲或者病故的，其退役医疗保险个人账户资金可以依法继承。

(九) 军人配偶随军未就业期间的医疗保险

为了解决军人配偶随军未就业期间医疗保险补贴待遇及其保险关系的接续问题，为未就业随军配偶建立医疗保险个人账户，并给予个人账户补贴。随军配偶享受这一待遇的条件与享受基本生活补贴待遇的条件相同。有关医疗保险个人账户补贴的规定如下：

(1) 军人所在单位后勤机关为未就业随军配偶建立医疗保险个人账户，医疗保险个人账户资金由个人和国家共同负担。未就业随军配偶按照本人基本生活补贴标准全额1%的比例缴费，国家按照其缴纳的同等数额给予个人账户补贴。个人缴费部分，由军人所在单位后勤机关在发放基本生活补贴时代扣代缴。

(2) 未就业随军配偶在就业或者军人退出现役随迁后,按照规定应当参加接收地基本医疗保险的,由军人所在单位后勤机关将其医疗保险个人账户资金转入接收地社会保险经办机构,再由接收地社会保险经办机构并入本人基本医疗保险个人账户。按照规定不参加接收地基本医疗保险的,其医疗保险个人账户资金由军人所在单位后勤机关一次性发给本人。

停止享受医疗保险个人账户补贴待遇的条件与停止享受基本生活补贴的条件相同。

五、医疗期

医疗期是指用人单位职工因患病或非因工负伤停止工作治病休息,用人单位不能解除或终止劳动合同的时限。它属于国家给予职工基本医疗保险待遇的范畴。关于医疗期的规定主要有以下四个方面:

(一) 根据职工实际工作年限确定其应享受的医疗期

企业职工因患病或非因工负伤,需要停止工作医疗时,根据本人实际参加工作年限和在本单位工作年限,给予3个月到24个月的医疗期:实际工作年限10年以下的,在本单位工作年限5年以下的为3个月;5年以上的为6个月。实际工作年限10年以上的,在本单位工作年限5年以下的为6个月;5年以上10年以下的为9个月;10年以上15年以下的为12个月;15年以上20年以下的为18个月;20年以上的为24个月。对某些患特殊疾病(如癌症、精神病、瘫痪)的职工,如在其应享受的医疗期内还不能痊愈的,未参加基本医疗保险的,必须经所在企业批准;参加基本医疗保险的,必须经劳动保障行政部门批准,还可以适当延长医疗期。对特殊疾病的类型,应由企业或者劳动保障行政部门规定或认定。

(二) 医疗期的计算

职工若连续休医疗期,则应连续计算医疗期,直至期满;若间断休医疗期,则可以累计医疗期时间:医疗期3个月的按6个月内累计病休时间计算;6个月的按12个月内累计病休时间计算;9个月的按15个月内累计病休时间计算;12个月的按18个月内累计病休时间计算;18个月的按24个月内累计病休时间计算;24个月的按30个月内累计病休时间计算。

累计的方法一般有两种:一种是从病休之日开始计算,至累计期间截止,计算该职工的医疗期;另一种是从后向前倒推累计该职工的医疗期,仍在规定的累计期间计算。相比之下,后一种方法更合理、更科学。

(三) 职工医疗期间的待遇

按照《关于贯彻执行〈中华人民共和国劳动法〉若干问题的意见》的规定,职工休医疗期在6个月内的,按其工龄长短享受不同的病假工资,标准为其基本工资的60%~100%;超过6个月的,则按其工龄长短享受不同的疾病救济费,标准为其基本工资的40%~80%。但是严格地讲,"病假工资"的概念不准确,因为职工患病停工,没有付出正常的劳动,所以不应支付工资,而"疾病救济费"的提法更适宜。因此,一些地方新的规定则只规定医疗期内享受疾病救济费。地方有新规定的,则从其规定,不再执行国家早年的规定。按照国家或地方规定支付职工的病假工资或疾病救济费,如果低于当地最低工资的80%,则应按最低工资的80%支付。

(四) 医疗终结或医疗期满的处理

企业职工非因工致残和经医生或医疗机构认定患有难以治疗的疾病,在医疗期内医疗终结,不能从事原工作,也不能从事用人单位另行安排的工作的,应当由劳动能力鉴定委员会按《职工非因工伤残或因病丧失劳动能力程度鉴定标准(试行)》进行劳动能力鉴定。被鉴定为一级至四级的,应终止劳动关系,办理退休手续;被鉴定为五级至十级的,医疗期内不得解除劳动合同,合同期满也不得终止合同。

企业职工非因工致残和经医生或医疗机构认定患有难以治疗的疾病,医疗期满,应当由劳动能力鉴定委员会按《职工非因工伤残或因病丧失劳动能力程度鉴定标准(试行)》进行劳动能力鉴定。被鉴定为一级至四级的,应当解除劳动关系,并办理退休手续;被鉴定为五级至十级的,可以依法解除劳动合同,享受经济补偿金和医疗补助费;被依法终止合同的,可以享受医疗补助费。

六、本案的具体处理意见

这是一起由于用人单位没有及时为员工办理社会保险关系而引发的基本医疗保险待遇争议案件。企业不为劳动者缴纳基本医疗保险费的现象并不少见。其中一个很主要的原因是,许多人都认为只有缴纳了基本医疗保险费,才能享受基本医疗保险待遇;若企业没有为劳动者缴纳基本医疗保险费,如果劳动者生病、住院的话,就只能自认倒霉了。透过该案的处理,劳动者要深知自己所享有的这一权利,要学会依法维权,以维护自身的合法权益。

本案涉及基本医疗保险费的缴纳问题。《社会保险费征缴暂行条例》第3条第2款规定"基本医疗保险费的征缴范围:国有企业、城镇集体企业、外商投资企业、城镇私营企业和其他城镇企业及其职工,国家机关及其工作人员,事业单位及其职工,民办非企业单位及其职工,社会团体及其专职人员。"因而不难看出,无论是国家机关、事业单位,还是企业或个体经济组织,均负有缴纳基本医疗保险费的义务。如果用人单位为劳动者参加了基本医疗保险,则员工患病、负伤的基本医疗保险待遇就由社会保险经办机构承担;如果用人单位未参加基本医疗保险,则就要向劳动者直接支付医疗费用。

根据《最高人民法院关于审理劳动争议案件适用法律若干问题的解释(三)》第1条的规定"劳动者以用人单位未为其办理社会保险手续,且社会保险经办机构不能补办导致其无法享受社会保险待遇为由,要求用人单位赔偿损失而发生争议的,人民法院应予受理。"因此,张×可以依据该规定提起诉讼。由于建筑公司没有及时为张×缴纳基本医疗保险费,导致张×在住院期间发生的医疗费用不能通过社会统筹基金和大额医疗费社会救济基金支付,对此,应当由用人单位建筑公司按照基本医疗保险支付范围的额度承担赔偿责任。

实务训练

一、案情介绍

楚×到A日用化妆品公司应聘成功后,与该公司签订了5年的劳动合同,合同约定前3个月为试用期。刚上班的第10天晚上,楚×和妻子下班后一同前往幼儿园接女儿回家。走到自己家楼下时天色已黑,加之楼道内的电灯损坏,楚×只能抱着女儿摸黑上楼。可就在上楼时楚×突然脚底一滑,致使身体的重心失控,跌倒后滚落到楼下,造成右腿骨折,怀里抱着的孩子也受了重伤。楚×的妻子赶紧喊来邻居把楚×和孩子送进了附近的医院。就在楚×住院治疗期间,A日用化妆品公司以合同试用期内楚×出现意外,身体状况已不符合公司的要求为由,决定解除与楚×签订的劳动合同,并拒绝为楚×承担医疗费用。楚×得知A日用化妆品公司的这个决定后非常不满。他认为,该公司在自己受伤未愈的情况下,既不为自己支付医疗费用,又解除了劳动合同,违反了《劳动法》的规定。一气之下,躺在病床上的楚×当即委托了自己的妻子作为代理人,向当地的劳动争议仲裁委员会提出了仲裁请求:

(1) 要求撤销A日用化妆品公司作出的与本人解除劳动合同的决定,恢复双方的劳动合同关系;

(2) 要求A日用化妆品公司按照公司的医疗费报销规定为本人报销医疗费;

(3) 要求A日用化妆品公司给予本人3个月的医疗期。

A日用化妆品公司的领导对楚×提出的仲裁请求持反对意见,认为楚×在试用期内非因工负伤,造成骨折后需要住院治疗,此时他的身体状况已经不符合公司的要求,所以,公司有权与他解除劳动合同。又因为楚×在试用期,不是公司的正式员工,所以也不应享受医疗期和医疗费报销待遇。

二、工作任务

教师将学生分为两组,分别作为楚×和A日用化妆品公司的代理人起草仲裁申请书、仲裁答辩书和代理词,模拟进行仲裁庭审理。

任务四 职工基本养老保险争议处理

教、学、做目标

通过本任务的学习,使学生掌握有关职工基本养老保险的法律规定,了解职工基本养老保险争议的基本形态,养成职工基本养老保险争议解决的职业能力。

案例导入

职工汪×于1954年11月27日出生,2008年10月22日到A有限责任公司工作,但该公司未为汪×办理社会保险。2015年7月17日,汪×要求社会保险经办机构同意他补缴基本养老保险费,由于他已超过法定退休年龄,不能办理基本养老保险补缴手续,因此汪×无法享受基本养老保险待遇,与A有限责任公司产生争议,遂提起劳动争议仲裁,要求A有限责任公司赔偿自己的基本养老保险待遇损失。在庭审时,因双方当事人的要求差距较大,调解未果。

工作任务

学生掌握案件事实,收集与案件相关的法律、法规,分组代理汪×和 A 有限责任公司起草代理词,模拟进行仲裁庭审理。

案例解析

一、基本养老保险及保险费的缴纳

基本养老保险是指由国家通过立法强制实施,当劳动者达到国家规定的退出劳动力市场的年龄或因年老丧失劳动能力时,为其提供基本生活保障的社会保险制度。基本养老保险与用人单位补充养老保险、个人储蓄性养老保险共同构成我国多层次的养老保险制度。

按照《社会保险法》第 10 条的规定,职工应当参加基本养老保险,由用人单位和职工共同缴纳基本养老保险费。无雇工的个体工商户、未在用人单位参加基本养老保险的非全日制从业人员以及其他灵活就业人员可以参加基本养老保险,由个人缴纳基本养老保险费。

企业缴纳基本养老保险费的比例,一般不得超过本企业工资总额的 20%,具体比例由各省、自治区、直辖市人民政府确定。个人缴纳基本养老保险费的比例一般为 8%。

目前,基本养老保险的缴费基数,用人单位为本单位的工资总额、劳动者个人为本人全部工资。为了平衡劳动者之间领取基本养老保险金水平的差距,在具体实施过程中劳动者工资高于当地职工平均工资 300% 的,按当地职工平均工资的 300% 缴费;低于当地职工平均工资 60% 的,按当地职工平均工资的 60% 缴费。有的地方规定,个体工商户和自由职业者的缴费基数可以是本人工资,也可以在当地职工平均工资的 60%~300% 选择一个缴费基数档次。

各省级人民政府可以根据当地的实际情况,对个体劳动者和其他非工薪收入者参加养老保险的办法作具体规定。原劳动和社会保障部提出的参考性意见如下:

(1) 个体经济从业人员和其他非工薪收入者的基本养老保险,原则上按照统一的基本养老保险制度执行。各地可以在当地上年度职工平均工资的 60%~300% 划分若干缴费档次,由个体经济从业人员和非工薪收入者自选一档作为缴费基数。缴费比例一般为 18% 左右,由省、自治区、直辖市确定。其中,个体工商户帮工按其选定的缴费档次的 8% 缴纳基本养老保险费,其余部分由个体工商户业主为其缴纳。基本养老保险费一般应按月缴纳,也可以按季、半年、年度合并缴纳,缴费年限可以累计。

(2) 个体经济从业人员及其他非工薪收入者应按个人缴费基数的 11% 建立个人账户。在男年满 60 周岁、女年满 55 周岁时,累计缴费年限满 15 年的,可以按规定领取基本养老金,标准与企业职工相同。累计缴费年限不满 15 年的,将个人账户全部储存额一次性返还本人,同时终止基本养老保险关系,不得以事后追补缴费的方式增加缴费年限。

征收基本养老保险费有两种形式:一是社会保险经办机构征收;二是地方税务机关代收。在实践中,这两种征收形式都实行单位申报缴纳制,即由参加基本养老保险的用人单位按月向征收机构申报本单位职工人数、工资总额以及代扣代缴明细表等资料,经核准后,可以到其开户银行缴纳,也可以到征收机构以支票或现金的形式缴纳。

根据《关于职工在机关事业单位与企业之间流动时社会保险关系处理意见的通知》的规定,职工从机关、事业单位转入企业工作之月起,参加企业职工基本养老保险,单位和个人按规定缴纳基本养老保险费,建立基本养老保险个人账户,原有的工作年限视同缴费年限,与转到企业后的实际缴费年限合并计算,退休时按照企业的办法计发基本养老金。其中,公务员及参照和依照公务员制度管理的事业单位工作人员,根据本人在机关(或事业单位)工作的年限给予一次性补贴,由其原所在单位通过当地社会保险经办机构转入本人的基本养老保险个人账户,所需资金由同级财政安排。补贴的标准为:本人离开机关上年度月平均基本工资×在机关工作年限×0.3‰×120个月。职工由企业进入机关事业单位工作之月起,执行机关事业单位的退休养老制度,其原有的连续工龄与进入机关事业单位后的工作年限合并计算,退休时按机关事业单位的办法计发养老金。已建立的个人账户继续由社会保险经办机构管理,退休时,其个人账户储存额每月按 1/120 计发,并相应抵减按机关事业单位办法计发的养老金。公务员进入企业工作后再次转入机关事业单位工作的,原给予的一次性补贴的本金和利息要上缴同级财政。其个人账户管理、退休后养老金计发等,比照由企业进入机关事业单位工作职工的相关政策办理。

二、基本养老保险个人账户

基本养老保险个人账户简称个人账户,是指社会保险经办机构以居民身份证号码为标识,为每位参加基本养老保险的职工个人设立的唯一的,用于记录职工个人缴纳的养老保险费和从企业缴费中划转记入的基本养老保险费,以及上述两个部分的利息金额的账户。个人账户是职工在符合国家规定的退休条件并办理了退休手续后,领取基本养老金的主要依据之一。我国实行社会统筹与个人账户相结合的基本养老保险制度。个人账户的建立是由职工劳动关系所在单位到当地社会保险经办机构办理,与职工的户口在何处没有什么关系。职工在失业期间、被判刑服刑或劳动教养期间,以及因其他原因暂时中断工作期间,其个人账户由社会保险经办机构予以保留,个人账户存储额照常计息,此前的基本养老保险缴费年限和视为缴费年限与此后的缴费年限可以连续计算。

对欠缴基本养老保险费的,个人账户如何记账应分别以下情况处理:

(1)因某种原因单位或个人不能按时足额缴纳基本养老保险费的,欠缴月份无论是全额欠缴还是部分欠缴均暂不记入个人账户,待单位或个人按规定补齐欠缴金额后,方可补记入个人账户。

(2)职工所在企业欠缴基本养老保险费期间,职工个人可以继续缴纳基本养老保险费,所足额缴纳的费用记入个人账户,并计算为职工实际缴费年限,这主要是从维护职工的切身利益和合法权益考虑的。

(3)由于某种原因,职工个人欠缴基本养老保险费期间,职工所在单位应继续为其缴纳基本养老保险费,所足额缴纳的费用记入个人账户的企业划转部分栏目,待欠缴职工足额补缴所欠基本养老保险费及其利息后,前述欠缴期方可计算为职工实际缴费年限。

(4)出现单位或个人欠缴情况后,以后缴费采用滚动分配法记账:即缴费先补缴以前欠缴费用及其利息后,剩余部分作为当月缴费。

根据《关于规范企业职工基本养老保险个人账户管理有关问题的通知》的规定,社会保险经办机构每年至少公示、打印一次个人账户对账单,并采取多种形式,建立个人账户查询制度,方便参保人员了解企业缴费和个人账户结存情况。用人单位和个人对社会保险经办机构公布的个人账户对账单有异议时,可以到社会保险经办机构查询、提出更正的要求。对用人单位和职工的异议,社会保险经办机构要及时核实和更正。

职工在工作单位之间或工作地区之间流动时,会发生其基本养老保险个人账户转移的情况,国家对此作了专门规定,主要有这样一些内容:职工在同一统筹范围内流动时,只转移基本养老保险关系和个人账户档案,不转移基金。职工跨统筹范围流动时,转移办法如下:

(1)转移基本养老保险关系和个人账户档案。

(2)对职工流动时已建立个人账户的地区,转移基金额为个人账户中1998年1月1日之前的个人缴费部分累计本息,加上从1998年1月1日起记入个人账户中的全部储存额。

(3)对职工流动时仍未建立个人账户的地区,1998年1月1日之前转移的,1996年之前参加工作的职工,转移基金额为1996年1月1日起至调动月止的职工个人缴费部分累计本息;1996年、1997年参加工作的职工,基金转移额为参加工作之月起至调动月止的个人缴费部分累计本息。1998年1月1日之后转移的,转移基金额为1998年之前按前述规定计算的职工个人缴费部分累计本息,加上从1998年1月1日起按职工个人缴费工资基数11%计算的缴费额累计本息。未建立个人账户期间,计算个人缴费部分的利息按中国人民银行一年期定期城乡居民储蓄存款利率计算。

(4)对年中调转职工调转当年的记账额,调出地区只转本金不转当年应记利息;职工调转后,由调入地区对职工调转当年记账额一并计息。

(5)基金转移时,不得从转移额中扣除管理费。

(6)职工转出时,调出地社会保险经办机构应填写《参加基本养老保险人员转移情况表》(即转移单)。

(7)职工转入时,调入地社会保险经办机构应依据转出地区提供的《参加基本养老保险人员转移情况表》和《职工基本养老保险个人账户》等资料,并结合本地基本养老保险办法,为职工续建个人账户,做好个人账户关系的前后衔接工作。

职工在职死亡或者离退休后死亡,其个人账户储存款额可以继承,具体继承办法如下:

(1)职工在职期间死亡的,其继承额为其死亡时个人账户全部储存额中的个人缴费部分的本息。

(2)离退休人员死亡的,继承额按如下公式计算:继承额=离退休人员死亡时个人账户余额×离退休时个人账户中个人缴费本息占个人账户全部储存额的比例。

(3)继承额一次性支付给死亡者生前指定的受益人或者法定继承人。个人账户的其余部分,并入社会统筹基金。

三、退休制度与退休年龄

退休制度是指劳动者因年老或其他原因丧失劳动能力而离开工作岗位养老或休养的制

度。退休年龄是指领取基本养老金的年龄条件。按照1978年5月24日第五届全国人大常委会第二次会议原则批准,现在仍然有效的《国务院关于安置老弱病残干部的暂行办法》和《国务院关于工人退休、退职的暂行办法》规定,企业职工退休的条件如下:

(1) 男年满60周岁、女干部年满55周岁、女工人年满50周岁。

实行劳动合同制后,在企业打破了干部与工人的身份界限,无论是由干部岗位转为工人岗位,还是由工人岗位转为干部岗位,其退休年龄和退休条件均按现岗位的国家规定执行。

(2) 从事井下、高空、高温、特别繁重体力劳动或其他有害身体健康的工作,男年满55周岁、女年满45周岁,连续工龄满10年的。

(3) 男年满50周岁、女年满45周岁,由医院证明并经劳动能力鉴定委员会确认为完全丧失劳动能力的。

职工因病或非因工致残完全丧失劳动能力,统一由地市级劳动保障行政部门指定的县级以上医院负责医疗诊断,并出具证明,非指定医院出具的证明一律无效。地市级劳动能力鉴定委员会负责定期审核指定医院开具的诊断证明,作出鉴定结论。

(4) 因工致残,由医院证明并经劳动能力鉴定委员会确认为完全丧失劳动能力的。

另外,对于在特殊工种岗位工作的职工,其在该岗位上的工作年限可以多折算连续工龄,具体规定是:

① 井下矿工或固定在华氏32度以下的低温工作场所或华氏100度以上的高温工作场所工作者,计算其本企业工龄时,每在此种场所工作1年,均作1年零3个月计算。

② 在提炼或制造铅、汞、砒、磷、酸的工业中及其他化学、兵工工业中,直接从事有害身体健康工作者,计算其本企业工龄时,每从事此种工作1年,均作为1年零6个月计算。

必须注意的是,在进行社会统筹与个人账户相结合的基本养老保险制度改革、建立个人账户之前,职工从事国家确定的特殊工种的工作年限是否折算工龄和视同缴费年限,可以由各省级政府根据本地基本养老保险制度改革的实际情况自行确定。如果折算工龄,其折算后增加的视同缴费年限,最长不得超过5年。实行基本养老保险制度改革并建立个人账户之后,职工从事特殊工种的工作年限在计发基本养老保险待遇时不能再折算工龄。另外,对职工出生时间的认定,我国实行居民身份证和职工档案相结合的办法。当本人的身份证与档案记载的出生时间不一致时,以本人的档案最先记载的出生时间为准。

提前退休工种主要有以下两类:

(1) 从事井下、高空、高温、特别繁重体力劳动或者其他有害身体健康工作的人员,无论现在或过去从事这类工作,凡符合下列条件之一者,均可以按照《国务院关于工人退休、退职的暂行办法》中的规定办理提前退休:

① 从事高空和特别繁重体力劳动工作累计满10年的;

② 从事井下高温工作累计满9年的;

③ 从事其他有害身体健康工作累计满8年的。

这些岗位的具体标准是:高温作业,应当符合《高温作业分级》中的第四级;繁重体力劳动作业,应当符合《体力劳动强度分级》中的第四级;高空作业,应当符合《高处作业分级》中的第二级,并经常在5米以上的高处作业,无立足点或牢固立足点,确有坠落危险的。其他有害身体健康的工作包括有毒有害作业在内。有毒有害作业是指工作人员在生产中接触以原料、成品、半成品、中间体、反应副产物的形式存在,并在操作时可以经呼吸道、皮肤或口进入人体而对健康产生危害的物质,而目前的工艺设备还不能完全控制其危害,劳动条件在短期内仍难以改善的。凡是可以通过工艺改革、技术措施等办法使劳动条件得到改善而未采取措施改善的,这种作业的工种不能列为提前退休工种。

(2) 常年在海拔3500米以上高原地区和常年在摄氏零度以下的冷库、生产车间等低温场所工作的人员退休时,可以参照从事井下、高温作业人员的有关规定办理;常年在海拔4500米以上高山、高原地区工作的人员退休时,可以参照从事其他有害身体健康工作人员的规定办理。

《国务院关于工人退休、退职的暂行办法》规定,全民所有制企业、事业单位和党政机关、群众团体的工人或基层干部,从事井下、高空、高温、特别繁重体力劳动或者其他有害身体健康的工作,男年满55周岁、女年满45周岁,连续工龄满10年的,应该退休。

参保人员因工作流动在不同地区参保的,不论户籍在何地,其在最后参保地的个人实际缴费年限,与在其他地区工作的实际缴费年限及符合国家规定的视同缴费年限,应合并计算,作为享受基本养老金的条件。参保人员达到法定退休年龄时,退休手续由其最后参保地的劳动保障行政部门负责办理,并由最后参保地的社会保险经办机构支付基本养老金。

国家公务员的退休条件分两类:一类是法定退休条件,只要符合该条件,公务员就必须办理退休手续;第二类是可申请退休的条件,只要符合该条件,公务员即可向单位提出退休申请,经批准方可办理退休手续。1978年以来,原国家劳动总局根据《国务院关于工人退休、退职暂行办法》要求,负责全国提前退休工种的审批工作。1985年,劳动人事部发出《关于改由各主管部门审批提前退休工种的通知》,将提前退休工种改由国务院各有关主管部门审批,送劳动人事部备案。1993年,劳动部下发《关于加强提前退休工种审批工作的通知》,规定自1993年7月3日起,国务院各有关主管部门停止审批新的提前退休工种。提前退休工种由国务院主管部门审核后,报劳动部审批。劳动部将根据实际情况对各有关部门已审批的提前退休工种进行清理和调整。

除参照执行《国家公务员暂行条例》的事业单位外,事业单位工作人员的退休条件仍按《国务院关于工人退休、退职暂行办法》的规定执行。即符合下列条件之一的,都可以退休:一是男年满60周岁,女年满55周岁,参加革命工作年限满10年的;二是男年满50周岁,女年满45周岁,参加革命工作年限满10年,经过医院证明完全丧失工作能力的;三是因工致残,经过医院证明完全丧失工作能力的。

四、基本养老保险待遇

基本养老保险待遇是指参加了基本养老保险的劳动者在达到法定退休年龄,并符合领取基本养老金条件时,所能享受到的经济收入或其他各项资金补贴。

1999年,劳动保障部发出《关于制止和纠正违反国家规定办理企业职工提前退休有关问题的通知》,规定从事高空和特别繁重体力劳动的必须在该工种岗位上工作累计满10年,从事井下和高温工作的必须在该工种岗位上工作累计满9年,从事其他有害身体健康工作的必须在该工种岗位上工作累计满8年。该通知还规定,原劳动部和有关行业主管部门批准的特殊工种,随着科技进步和劳动条件的改善,需要进行清理和调整。新的特殊工种名录由劳动保障部会同有关部门清理审定后予以公布,公布之前暂按原特殊工种名录执行。

有关基本养老保险待遇的具体规定是:统一制度后参加工作的职工(称为"新人"),个人缴费年限累计满15年的,退休后按月发给基本养老金。基本养老金由基础养老金和个人账户养老金两个部分组成。个人累计缴费不满15年的,退休后不享受基础养老金,其个人账户储存额一次性支付给本人。统一制度前已经离退休的人员(称为"老人"),仍按照《国务院关于工人退休、退职暂行办法》的规定发给基本养老待遇。而对于统一制度实施前参加工作、统一制度实施后退休且个人实际缴费年限和视同缴费年限累计满15年的人员(称为"中人"),在发给基础养老金和个人账户养老金的基础上,再增加一部分过渡性养老金。按照《国务院关于工人退休、退职暂行办法》的规定,职工连续工龄满10年,退休后可以享受按月领取基本养老金。而《国务院建立统一的企业职工基本养老保险制度的决定》将缴费年限(含视同缴费年限)统一限定为15年方能享受按月领取基本养老金。考虑到《国务院关于工人退休、退职暂行办法》是经全国人大立法程序讨论通过的,因此对统一制度之前(或当地出台"统账结合"方案之前)参加工作、之后退休的"中人"的缴费年限累计满10年不满15年的,各地一般是按如下办法处理:《国务院建立统一的企业职工基本养老保险制度的决定》发布之日前或当地实行"社会统筹与个人账户相结合"改革之前参加工作,即"中人"达到法定退休年龄时缴费年限(含视同缴费年限)满10年不满15年的,仍按月支付基本养老金。具体标准由省、自治区、直辖市确定(水平应略有降低)。对于缴费不满15年的,原则上不予补缴。但对于待遇水平较低的职工,如果企业和本人自愿,也可以补缴足15年。

基础养老金是基本养老金的组成部分,它是在用人单位缴纳的基本养老保险费构成的统筹基金中为符合条件的退休人员支付的养老金。用人单位缴纳的养老保险费要分成两个部分,一部分纳入统筹基金,另一部分划入本单位职工的个人账户。当职工符合领取基本养老金的条件时,统筹基金中要按月为他们支付一部分养老金,这部分养老金就称为基础养老金。但是,需要注意的是,只有那些缴费达到15年的退休人员才能享受到基础养老金。基础养老金的月标准为省、自治区、直辖市上年度职工月平均工资的20%。

个人账户养老金是参加基本养老保险的职工在达到退休年龄、符合领取基本养老金条件时,从基本养老保险个人账户中支取的养老保险金。按照《社会保险法》的规定,职工参加基本养老保险,本人需要按月缴纳基本养老保险费,个人缴费全部记入个人账户,企业缴费中还须拨付一部分记入个人账户。退休时,个人账户中储存的资金要全部支付给个人。支付个人账户养老金也有两种形式:对个人缴纳基本养老保险费满15年的,退休后个人账户养老金按月支付,直至其身故,个人账户养老金的支付月标准为本人账户储存额除以120;个人累计缴费不满15年的,退休时其个人账户储存额一次性支付给本人。出现这种情况时,职工所在单位应及时向社会保险经办机构填报《个人账户一次性支付审批表》,经办机构核定发放后封存其个人账户档案。

在基本养老金的计算中,计算"中人"临界点之前的养老金,称过渡性养老金。按照《国务院关于建立统一的企业职工基本养老保险制度的决定》的规定,统一制度实施前参加工作、统一制度实施后退休且个人缴费和视同缴费年限满15年的人员(即所谓"中人"),在发给基础养老金和个人账户养老金的基础上还要加发一部分过渡性养老金。过渡性养老金主要是为了保证这部分"中人"退休时的养老金水平不至于因实行统一制度而过低。由于"中人"建立个人账户的时间短,退休时简单地用个人账户储存额除以120后的数量会很小,而且也没有体现出统一制度建立个人账户前这部分人的贡献。为此,对这部分人在退休时除发给基础养老金和个人账户养老金外,还要增加一部分过渡性养老金。过渡性养老金的具体计算办法各地不尽相同,一般是根据"中人"参加工作后未建立个人账户的年限和经测算后的系数来确定的。

由于退休人员的养老金是根据退休时上年度职工社会工资水平和个人账户中的储存额来确定的,是一个定数,随着职工工资水平的不断提高、物价水平的增长,退休金的相对数额会减少,造成退休人员实际生活水平下降。为了防止这种现象发生,从1995年开始,我国建立了基本养老金正常调整机制,具体调整办法由各省、自治区、直辖市根据本地经济发展水平、物价上涨水平和职工社会平均工资增长水平等因素确定,一般为当地职工上一年度平均工资增长率的40%～60%。年度增加的基本养老金,按职工退休时基础养老金和个人账户养老金各占基本养老金的比例,分别从社会统筹基金和个人账户储存额中列支。

基本养老金由银行、邮局、街道社区或社会保险经办机构等社会机构发放。其中,主要有以下三种形式:

(1)通过银行发放。这是各地较为普遍采用的一种发放形式。这种形式可以充分利用银行营业网点多的优势,方便广大离退休人员领取基本养老金。

(2)通过邮局寄发。各地对异地安置和居住在偏远农村的离退休人员多采用这种发放形式。

(3)社会保险经办机构直接发放。这种形式包括两种情况:一种是只对极少数高龄孤老、行动不便以及有特殊困难的离退休人员上门直接送发;另一种是采取与银行联办储蓄所等形式发放。

实行基本养老金社会化发放是为了减轻企业承担社会事务的负担,是基本养老保险社会化管理的开始,随着基本养老金社会化的逐步普及,对退休人员社会化服务的内容也不断增多,包括档案管理、党组织生活等各个方面。

已经参加养老保险社会统筹的企业破产时,必须补交欠缴的养老保险费(含差额缴拨时企业欠发离退休人员的养老金)及其利息,社会保险经办机构负责支付离退休人员的基本养老金。对于养老保险基金确实不足,支付困难的地区,为了弥补资金不足,可以从破产企业资产中划拨一定的费用给社会保险经办机构,以保证离退休人员基本养老金的发放,具体办法由各省根据实际情况确定。对于未参加养老保险社会统筹的企业,破产时,应按照支付离退休人员养老金的实际需要,一次性向社会保险经办机构划拨养老费用,社会保险经办机构负责支付该破产企业离退休人员的基本养老金,具体办法也由各省级政府研究确定。

1993年10月1日起,机关、事业单位的工资制度进行了改革。改革后机关工作人员实行职级工资制,其工资由基础工资、工龄工资、职务工资和级别工资四个部分组成。机关工勤人员中,技术工人的工资由岗位工资、技术等级(职务)工资和奖金三个部分组成;普通工人的工资由岗位工资和奖金两个部分组成。机关工作人员实行职级工资制后离退休的人员,在新的养老保险制度建立前,离退休费按以下办法计发:

(1)离休人员的离休费,按本人原基本工资全额计发;退休人员的退休费、基础工资和工龄工资按本人原标准的全额计发,职务工资和级别工资按本人原标准的一定比例计发。其中,工作满 35 年的,职务工资和级别工资两项之和按 88% 计发;工作满 30 年不满 35 年的,职务工资和级别工资两项之和按 82% 计发;工作满 20 年不满 30 年的,职务工资和级别工资两项之和按 75% 计发;工作满 10 年不满 20 年的,职务工资和级别工资两项之和按 60% 计发;工作不满 10 年的,职务工资和级别工资两项之和按 40% 计发。

(2) 机关技术工人退休费(退职生活费)暂按本人原岗位工资、技术等级(职务)工资和奖金三项之和的一定比例计发。其中,工作满 35 年的,三项之和按 90% 计发;工作满 30 年不满 35 年的,三项之和按 85% 计发;工作满 20 年不满 30 年的,三项之和按 80% 计发;工作满 10 年不满 20 年的,三项之和按 70% 计发;工作不满 10 年退职的,三项之和按 50% 计发。

(3) 普通工人,在新的基本养老保险制度建立前,其退休费(退职生活费)暂按本人岗位工资和奖金两项之和的一定比例计发。其中,工作满 35 年的,两项之和按 90% 计发;工作满 30 年不满 35 年的,两项之和按 85% 计发;工作满 20 年不满 30 年的,两项之和按 80% 计发;工作满 10 年不满 20 年的,两项之和按 70% 计发;工作不满 10 年退职的,两项之和按 50% 计发。

1993 年事业单位工作人员工资制度改革后,其工资由职务(技术等级)和津贴两个部分组成。实行新工资制度后离退休的人员,在新的养老保险制度建立前,其离退休费暂按以下办法计发:离休人员的离休费,按本人职务(技术等级)工资和津贴之和全额计发。退休人员的退休费,按本人职务(技术等级)工资和津贴之和的一定比例计发。其中,工作满 35 年的,按 90% 计发;工作满 30 年不满 35 年的,按 85% 计发;工作满 20 年不满 30 年的,按 80% 计发;工作满 10 年不满 20 年的,按 70% 计发;工作不满 10 年退职的,按 50% 计发。

离退休人员发生下列情形之一,社会保险经办机构则停发或暂时停发其基本养老金:

(1) 无正当理由不按规定提供本人居住证明或其他相关证明材料的;

(2) 下落不明超过 6 个月,其亲属或利害关系人申报失踪或户口登记机关暂时注销其户口的;

(3) 被判刑收监执行或被劳动教养期间的;

(4) 弄虚作假违规办理离退休手续的;

(5) 法律、法规规定的其他情形。

对第 1 项、第 2 项、第 5 项情形的离退休人员,经社会保险经办机构确认仍具有领取基本养老金资格的,应从停发之月起补发并恢复发放基本养老金;对第 3 项情形的离退休人员,服刑或劳动教养期满后可按服刑或劳动教养前最后一次领取的标准继续发给基本养老金;对第 4 项情形的离退休人员,社会保险经办机构应立即停发基本养老金,并限期收回或从其以后应领取的基本养老金中逐步扣回已经冒领的金额。

五、企业年金和个人储蓄性养老保险

企业年金又称企业补充养老保险,是指由企业根据自身的经济实力,在国家规定的税收优惠等政策和条件下,为本企业职工建立的一种辅助性的养老保险。它居于多层次的养老保险体系中的第二层次,由国家宏观指导、企业内部决策执行。

企业年金的基本特征包括：一是由用人单位自愿建立，政府并不承担弥补缺口的责任；二是企业年金只是基本养老保险的一种补充，不能取代基本养老保险；三是企业年金也为参加者退休后提供长期或定期收入。

建立企业年金的企业必须具备三个条件：一是依法参加了基本养老保险并履行了缴费义务；二是具有相应的经济负担能力；三是已建立了集体协商机制。

建立企业年金，应当由企业与工会或职工代表通过集体协商确定，并制订企业年金方案（又称企业年金计划）。国有及国有控股企业的企业年金方案的草案应提交职工大会或职工代表大会讨论通过。各类企业的企业年金方案应报送所在地区县以上社会保险行政部门；中央所属大型企业应报送人力资源和社会保障部。社会保险行政部门自收到方案之日起15日内未提出异议的，该方案即行生效。企业年金所需费用由企业和职工个人共同缴纳，采用企业年金个人账户方式进行管理。企业年金个人账户包括职工企业年金个人账户和本人企业年金个人账户。职工在达到国家规定的退休年龄时，可以从本人企业年金个人账户中一次或定期领取企业年金。职工未达到国家规定的退休年龄的，不得从职工企业年金个人账户中提前提取资金。出境定居人员的企业年金个人账户资金，可以根据本人的要求一次性支付给本人。职工变动工作单位时，企业年金个人账户资金可以随同转移。职工升学、参军、失业期间或新就业单位没有实行企业年金制度的，其企业年金个人账户可以由原管理机构继续管理。职工或退休人员死亡后，其企业年金个人账户的余额由其指定的受益人或法定继承人一次性领取。建立企业年金制度的企业必须确定管理企业年金的受托人，受托人可以是企业成立的企业年金理事会，也可以是符合国家规定的养老金管理公司等法人受托机构。

个人储蓄性养老保险也是多层次养老保险制度的组成部分，主要是指劳动者通过个人储蓄形成的积累来支付退休后的生活支出。个人储蓄性养老保险是基本养老保险的补充，劳动者工作年龄内的收入在保证正常消费的前提下确有余力的，可以通过储蓄、投资等形式形成积累，以保证职工个人退休后的生活水平不至于明显降低。由社会保险机构经办的个人储蓄性养老保险，由社会保险主管部门制定具体办法。职工个人根据自己的工资收入情况，按规定缴纳个人储蓄性养老保险费，记入当地社会保险经办机构在有关银行开设的个人账户，并应按不低于或高于同期城乡居民储蓄存款利率计息，以提倡和鼓励职工个人参加储蓄性养老保险，所得利息记入个人账户，本息一并归职工个人所有。职工达到法定退休年龄经批准退休后，凭个人账户将储蓄性养老保险金一次总付或分次支付给本人。职工跨地区流动，个人账户的储蓄性养老保险金应随之转移。职工未到退休年龄而死亡，记入个人账户的储蓄性养老保险金应由其指定人或法定继承人继承。

六、本案的具体处理意见

企业的这种做法是不符合《社会保险法》的相关规定的。企业一旦用工，就已经形成劳动关系，《社会保险法》第58条规定"用人单位应当自用工之日起30日内为其职工向社会保险经办机构申请办理社会保险登记。未办理社会保险登记的，由社会保险经办机构核定其应当缴纳的社会保险费。"第86条规定"用人单位未按时足额缴纳社会保险费的，由社会保险费征收机构责令限期缴纳或者补足，并自欠缴之日起，按日加收万分之五的滞纳金；逾期仍不缴纳的,由有关行政部门处欠缴数额一倍以上三倍以下的罚款。"

根据《最高人民法院关于审理劳动争议案件适用法律若干问题的解释(三)》第1条的规定"劳动者以用人单位未为其办理社会保险手续,且社会保险经办机构不能补办导致其无法享受社会保险待遇为由,要求用人单位赔偿损失而发生争议的,人民法院应予受理。"因此,汪×可以依据该规定向人民法院提起诉讼。由于A有限责任公司没有及时为汪×办理社会保险,应当按照应缴纳基本养老保险费的额度承担赔偿责任。

实务训练

一、案情介绍

[案例一]

汪×从2004年11月至2012年7月在泰成公司工作,泰成公司没有依法为汪×缴纳基本养老保险费。自2006年起汪×的月工资为2000元。2011年12月11日,汪×达到法定退休年龄,因泰成公司没有为汪×缴纳基本养老保险费,导致汪×不能享受基本养老保险待遇。

2009年6月,汪×因征地由农村居民户口转为城镇居民户口。

2012年9月11日,汪×向重庆市沙坪坝区劳动争议仲裁委员会申请仲裁,要求泰成公司支付基本养老保险待遇损失。

重庆市沙坪坝区劳动争议仲裁委员会以不符合受理条件为由未予受理,其后,汪×诉至人民法院要求泰成公司赔偿其基本养老保险待遇损失。

汪×认为,按照《重庆市农民工养老保险试行办法》的规定,被告应当自2007年7月起为自己缴纳农民工养老保险,农民工养老保险个人账户的规模为缴费基数的14%,其中9%为用人单位应缴纳的部分。

农民工缴费年限不满15年的,由社会保险经办机构将个人账户累计余额一次性支付给本人。

因此,汪×要求泰成公司从2007年7月至2009年5月共计23个月,每月按照缴费基数的9%支付养老保险待遇损失,共计4140元(即2000元/月×9%×23个月)。

泰成公司认为2009年6月汪×已转为城镇居民,不能再享受农民工养老保险待遇,且汪×的诉讼请求已超过诉讼时效。

因双方争议较大,未能调解。

[案例二]

从2006年10月程福开始到丹阳市通达化工厂工作,但该化工厂未为程福办理基本养老保险。

2015年5月1日,程福向丹阳市通达化工厂出具了离厂报告,内容为:"因本人年龄已达62岁(1953年生),故离职。从即日起工资全部结清,与通达化工厂的劳动关系就此解除(包括社保关系),此后与通达市化工厂再无一切经济关系。"

因程福主张丹阳市通达化工厂未为自己缴纳基本养老保险费,导致自己无法享受基本养老金,所以向丹阳市劳动争议仲裁委员会申请仲裁,该仲裁委作出《不予受理通知书》后,程福起诉请求赔偿基本养老保险损失 41 058 元。

二、工作任务

教师任选案例,将全体学生分为两组,分别担任用人单位和劳动者的代理人,起草代理词,模拟进行法庭辩论,起草判决书。

任务五　失业保险争议处理

教、学、做目标

通过本任务的学习,使学生熟悉有关职工失业保险的基本法律,了解职工失业保险争议的基本形态,培养学生解决职工失业保险争议的职业能力。

案例导入

被上诉人芮红从 2012 年 5 月 1 日至 2018 年 3 月 3 日在上诉人东风餐厅打工,后双方发生纠纷。芮红向含山县劳动争议仲裁委员会申请了劳动争议仲裁,在仲裁期间,芮红申请东风餐厅为其补办基本养老保险和失业保险。东风餐厅向含山县劳动争议仲裁委员会提出:本单位与芮红之间不存在劳动关系,因而没有为芮红缴纳社会保险的义务。含山县劳动争议仲裁委员会于 2018 年 5 月 23 日作出仲裁裁决:认定芮红与东风餐厅之间存在劳动关系,并支持了芮红要求补办基本养老保险和失业保险的请求。东风餐厅不服仲裁裁决,于 2018 年 6 月 1 日起诉至含山县人民法院,请求驳回芮红的申诉请求,理由是东风餐厅与芮红之间没有形成劳动关系。

一审人民法院认为,缴纳社会保险是用人单位和劳动者的法定义务,也是国家社会保障制度的重要内容,具有强制性,用人单位如果不能按时足额给劳动者缴纳社会保险费用,违反了法律规定,损害的不只是劳动者个人的利益,还会损害国家的整个社会保障制度。从法律关系上看,在征缴社会保险费中形成的是国家征缴部门与用人单位及劳动者之间管理与被管理的行政法律关系,并非劳动争议当事人作为平等主体之间的民事法律关系,故东风餐厅的诉请不属于人民法院劳动争议的受案范围。依照《民事诉讼法》和《最高人民法院关于适用中华人民共和国民事诉讼法若干问题的意见》的相关规定,裁定驳回东风餐厅的起诉。一审人民法院宣判后,东风餐厅不服上诉,请求二审人民法院依法撤销裁定,指令一审人民法院进行重审,上诉理由是芮红与东风餐厅之间未形成劳动关系,一审裁定驳回其起诉属于程序违法。

工作任务

学生掌握案件事实,收集与案件相关的法律、法规。教师将学生分为两组,分别代理东风餐厅和芮红起草二审代理词,组织学生模拟进行法庭审理。

案例解析

一、失业保险及其保险费征缴

失业保险制度是指由国家通过立法强制实行,运用社会力量,由社会集中建立基金,为那些在劳动年龄内由于非本人原因失业而暂时中断生活来源的劳动者提供一定程度的收入损失补偿,维持劳动者的基本生活,并帮助其实现再就业的社会保险制度。

根据1999年国务院颁布的《失业保险条例》和《社会保险费征缴暂行条例》的有关规定,失业保险的覆盖范围为所有城镇企业、事业单位及其职工。

企业、事业单位参加社会保险,必须首先到当地社会保险经办机构办理社会保险登记。登记事项包括单位名称、住所、经营地点、单位类型、法定代表人或者负责人、开户银行账号以及国务院社会保险行政部门规定的其他事项。进行失业保险登记的具体程序是:从事生产经营的单位自领取营业执照之日起30日内,非生产经营单位(主要是事业单位和社会团体)自成立之日起30日内,应当向当地社会保险经办机构申请办理社会保险登记。办理登记时,应当填写社会保险登记表,并出示以下证件和资料:

(1) 营业执照、批准成立证件或其他核准执业证件;
(2) 国家质量技术监督部门颁发的组织机构统一代码证书;
(3) 省、自治区、直辖市社会保险经办机构规定的其他有关证件、资料。

对单位填报的社会保险登记表、提供的证件和资料,社会保险经办机构应当即时受理,并自受理之日起10个工作日内审核完毕;符合规定的,予以登记,发给社会保险登记证。

在实际工作中需要特别注意的是,军队事业单位参加失业保险,办理社会保险登记,原则上也应按照相关规定的程序办理。但是,由于军队事业单位的特殊性,涉及人员编制、番号、账户等信息不宜公开,为此,劳动和社会保障部、人事部、解放军总后勤部专门作出规定,社会保险经办机构按照军队事业单位提供的参保人员名单和缴费工资等情况,为单位和个人办理参保手续,社会保险经办机构不再进行审核。

另外,企业、事业单位的社会保险登记事项发生变更或者该单位依法终止,应当自变更或终止之日起30日内,到社会保险经办机构办理变更或注销登记手续。

城镇企业、事业单位按照本单位工资总额的2%缴纳失业保险费;其职工按照本人工资的1%缴纳失业保险费,缴费基数没有上限和下限的规定。工资总额是指各单位在一定时期内直接支付给本单位全部职工的劳动报酬总额。工资总额由六个部分组成:计时工资、计件工资、奖金、津贴和补贴、加班加点工资及特殊情况下支付的工资。单位工资总额中不包括有关国家规定的创造发明奖、社会保险和职工福利方面的各项费用、劳动保护的各项支出等。职工的本人工资是指其个人收入中计入单位工资总额部分的收入。职工在工资总额以外从本单位内外得到的各种其他收入,如保险福利费、劳动保护费、职工个人从银行或企业获得的存款利息、债券利息、股息和股金分红、转移性收入等都不应计入职工工资。

在实际工作中,企业、事业单位一般都是按月或按季缴纳失业保险费,因此在计算缴费基数时往往按照上一年工资总额或上一月工资总额计算应缴纳的失业保险费。对工资总额不易认定的,可以由征缴机构参照当地工资水平和该单位生产经营状况核定缴费基数,如对无工资总额报表的个体工商户和自由职业者个人参保的,可以采用这种办法。职工个人缴纳的失业保险费由企业、事业单位代扣代缴。

特别需要注意的是,城镇企业、事业单位招用的农民合同制工人本人不缴纳失业保险费,主要原因是农民合同制工人与企业终止、解除劳动关系后不能按月领取失业保险金,而是领取一次性生活补助;省、自治区、直辖市人民政府根据本行政区域失业人员数量和失业保险基金数额,报经国务院批准,可以适当调整本行政区域失业保险费的费率。也就是说,失业保险更具有强制性、互济性,必须实行全国统一费率,省级政府无权自行调整失业保险费率。

在失业保险费的具体征收过程中,实行的是企业、事业单位申报缴纳的办法,主要包括以下五个环节:

(1) 缴费单位应当在每月5日前,向社会保险经办机构办理缴费申报,报送社会保险申报表、代扣代缴明细表以及社会保险经办机构规定的其他资料。缴费单位到社会保险经办机构办理社会保险缴费申报有困难的,经社会保险经办机构批准,可以邮寄申报。邮寄申报以寄出地的邮戳日期为实际申报日期。缴费单位因不可抗力因素,不能按期办理社会保险费申报的,可以延期办理。但应当在不可抗力情形消除后立即向社会保险经办机构报告。

(2) 社会保险经办机构应当对缴费单位送达的申报表和有关资料进行即时审核。对缴费单位申报资料齐全、缴费基数和费率符合规定、填报数量关系一致的申报表签章核准;对不符合规定的申报表提出审核意见,退缴费单位修正后再次审核;对不能即时审核的,社会保险经办机构应当自收到缴费单位申报表和有关资料之日起,在最长不超过2日内审核完毕。

(3) 缴费单位不按规定申报应缴纳的社会保险费数额的,社会保险经办机构可以暂按上月缴费数额的110%确定应缴数额。没有上月缴费数额的,由社会保险经办机构暂按该单位的经营状况、职工人数等确定应缴数额。缴费单位补办申报手续并按规定数额缴纳社会保险费后,由社会保险经办机构按照规定结算。

(4) 缴费单位必须在社会保险经办机构核准其缴费申报后的3日内缴纳社会保险费。缴费单位和缴费个人应当以货币形式全额缴纳社会保险费。缴费个人应缴纳的费用,由其所在单位从其工资中代扣代缴。对不能全额缴纳的,按欠缴处理,除补缴欠缴部分外,还要加收滞纳金。

(5) 缴费单位的缴费申报经核准后,可以采取下列方式之一缴纳社会保险费:缴费单位到其开户银行缴纳;缴费单位到社会保险经办机构以支票或现金的形式缴纳;缴费单位与社会保险经办机构约定的其他方式。

按照《社会保险费申报缴纳管理规定》,失业保险费也可以由税务机关征收,具体的缴纳办法也由税务机关制定,但基本内容和程序大体相同。

单位有能力而拒绝缴纳失业保险费属于违法行为,对这种行为可以区分不同的情况和情节,给予不同的处理。对属于单位对参加失业保险缴纳失业保险费的意义、作用认识不清的,可以进行说服教育,宣传国家有关政策法规,动员其主动改正。对拒不改正,采取各种手段不履行缴费义务的,根据情节和后果轻重,可以运用经济、行政和司法的手段强制其缴费。劳动保障行政部门的劳动保障监督机构负责失业保险费征缴监督检查和行政处罚,包括对缴费单位进行检查、调查取证、拟定行政处罚决定书、送达行政处罚决定书、拟定向人民法院申请强制执行的申请书、受理群众举报等工作。

对于缴费单位未按规定申报应当缴纳的社会保险费数额,因伪造、变造、故意毁灭有关账册、材料或不设账册等违法行为造成社会保险费迟延缴纳的;以及拒绝提供与缴纳社会保险费有关的用人情况、工资表、财务报表等违法行为的,对缴费单位可处以加收滞纳金,对其直接负责的主管人员和其他责任人员可以分别处以从1000~20 000元的罚款。

缴费单位或有关责任人员对社会保险行政部门作出的行政处罚决定不服的,可以在15日内,向上一级社会保险行政部门或者同级人民政府申请行政复议,也可以在3个月内向同级人民法院提起行政诉讼。申请行政复议且对复议决定不服的,可以自收到行政复议决定之日起15日内向人民法院提起行政诉讼。

社会保险行政部门对缴费单位或有关责任人员在15日内拒不执行社会保险行政部门对其作出的行政处罚决定,又不申请行政复议或提起行政诉讼,以及对行政复议决定不服,又不向人民法院提起行政诉讼的,可以申请人民法院强制执行。

二、失业保险基金统筹与调剂

失业保险基金在直辖市和设区的市实行全市统筹,其他地区的统筹层次由省、自治区人民政府规定。这样规定主要是考虑到我国各地区之间经济和社会发展程度不同,管理水平的差异很大,基金全部由国家或省级统筹的条件还不成熟。而在直辖市和设区的市的范围内,发展水平比较均衡,对失业保险的需求也相对集中,有条件实行全市范围内的统筹。

失业保险调剂金是在没有实现全国统筹的情况下,为了平衡各统筹地区之间失业保险基金的余缺,更好地发挥失业保险作用,而由统筹地区的失业保险基金出资组建的共同储备性资金。失业保险调剂金只能用于统筹地区失业保险基金不足时的调剂补助。当失业保险基金入不敷出时,一般是按下列顺序解决:

一是经同级财政部门批准,动用历年滚存结余;

二是结余存款不足时,可以提前变现特种定向债券或国家债券;

三是变现债券仍不能解决时,由省级调剂金解决;

四是调剂金还解决不了问题,则由统筹级财政给予适当补贴。

三、失业保险待遇

失业保险金的标准,按照低于当地最低工资标准、高于城市居民最低生活保障标准的水平,由省、自治区、直辖市人民政府确定。失业人员领取失业保险金的期限,根据失业人员失业前所在单位和本人按照规定累计缴费时间计算,分为以下三个档次:

(1) 累计缴费时间满 1 年不足 5 年的,领取失业保险金的期限最长为 12 个月;
(2) 累计缴费时间满 5 年不足 10 年的,领取失业保险金的期限最长为 18 个月;
(3) 累计缴费时间 10 年以上的,领取失业保险金的期限最长为 24 个月。

在三个档次内还可以对失业人员领取失业保险金的期限作进一步的划分,这由地方政府作具体规定。重新就业后,再次失业的,缴费时间重新计算。再次失业领取失业保险金的期限可以与前次失业应领取而尚未领取的失业保险金的期限合并计算,但是最长不得超过 24 个月。

国家规定的"累计缴费时间"是指以下两种情况:

一是单位和个人参加失业保险以前,个人的连续工龄视同缴费时间,与实际缴费时间可以累计;

二是实行个人缴费前的缴费时间或个人连续工龄视同缴费时间,与实行个人缴费后的缴费时间可以累计。应注意的是,此期间必须是劳动者就业没有间断。否则,失业期间重新就业后,再次失业的,缴费时间应重新计算。

具备下列条件的失业人员,可以领取失业保险金:
(1) 失业前用人单位和本人已经缴纳失业保险费满 1 年的;
(2) 非因本人意愿中断就业的;
(3) 已经进行失业登记,并有求职要求的。

失业人员在领取失业保险金期间,按照规定同时享受其他失业保险待遇。在实际工作中,"非因本人意愿中断就业的"是指下列人员:
(1) 被用人单位解除或终止劳动合同的;
(2) 被用人单位开除、除名的;
(3) 根据《劳动法》第 32 条第 2 项、第 3 项与用人单位解除劳动合同的;
(4) 法律、法规另有规定的。

失业人员在领取失业保险金期间有下列情形之一的,停止领取失业保险金,并同时停止享受其他失业保险待遇:
(1) 重新就业的;
(2) 应征服兵役的;
(3) 移居境外的;
(4) 享受基本养老保险待遇的;
(5) 被判刑收监执行或者被劳动教养的;
(6) 无正当理由,拒不接受当地人民政府指定的部门或者机构介绍的工作的;
(7) 有法律、行政法规规定的其他情形的。

失业人员在领取失业保险金期间同时可以享受医疗补助金、丧葬补助金和抚恤金等待遇。医疗补助金是指在领取失业保险金期间失业人员患病而向其支付的医疗费用的补助。丧葬补助金和抚恤金是指在领取失业保险金期间失业人员死亡,而由社会保险经办机构向其家属支付的项目。

在各地的实际工作中,医疗补助金包括以下两项:
一是按月随失业保险金一起发放的医疗补助;

二是在领取失业保险期间失业人员的住院费,一般是按一定比例、并作总数上限规定予以报销。

失业人员死亡的,其家属可以持死亡证明、领取待遇人的身份证明、与失业人员的关系证明,按规定向社会保险经办机构领取一次性丧葬补助金和其供养配偶、直系亲属的抚恤金,具体标准参照当地在职职工的规定由各地政府酌情自行确定。

失业人员在领取失业保险金期间参加职业培训和接受职业介绍时可以得到资金补助。这两项补贴是失业保险促进失业人员再就业作用的具体体现。职业培训和职业介绍补贴的对象是领取失业保险金期间的失业人员,资金来源于失业保险基金。失业人员失业后可以到公共职业介绍机构接受免费的职业指导和职业介绍。同时,为了帮助失业人员提高技能,更快地实现再就业,对失业人员接受职业培训和职业训练时支付的培训费用可以按一定的标准给予补助,而不是由失业保险基金全额承担失业人员接受职业培训和职业介绍的费用。具体的补贴标准由省、自治区、直辖市人民政府确定,在补贴的做法上,有些是提供给失业人员本人一定数量的现金,有些是失业人员凭培训收据和合格证到社会保险经办机构报销,还有一些是将补贴拨付到职业培训和职业介绍机构,失业人员享受免费职业培训和职业介绍。

四、特殊人员失业保险待遇的享受

对在职人员因被判刑收监或劳动教养而被用人单位解除劳动合同的,待其刑满、假释、劳动教养期满或解除劳动教养后,可以申请领取失业保险金,领取期限自办理失业登记之日计算。对在领取失业保险金期间被判刑收监或劳动教养而停止享受失业保险待遇的失业人员,待其刑满、假释、劳教期满或解除劳教后,可以恢复领取失业保险金。

对资源枯竭矿山关闭破产企业的全民所有制职工,国家的规定是:实行劳动合同制以前参加工作,且不符合提前退休条件的,要么是按规定领取经济补偿金,解除劳动关系,享受失业保险待遇;要么是领取一次性相当于企业所在地上年年平均工资3倍的安置费,自谋职业,不再享受失业保险待遇。实行合同制以后参加工作的,只能按规定领取经济补偿金,解除劳动关系,享受失业保险待遇。对于矿山雇用的混岗集体工,属于城市居民的,比照合同制职工领取补偿金,享受失业保险待遇;属于农民的,只发给经济补偿金。随同矿山一起关闭破产的其所属集体企业职工,属于城市居民并已参加失业保险的,按规定享受失业保险待遇;未参加失业保险的,按规定享受城市居民最低生活保障待遇。

按照《关于破产企业职工自谋职业领取一次性安置费后能否享受失业保险待遇问题的复函》的规定,破产企业职工自谋职业的,发给一次性的安置费,标准原则上按该企业所在地上年社会平均工资的3倍掌握,具体标准由当地政府制定。领取安置费的,不再享受失业保险待遇。对于未申请自谋职业或者提出申请但未实现自谋职业的,可以领取经济补偿金,符合享受失业保险待遇条件的,则可以享受失业保险待遇。

随军前或随军期间曾有工作且参加失业保险的未就业随军配偶,在军人退出现役随迁后仍未就业的,可以按规定享受失业保险待遇。享受期限按其本人实际缴费年限和国家规定计算的工龄累计确定。军人所在单位政治机关应当将未就业随军配偶人员名单及时送部队驻地劳动保障行政部门,办理失业登记。

农民合同制工人来自农村,工作前都有土地,失业后一般都要回到原籍务农,其基本生活可以得到保障,严格地讲不属于失业状态,也就不能享受失业保险待遇。但是,由于农民合同制工人所在单位参加失业保险并按照单位工资总额缴纳了失业保险费,其中已经包括了农民合同制工人的工资总额,尽到了社会保险义务,相应的农民合同制工人也应该得到一定的利益。因此,虽然农民合同制工人个人不缴费,但其连续工作满1年,本单位已缴纳失业保险费,终止或者解除劳动合同的,仍然可以享受到一定水平的待遇。为了方便农民合同制工人,根据《失业保险条例》的规定,由社会保险经办机构根据其工作时间的长短,一次性支付生活补助金,补助的办法和标准由省、自治区、直辖市人民政府规定。

五、失业保险关系转迁

失业保险关系转迁是指由于城镇企业、事业单位成建制跨统筹地区转移或职工在职期间跨统筹地区转换工作单位,以及失业人员跨统筹地区转移等情况,使其失业保险关系随之发生的变更。

按照《失业保险条例》的规定,城镇企业、事业单位成建制跨统筹地区转移或在职职工跨统筹地区转换工作单位的,失业保险关系应随其转迁。其中,跨省级地区的,其在转出前,单位和职工个人缴纳的失业保险费不转移;在省级地区内跨统筹地区的,是否转移失业保险费由省级社会保险行政部门确定。转出地社会保险经办机构为转出单位或职工开具失业保险关系转迁证明。转出单位或职工应在开具证明后60日内到转入地社会保险经办机构办理失业保险关系接续手续,并自在转出地停止缴费的当月起,按转入地社会保险经办机构核定的费率缴纳失业保险费。转出前后的缴费时间合并计算。

失业人员跨统筹地区转移,则可以凭失业保险关系迁出地社会保险经办机构出具的证明材料到迁入地社会保险经办机构领取失业保险金。而失业保险费是否划转则分为以下两种情况办理:

一是失业人员跨省级地区转移,失业保险费应随失业保险关系转迁相应地划转。需划转的费用包括失业保险金、医疗补助金和职业培训、职业介绍补贴。其中,医疗补助金和职业培训、职业介绍补贴按失业人员应享受的失业保险金总额的50%计算。

二是失业人员在省级地区内跨统筹地区转移,失业保险费用是否随失业保险关系的转迁而划转,由省级社会保险行政部门规定。

此外,对失业人员失业前所在单位与本人户口不在同一统筹地区的,其失业保险待遇的提供,由两地社会保险行政部门进行协商,制定具体办法。协商不成的,由上一级社会保险行政部门确定。

六、本案的具体处理意见

《劳动争议调解仲裁法》对仲裁机构受理劳动争议的范围以及仲裁机构对部分劳动争议享有一裁终决权的范围作了明确规定,该规定直接关系到人民法院对劳动争议案件的受案范围。

根据《劳动争议调解仲裁法》第47条第1款第2项的规定,因执行国家的劳动标准在工作时间、休息休假、社会保险等方面发生的争议,除该法另有规定的外,仲裁裁决为终局裁决,裁决书自作出之日起发生法律效力。该规定针对的是用人单位与劳动者之间对劳动关系没有争议,只是就社会保险应否缴纳以及缴纳的比例产生的纠纷。用人单位与劳动者之间对劳动关系是否存在有争议的纠纷,不符合《劳动争议调解仲裁法》第47条第1款第2项规定的情形,不属于一裁终决的范围,依照《劳动争议调解仲裁法》第50条的规定,当事人对该法第47条规定以外的其他劳动争议案件的仲裁裁决不服的,可以自收到仲裁裁决之日起15日内向人民法院提起诉讼;期满不起诉的,裁决书发生法律效力。

根据《劳动争议调解仲裁法》第2条、第5条的规定,劳动争议仲裁的范围就是人民法院劳动争议案件的受案范围,但按照该法第47条、第48条、第49条的规定,对用人单位而言,仲裁机构就"追索劳动报酬、工伤医疗费、经济补偿或者赔偿金,不超过当地月最低工资标准12个月金额的争议"以及"因执行国家的劳动标准在工作时间、休息休假、社会保险等方面发生的争议"所作的裁决是终决裁决,用人单位若不服此类裁决,只能有条件地向劳动争议仲裁委员会所在地的中级人民法院申请撤销裁决,不能直接向人民法院提起劳动争议诉讼,若坚持起诉的,则人民法院不予受理。对劳动者而言,若不服仲裁机构对第47条规定的劳动争议作出的裁决,则可以向人民法院提起诉讼。综上所述,人民法院对劳动争议案件的受案范围是《劳动争议调解仲裁法》第2条规定的六大类案件,但用人单位对第47条规定的劳动争议仲裁裁决不服起诉的劳动争议案件除外。在审判实践中,对《劳动争议调解仲裁法》第47条的理解仍然存在分歧。而在本案中,东风餐厅对与芮红之间是否有劳动关系存在争议,故人民法院对该案应予受理。

本案中,芮红与东风餐厅之间存在劳动关系,芮红要求东风餐厅补办基本养老保险和失业保险的请求应该得到支持。

实务训练

一、案情介绍

[案例一]

2006年5月,李×在某国有企业参加工作,该单位一直为李×缴纳失业保险金。2010年9月,该国有企业转制为民营股份制公司,李×领取了原单位的经济补偿金后到新单位上班。新单位从2010年10月与李×签订了劳动合同,并继续为李×缴纳失业保险金。两年后,李×因主动辞职而失业。那么,李×是否可以享受国有企业改制时的失业保险待遇?

[案例二]

孙×为A机械加工企业的职工,经常请长假或长期旷工。A机械加工企业多次要求孙×正常上班,但他始终置之不理。无奈之下,A机械加工企业对孙×出具了因长期旷工而予以除名处理的书面通知。孙×持除名通知等相关手续要求社会保险经办机构发放失业保险金。

社会保险经办机构的工作人员认为,孙×属因本人意愿中断就业,不具备享受失业保险待遇的条件。孙×则认为社会保险经办机构的具体行政行为侵犯了自己的合法权益,遂向该社会保险经办机构的主管机关申请社会保险行政复议。他的理由是《失业保险金申领发放办法》第 4 条第 3 款明确规定,被用人单位开除、除名和辞退的属于非因本人意愿中断就业,同时他也具备领取失业保险金的其他两个条件。因此,社会保险经办机构必须发给他失业保险金。

二、工作任务

(1)学生接受李×的委托,为李×出具法律意见书,回答李×是否可以享受国有企业改制时的失业保险待遇。

(2)学生接受孙×的委托,为孙×出具法律意见书,回答社会保险经办机构是否应该向他发放失业保险金。

任务六　社会福利争议处理

教、学、做目标

通过本任务的学习,使学生了解职工社会福利的基本知识,熟悉有关职工社会福利的基本法律,了解职工社会福利争议的基本形态,能够初步操作职工社会福利争议的解决。

案例导入

王丽是北京一家私营公司的退休职工,从 2011 年开始,张丽发现自己每年冬天领取的 600 元取暖费不见了。公司负责人向王丽解释说是因为该私营公司的经营状况不好,股东会开会取消了这项福利。张丽认为自己的合法权益受到了损害,于是诉至人民法院要求该私营公司支付自己 2011—2013 年的取暖费共计 1800 元。

工作任务

学生掌握案件事实,收集与案件相关的法律、法规;分组代理张丽和私营公司起草代理词;模拟进行法庭审理。

案例解析

一、社会福利与职工福利

社会福利是指由国家、社会组织和个人举办的能够给人们生活提供帮助、提供方便或带来利益的事业。

社会福利主要包括以下四个方面的内容:

一是由国家或社会组织举办的以全体人民为对象的社会公共福利事业，包括教育、科学、环境保护、文化艺术、体育、卫生等公益性设施、场馆以及公园等。

二是由国家、集体和个人举办，以社会特殊困难群体为主要对象的专门性社会福利事业。主要包括为无劳动能力、无生活来源、无法定抚养人或赡养人的残疾人、老年人、孤儿、弃婴等提供养护、康复、托管服务的机构。如社会福利院、养老院、儿童福利院、精神病院、SOS儿童村以及各类康复中心等。

三是国家为照顾一定地区或一定范围内的居民对部分必要生活资料的需求所采取的福利性补贴措施。如对寒冷地区给予冬季取暖补贴，对住公房的居民给予房租补贴等。这些福利性补贴措施随着生产的发展、条件的改变会有所增加、减少或取消。

四是在国家政策的指导下，以本单位职工为特定对象，由用人单位举办的福利事业、实施的福利措施。

职工福利是指由国家机关、社会团体、企业、事业等单位通过建立各种补贴制度和举办集体福利事业，解决职工个人难以解决的生活困难，方便、改善职工生活，保证职工身体健康和正常工作的一种社会福利事业。

职工福利可以分为职工集体福利和职工个人福利。

职工集体福利又可以分为集体生活福利和集体文化娱乐设施两个方面。职工集体生活福利在20世纪50年代被称为集体劳动保险事业，内容包括职工食堂、职工宿舍、疗养所、休养所、哺乳室、托儿所、幼儿园以及理发室、浴室等内容；集体文化娱乐设施包括企业主办的职工文化馆、图书馆、阅览室、俱乐部、运动器械和场所、职工业余学校等内容。

职工个人福利又称劳动者的福利待遇，内容包括冬季取暖补贴、探亲假路费补贴、上下班交通费补贴、职工生活困难补助、职工正常死亡丧葬补助费等福利性补贴和职工遗属待遇、供养亲属半费医疗待遇以及带薪假期等。职工福利费在不同的用人单位的开支渠道不同。国家机关、事业单位的职工福利费是按照职工人数和规定标准在行政和事业经费中提取。企业单位的职工福利费主要在职工福利基金中列支。

由于历史的原因，国有企业职工集体福利越来越成为无所不包的"企业办社会"的沉重负担。从各种本应由社会举办的集体生活福利设施、集体文化娱乐设施到退休人员的管理，无一不是企业自办，致使国有企业的效益长期低下，职工普遍存在事事依赖企业的心理。因此，自改革开放以来，国有企业正逐步进行主业与辅业分离的改革，将其后勤服务的单位、设施，改为自主经营、自负盈亏的独立单位，面向社会服务，以减轻国有企业的负担，使其轻装进入市场进行平等竞争，成为真正意义上的现代企业。改革之后的职工集体福利不仅依然存在，而且变得更加切合实际，与职工个人福利共同起着稳定劳动关系，增强自身吸引力、凝聚力的作用。

二、职工探亲路费补贴

目前，涉及探亲路费问题的法律、行政法规和部门规章主要有《国务院关于职工探亲待遇的规定》《财政部关于职工探亲路费的规定》《关于公派出国研究生配偶申请出国探亲假等事项的管理细则》《关于国家机关、事业单位职工探亲假工资和探亲路费计算基数问题的通知》等。

根据上述部门规章或通知的规定,凡是符合国家规定的条件可以享受探亲假的职工,其探亲往返的路费可以由所在用人单位承担,但必须凭有效票据报销。从整体上看,用人单位所承担的职工探亲路费是低标准的,甚至有的不是全额承担。因此,职工探亲路费是带有补贴性的。

探亲路费规定的内容主要包括以下六个方面:

1. 可予报销路费的标准

(1) 乘火车(包括直快、特快、高铁)的,不分职级,一律报硬席座位费。年满50周岁以上并连续乘火车48小时以上的,可以报硬席卧铺费。

(2) 乘轮船的,报四等舱位(或比统舱高一级舱位)费。

(3) 乘长途公共汽车及其他民用交通工具的,凭票据按实支报销。其他民用交通工具的范围和乘坐条件,由各省级政府自行规定。

(4) 探亲途中的市内交通费,可以按起止站的直线公共电车、汽车、轮渡费凭票据报销。但乘坐市内出租机动车辆的开支,应由职工自理,不予报销。

(5) 职工探亲不能报销飞机票。因故乘坐飞机的,可以按直线车、船票价报销,多支部分由职工自理。

2. 特殊情况费用的处理

(1) 职工探亲往返途中,限于交通条件,必须中途转车、转船并在中转地点住宿的,每中转一次,可以凭票据报销一天的普通房间床位的住宿费。如中转住宿费超过规定天数,其超过部分由职工自理。

(2) 职工探亲途中连续乘长途汽车及其他民用交通工具,夜间停驶必须住宿的,其住宿费凭票据报销。

(3) 职工探亲途中,遇到意外交通事故造成交通暂时停顿,其等待恢复期间的住宿费,要凭当地交通机关证明和住宿费单据报销。

3. 区别探亲对象予以补贴

职工探望配偶和未婚职工探望父母的往返路费,由所在单位负担;已婚职工探望父母的往返路费在本人月标准工资30%以内的,由本人自理,超过部分,由所在单位负担。

4. 不予报销费用的范围

职工探亲期间的伙食费、行李物品寄存费、托运费,以及趁便参观、游览等项开支,均由职工自理,不予报销。

5. 归侨、侨眷职工,台、港、澳同胞、眷属职工探亲路费报销原则

(1) 在国内探亲的,按《财政部关于职工探亲路费的规定》办理。

(2) 出国或去台、港、澳探亲的,其国内段(自出发地至出入境口岸)路费按上述规定办理;国外段路费原则上由职工自理,对自理路费确有困难的,本人可以提出申请,由所在单位酌情补贴。

6. 职工探亲假工资和探亲路费计算基数

机关、事业单位工资制度改革后,职工在探亲假和路程假期内,其工资按下列各项之和计发:

（1）机关实行职级工资制的人员，为本人职务工资、级别工资、基础工资与工龄工资；

（2）机关技术工人，为本人岗位工资、技术等级（职务）工资与按国家规定比例计算的奖金；

（3）机关普通工人，为本人岗位工资与按国家规定比例计算的奖金；

（4）事业单位职工，为本人职务（技术等级）工资与按国家规定比例计算的津贴（其中，体育运动员为本人体育基础津贴与成绩津贴）。

已婚职工探望父母的往返路费，以前条确定的工资额为计算基数，在30%以内的，由本人自理，超过部分由所在单位负担。

三、职工冬季取暖补贴

职工冬季取暖补贴是指国家为了保证一部分寒冷地区的职工不因冬季取暖费用支出而影响正常生活水平所设立的补贴制度。

目前，涉及职工冬季取暖补贴的部门规章或文件有《国务院关于国家机关和事业、企业单位1956年职工冬季宿舍取暖补贴问题的通知》《关于实行职工宿舍取暖补贴制度的乙类地区的县和县以下全民所有制单位实行取暖补贴制度的通知》《关于改进职工宿舍冬季取暖补贴问题的意见》等。

根据上述文件的规定，实行冬季取暖补贴制度的地区范围包括北京、天津、河北、山西、内蒙古、辽宁、吉林、黑龙江、甘肃、青海、宁夏、新疆、山东等省、市、自治区，以及陕西省秦岭以北，江苏、安徽、河南等省淮河以北，云南省中甸、德钦等县，四川省琼山、甘孜彝族自治州等地区。西藏自治区是否实行，由该自治区人民政府自行决定。

职工冬季取暖补贴标准由地方政府按职工工资的一定比例确定，可随着社会经济发展的水平进行适时调整。自1977年冬季起，国家各部、委及部分省市改进了补贴的方式，即对住在有暖气设备宿舍的职工，实行由国家免费供暖的办法，不发取暖补贴，也不收供暖费；对职工宿舍部分房间有暖气设备，部分房间没有暖气设备的，根据没有暖气设备的住房面积占住房总面积的比例计发取暖补贴。

四、职工上下班交通费补贴

职工上下班交通费补贴是指为帮助一部分上下班路远的职工减轻支付交通费用的负担而建立的补贴制度。

目前涉及这一问题的部门规章主要是《财政部、国家劳动总局关于建立职工上下班交通费补贴制度的通知》，其他都是地方性法规或文件。

根据上述文件的规定，职工上下班交通费补贴制度实行的范围包括：省、市、自治区人民政府所在地的城市和人口在50万以上的城市（不包括农业人口和市属县城关非农业人口）；个别人口不满50万的主要工矿区，如省、市、自治区认为有必要实行时，需报经财政部、国家劳动总局同意。补贴的对象为家距工作地点4华里以上，必须乘坐公共汽车、电车、地铁或骑个人自行车上下班的职工。补贴的方式为，上下班乘坐公共汽车、电车、地铁的职工，原则上由本人负担一部分，其余部分由工作单位给予补贴。这项补贴费，企业单位由企业管理费中支付，事业单位由事业经费中支付，国家机关由行政经费中支付。

五、职工生活困难补助

为了保障城镇低收入职工(包括离退休人员)家庭的基本生活,国家要求国有企业对家庭人均收入低于困难补助标准的职工给予生活困难补助。

目前,涉及这一问题的部门规章或文件主要有《中华人民共和国劳动保险条例》《中华人民共和国劳动保险条例实施细则》《国家机关、事业单位工作人员死亡后遗属生活困难补助暂行规定》《关于适当提高城镇职工生活困难补助标准的通知》《企业职工工伤保险实行办法》《工伤保险条例》,以及各地方法规或文件。

根据上述文件的规定,各地可以适当提高职工生活困难补助标准,对家庭人均生活费收入低于困难补助标准的职工给予补助。各地生活困难补助标准,参考本地区职工家计调查和职工家庭生活必需品消费支出中的人均最低生活费用水平。困难补助经费,行政事业单位在职职工的由福利费开支;离退休人员的由原渠道开支;企业单位在职职工的由职工福利基金解决,福利基金不足的由企业其他自有资金解决。各企业、事业单位和国家机关对低收入职工进行困难补助应履行的程序基本是由本人申请、听取群众的意见,最后经领导批准。

六、本案的具体处理意见

参照北京市《关于冬季职工宿舍补贴发放办法的通知》的规定,发放取暖补贴的范围是"全民所有制的企业、事业单位和国家机关、人民团体等单位的固定职工(包括学徒工)……",作为私营企业的公司不属于上述规定中发放取暖补贴的范围,有权自主决定是否向职工发放冬季取暖补贴,因此本案中该私营公司的股东会取消发放取暖补贴的决定对王丽具有效力。

实务训练

一、案情介绍

2014年6月16日,宋×向公司的人力资源部出具的保证书上写明:"本人将于2014年7月23日至8月5日期间,因私去意大利旅游。本人已申请上述期间的带薪休假并已获得部门领导的批准。请人力资源部协助办理签注所需的工作和收入证明。"后该公司的人力资源部为宋×开具了在职证明。2014年7月21日,宋×向上司江×提出探亲休假并获得批准,探亲休假的时间为2014年7月28日至8月4日。2014年7月28日,宋×从上海离境赴意大利,于8月4日从意大利返还上海。2014年9月29日,公司向宋×发出解除劳动合同通知函,载明:"经查实,你在任职期间内,有利用工作时间从事私人事务、违反诚实和职业道德、损害公司利益等行为,违反了《员工手册》第77条、第88条的规定,现公司决定按《员工手册》第92条的规定,立即与你解除劳动合同。"宋×对此不服,后双方涉诉。

二、工作任务

教师将学生分为两组,分别作为宋×和公司的代理人起草代理词。由教师组织学生模拟进行法庭审理,起草判决书。

项目十　劳动监督争议处理

教、学、做目标

通过本项目的学习,使学生掌握劳动监督法律制度,进行劳动监督有关争议的处理训练,培养处理劳动监督争议的职业能力。

案例导入

郑州的A公司是一家电缆生产企业。A公司有一条不成文的规定,那就是如果员工与该公司签订劳动合同的话就必须缴纳劳动合同保证金：高层管理者缴纳5000元；中层管理者缴纳3000元；一般员工缴纳1000元。因为徐×应聘的是高层管理者,所以缴纳了5000元保证金。由于A公司拖欠徐×和其他员工的工资,经多次讨要未果,无奈之下徐×只好和另外3名员工李×、崔×和焦×就A公司的这种做法向郑州市人力资源和社会保障局进行了举报。

郑州市人力资源和社会保障局根据职工的举报立案调查后作出了处理决定,并且在作出决定之前听取了A公司的陈述、申辩,处理决定认定A公司拖欠徐×5个月的工资共计10万元,分别拖欠职工李×、崔×和焦×4个月的工资共计3万元的事实,认定A公司收取徐×等人劳动合同保证金的行为属于违法行为,责令A公司将拖欠职工的工资和收取的劳动合同保证金共计13.8万元缴纳至郑州市人力资源和社会保障局监察科。

A公司的领导对此行政处理决定不服,认为企业和职工之间是民事债权债务关系,郑州市人力资源和社会保障局对此无权处理,于是欲通过法律途径讨一说法。

工作任务

教师请学生以A公司人力资源管理人员的身份,收集有关劳动监督以及与本案其他方面相关的法律、法规,分析郑州市人力资源和社会保障局的行政处理是否合法、合理,就是否继续通过其他的法律途径讨一说法向领导提出法律意见。

案例解析

一、劳动监督概述

劳动监督又称劳动法监督,是指依法享有劳动监督权的单位和个人对用人单位执行《劳动法》的情况进行检查、督促、处罚等活动和制度的统称。

劳动监督的主体是依法享有劳动监督权的劳动保障行政部门、特别劳动监督监察机构、其他有关国家机关、工会以及其他任何组织和个人。

劳动监督的对象为用人单位，包括各类企业、个体经济组织、国家机关、事业组织和社会团体。

劳动监督的内容包括《劳动法》全部内容的执行情况。

劳动保障行政部门、特别劳动监督监察机构和工会的监督是专门的强制性监督，其他有关国家机关、其他组织和个人的监督是一般的强制性监督。

特别劳动监督监察机构是对矿山、特种设备等特殊行业或领域实施劳动监督监察的机构。特别劳动监督监察制度优先于一般劳动监督监察制度的实施。

其他有关国家机关，即县级以上人民政府有关部门的监督有以下两类：

一是用人单位主管部门监督；

二是其他专项行政执法机关监督，如工商行政管理部门、公安部门、卫生行政部门等。

有关部门监督的方式主要有以下三种：

（1）依法独立开展劳动监督活动；

（2）依法对劳动行政部门、其他行政机关或工会的建议进行调查处理；

（3）会同劳动行政部门、工会等集中开展监督检查活动。

工会对执行劳动法律、法规情况进行监督的职责主要包括以下四个方面：

（1）参加用人单位研究涉及职工劳动权益问题的各种会议，提出工会的意见和建议。

（2）对用人单位辞退、处分职工不适当的，提出意见。企业在作出开除、除名职工的决定时，应事先将理由通知工会；如果企业的决定违反劳动法律、法规和有关合同规定，工会有权要求重新处理。

（3）参加伤亡事故和其他严重危及职工健康问题的调查，有权向有关部门提出处理意见，要求追究直接负责的行政领导人和有关责任人员的责任。

（4）会同劳动保障行政部门、其他行政机关对用人单位实施劳动监督检查。

群众监督是劳动保障行政部门监督、其他有关国家机关监督、工会监督的必要补充。群众监督的方式主要有：

（1）向有关国家机关检举、控告用人单位违反劳动法律、法规的行为；

（2）直接向用人单位提出批评、建议；

（3）通过工会和职工代表大会、职工大会等反映问题和意见；

（4）通过新闻媒介反映问题、提出建议、开展批评、发挥舆论监督作用。

劳动监督是贯彻执行《劳动法》的有力保证，可以强化各种《劳动法》主体的法律意识，可以促进用人单位提高管理水平，可以快捷、有效地保护劳动者的合法权益。它是推动劳动法律制度实施的最快捷的手段。在劳动监督的过程中，如果监督主体发现用人单位存在违法行为的，可以要求用人单位及时矫正，及时对劳动者给予赔偿或补偿；在督促用人单位赔偿或补偿某位职工的损失时，亦可同时督促用人单位赔偿或补偿其他职工的损失。

二、劳动保障行政部门的劳动监督

在劳动监督中，劳动保障行政部门不仅具有监督的权力，而且具有检查和处罚的权力。

因此,劳动保障行政部门的劳动监督又可以称为劳动监督检查、劳动监督监察或劳动保障监察。

根据《劳动法》《劳动就业促进法》《劳动合同法》和《劳动保障监察条例》等相关法律的规定,县级以上人民政府劳动保障行政部门进行劳动监督的职责主要包括:

(1) 宣传劳动保障法律、法规和规章,督促用人单位贯彻执行;

(2) 检查用人单位遵守劳动保障法律、法规和规章的情况;

(3) 受理对违反劳动保障法律、法规或者规章的行为的举报、投诉;

(4) 依法纠正和查处违反劳动保障法律、法规或者规章的行为。

劳动保障行政部门监督的事项包括:

(1) 用人单位制定内部劳动保障规章制度的情况;

(2) 用人单位与劳动者订立劳动合同的情况;

(3) 用人单位遵守禁止使用童工规定的情况;

(4) 用人单位遵守女职工和未成年工特殊劳动保护规定的情况;

(5) 用人单位遵守工作时间和休息休假规定的情况;

(6) 用人单位支付劳动者工资和执行最低工资标准的情况;

(7) 用人单位参加各项社会保险和缴纳社会保险费的情况;

(8) 职业介绍机构、职业技能培训机构和职业技能考核鉴定机构遵守国家有关职业介绍、职业技能培训和职业技能考核鉴定的规定的情况;

(9) 法律、法规规定的其他劳动保障监察事项。

劳动保障行政部门履行劳动监督职责的形式为日常巡视检查、群众举报专案查处、劳动保障年检和专项检查。

对用人单位的劳动监督,由用人单位用工所在地的县级或者设区的市级劳动保障行政部门管辖。上级劳动保障行政部门根据工作需要,可以调查处理下级劳动保障行政部门管辖的案件。劳动保障行政部门对劳动监督发生争议的,报请共同的上一级劳动保障行政部门指定管辖。

劳动保障行政部门实施劳动监督,有权采取下列调查、检查措施:

(1) 进入用人单位的劳动场所进行检查;

(2) 就调查、检查事项询问有关人员;

(3) 要求用人单位提供与调查、检查事项相关的文件资料,并作出解释和说明,必要时可以发出调查询问书;

(4) 采取记录、录音、录像、照相或者复制等方式收集有关情况和资料;

(5) 委托会计师事务所对用人单位工资支付、缴纳社会保险费的情况进行审计;

(6) 法律、法规规定可以由劳动保障行政部门采取的其他调查、检查措施。

劳动保障监察员进行调查、检查,不得少于2人,并应当佩戴劳动保障监察标志、出示劳动保障监察证件。劳动保障监察员办理的劳动保障监察事项与本人或者其近亲属有直接利害关系的,应当回避。劳动保障行政部门对违反劳动保障法律、法规或者规章的行为的调查,应当自立案之日起 60 个工作日内完成;对情况复杂的,经劳动保障行政部门负责人批准,可以延长 30 个工作日。

劳动保障行政部门对违反劳动法律、法规或者规章的行为,根据调查、检查的结果,作出以下处理:

(1) 对依法应当受到行政处罚的,依法作出行政处罚决定。行政处罚的种类包括警告、没收违法所得、罚款、吊销许可证等。如《劳动保障监察条例》第 25 条规定,用人单位违反劳动保障法律、法规或者规章延长劳动者工作时间的,由劳动保障行政部门给予警告,责令限期改正,并可以按照受侵害的劳动者每人 100 元以上 500 元以下的标准计算,处以罚款。

(2) 对应当改正未改正的,依法责令改正或者作出相应的行政处理决定,如责令限期支付劳动者的工资报酬、经济补偿或赔偿金,责令限期缴纳社会保险费,责令停产整顿等。如《劳动保障监察条例》第 26 条规定,用人单位有下列行为之一的,由劳动保障行政部门分别责令限期支付劳动者的工资报酬、劳动者工资低于当地最低工资标准的差额或者解除劳动合同的经济补偿;逾期不支付的,责令用人单位按照应付金额 50% 以上 1 倍以下的标准计算,向劳动者加付赔偿金:

① 克扣或者无故拖欠劳动者工资报酬的;
② 支付劳动者的工资低于当地最低工资标准的;
③ 解除劳动合同未依法给予劳动者经济补偿的。

(3) 对情节轻微且已改正的,撤销立案。

劳动保障行政部门对违反劳动法律、法规或者规章的行为作出行政处罚或者行政处理决定前,应当听取用人单位的陈述、申辩;作出行政处罚或者行政处理决定,应当告知用人单位依法享有申请行政复议或者提起行政诉讼的权利。用人单位如对行政处罚或者行政处理决定不服,可依据《中华人民共和国行政复议法》或者《中华人民共和国行政诉讼法》的有关规定,提起行政复议或者行政诉讼程序。

违反劳动法律、法规或者规章的行为在 2 年内未被劳动保障行政部门发现,也未被举报、投诉的,劳动保障行政部门不再查处。上述规定的期限,自违反劳动法律、法规或者规章的行为发生之日起计算;违反劳动法律、法规或者规章的行为有连续或者继续状态的,自行为终了之日起计算。

三、本案的具体处理意见

A 公司的人力资源管理人员在弄清本案事实的基础上,除应收集、研究上述劳动监督法律、法规外,还应收集、研究有关劳动合同方面的法律、法规。根据《劳动合同法》的有关规定,该公司在与职工签订劳动合同时收取职工劳动合同保证金以及在劳动合同履行过程中拖欠职工工资的行为皆属于违法行为。根据劳动监督的上述有关规定,郑州市人力资源和社会保障局的行政处理行为,主体、程序和内容均合法、合理,A 公司应当接受这一处理决定。A 公司的人力资源管理人员应依据事实和法律向公司的相关领导口头提出法律意见或出具书面的法律意见书。

实务训练

一、案情介绍

2017年,A市玉成房地产公司负责开发某集镇市场,然后将该市场项目工程转包给了立德建筑公司,随后立德建筑公司又将工程进行了分包,张×带领32名民工分包了一期工程中的钢筋工。虽然玉成房地产公司按照转包协议已经将工程进度款支付给了立德建筑公司,但立德建筑公司却拖欠了张×的工程款,致使他和32名民工的工资没能得到及时足额的发放。2018年5月,张×向该市劳动保障监察部门投诉,反映玉成房地产公司和立德建筑公司拖欠了他们33名民工的10万元工资,要求两家公司立即支付。

二、工作任务

教师请学生以玉成房地产公司人力资源管理人员的身份,收集研究劳动监督法律、《中华人民共和国建筑法》和《劳动法》等相关的法律、法规,分析本案的法律关系和争议解决程序,妥善提出争议解决方案,协助公司或作为公司的代理人圆满解决此项争议。

附录一　中华人民共和国劳动法

第一章　总则

第一条　为了保护劳动者的合法权益,调整劳动关系,建立和维护适应社会主义市场经济的劳动制度,促进经济发展和社会进步,根据宪法,制定本法。

第二条　在中华人民共和国境内的企业、个体经济组织(以下统称用人单位)和与之形成劳动关系的劳动者,适用本法。

国家机关、事业组织、社会团体和与之建立劳动合同关系的劳动者,依照本法执行。

第三条　劳动者享有平等就业和选择职业的权利、取得劳动报酬的权利、休息休假的权利、获得劳动安全卫生保护的权利、接受职业技能培训的权利、享受社会保险和福利的权利、提请劳动争议处理的权利以及法律规定的其他劳动权利。

劳动者应当完成劳动任务,提高职业技能,执行劳动安全卫生规程,遵守劳动纪律和职业道德。

第四条　用人单位应当依法建立和完善规章制度,保障劳动者享有劳动权利和履行劳动义务。

第五条　国家采取各种措施,促进劳动就业,发展职业教育,制定劳动标准,调节社会收入,完善社会保险,协调劳动关系,逐步提高劳动者的生活水平。

第六条　国家提倡劳动者参加社会义务劳动,开展劳动竞赛和合理化建议活动,鼓励和保护劳动者进行科学研究、技术革新和发明创造,表彰和奖励劳动模范和先进工作者。

第七条　劳动者有权依法参加和组织工会。

工会代表和维护劳动者的合法权益,依法独立自主地开展活动。

第八条　劳动者依照法律规定,通过职工大会、职工代表大会或者其他形式,参与民主管理或者就保护劳动者合法权益与用人单位进行平等协商。

第九条　国务院劳动行政部门主管全国劳动工作。

县级以上地方人民政府劳动行政部门主管本行政区域内的劳动工作。

第二章　促进就业

第十条　国家通过促进经济和社会发展,创造就业条件,扩大就业机会。

国家鼓励企业、事业组织、社会团体在法律、行政法规规定的范围内兴办产业或者拓展经营,增加就业。

国家支持劳动者自愿组织起来就业和从事个体经营实现就业。

第十一条　地方各级人民政府应当采取措施,发展多种类型的职业介绍机构,提供就业服务。

第十二条 劳动者就业,不因民族、种族、性别、宗教信仰不同而受歧视。

第十三条 妇女享有与男子平等的就业权利。在录用职工时,除国家规定的不适合妇女的工种或者岗位外,不得以性别为由拒绝录用妇女或者提高对妇女的录用标准。

第十四条 残疾人、少数民族人员、退出现役的军人的就业,法律、法规有特别规定的,从其规定。

第十五条 禁止用人单位招用未满十六周岁的未成年人。

文艺、体育和特种工艺单位招用未满十六周岁的未成年人,必须依照国家有关规定,履行审批手续,并保障其接受义务教育的权利。

第三章 劳动合同和集体合同

第十六条 劳动合同是劳动者与用人单位确立劳动关系、明确双方权利和义务的协议。

建立劳动关系应当订立劳动合同。

第十七条 订立和变更劳动合同,应当遵循平等自愿、协商一致的原则,不得违反法律、行政法规的规定。

劳动合同依法订立即具有法律约束力,当事人必须履行劳动合同规定的义务。

第十八条 下列劳动合同无效:

(一)违反法律、行政法规的劳动合同;

(二)采取欺诈、威胁等手段订立的劳动合同。

无效的劳动合同,从订立的时候起,就没有法律约束力。确认劳动合同部分无效的,如果不影响其余部分的效力,其余部分仍然有效。

劳动合同的无效,由劳动争议仲裁委员会或者人民法院确认。

第十九条 劳动合同应当以书面形式订立,并具备以下条款:

(一)劳动合同期限;

(二)工作内容;

(三)劳动保护和劳动条件;

(四)劳动报酬;

(五)劳动纪律;

(六)劳动合同终止的条件;

(七)违反劳动合同的责任。

劳动合同除前款规定的必备条款外,当事人可以协商约定其他内容。

第二十条 劳动合同的期限分为有固定期限、无固定期限和以完成一定的工作为期限。

劳动者在同一用人单位连续工作满十年以上,当事人双方同意续延劳动合同的,如果劳动者提出订立无固定期限的劳动合同,应当订立无固定期限的劳动合同。

第二十一条 劳动合同可以约定试用期。试用期最长不得超过六个月。

第二十二条 劳动合同当事人可以在劳动合同中约定保守用人单位商业秘密的有关事项。

第二十三条 劳动合同期满或者当事人约定的劳动合同终止条件出现,劳动合同即行终止。

第二十四条　经劳动合同当事人协商一致,劳动合同可以解除。

第二十五条　劳动者有下列情形之一的,用人单位可以解除劳动合同:

(一)在试用期间被证明不符合录用条件的;

(二)严重违反劳动纪律或者用人单位规章制度的;

(三)严重失职,营私舞弊,对用人单位利益造成重大损害的;

(四)被依法追究刑事责任的。

第二十六条　有下列情形之一的,用人单位可以解除劳动合同,但是应当提前三十日以书面形式通知劳动者本人:

(一)劳动者患病或者非因工负伤,医疗期满后,不能从事原工作也不能从事由用人单位另行安排的工作的;

(二)劳动者不能胜任工作,经过培训或者调整工作岗位,仍不能胜任工作的;

(三)劳动合同订立时所依据的客观情况发生重大变化,致使原劳动合同无法履行,经当事人协商不能就变更劳动合同达成协议的。

第二十七条　用人单位濒临破产进行法定整顿期间或者生产经营状况发生严重困难,确需裁减人员的,应当提前三十日向工会或者全体职工说明情况,听取工会或者职工的意见,经向劳动行政部门报告后,可以裁减人员。

用人单位依据本条规定裁减人员,在六个月内录用人员的,应当优先录用被裁减的人员。

第二十八条　用人单位依据本法第二十四条、第二十六条、第二十七条的规定解除劳动合同的,应当依照国家有关规定给予经济补偿。

第二十九条　劳动者有下列情形之一的,用人单位不得依据本法第二十六条、第二十七条的规定解除劳动合同:

(一)患职业病或者因工负伤并被确认丧失或者部分丧失劳动能力的;

(二)患病或者负伤,在规定的医疗期内的;

(三)女职工在孕期、产期、哺乳期内的;

(四)法律、行政法规规定的其他情形。

第三十条　用人单位解除劳动合同,工会认为不适当的,有权提出意见。如果用人单位违反法律、法规或者劳动合同,工会有权要求重新处理;劳动者申请仲裁或者提起诉讼的,工会应当依法给予支持和帮助。

第三十一条　劳动者解除劳动合同,应当提前三十日以书面形式通知用人单位。

第三十二条　有下列情形之一的,劳动者可以随时通知用人单位解除劳动合同:

(一)在试用期内的;

(二)用人单位以暴力、威胁或者非法限制人身自由的手段强迫劳动的;

(三)用人单位未按照劳动合同约定支付劳动报酬或者提供劳动条件的。

第三十三条　企业职工一方与企业可以就劳动报酬、工作时间、休息休假、劳动安全卫生、保险福利等事项,签订集体合同。集体合同草案应当提交职工代表大会或者全体职工讨论通过。

集体合同由工会代表职工与企业签订;没有建立工会的企业,由职工推举的代表与企业签订。

第三十四条　集体合同签订后应当报送劳动行政部门；劳动行政部门自收到集体合同文本之日起十五日内未提出异议的，集体合同即行生效。

第三十五条　依法签订的集体合同对企业和企业全体职工具有约束力。职工个人与企业订立的劳动合同中劳动条件和劳动报酬等标准不得低于集体合同的规定。

第四章　工作时间和休息休假

第三十六条　国家实行劳动者每日工作时间不超过八小时、平均每周工作时间不超过四十四小时的工时制度。

第三十七条　对实行计件工作的劳动者，用人单位应当根据本法第三十六条规定的工时制度合理确定其劳动定额和计件报酬标准。

第三十八条　用人单位应当保证劳动者每周至少休息一日。

第三十九条　企业因生产特点不能实行本法第三十六条、第三十八条规定的，经劳动行政部门批准，可以实行其他工作和休息办法。

第四十条　用人单位在下列节日期间应当依法安排劳动者休假：

（一）元旦；

（二）春节；

（三）国际劳动节；

（四）国庆节；

（五）法律、法规规定的其他休假节日。

第四十一条　用人单位由于生产经营需要，经与工会和劳动者协商后可以延长工作时间，一般每日不得超过一小时；因特殊原因需要延长工作时间的，在保障劳动者身体健康的条件下延长工作时间每日不得超过三小时，但是每月不得超过三十六小时。

第四十二条　有下列情形之一的，延长工作时间不受本法第四十一条的限制：

（一）发生自然灾害、事故或者因其他原因，威胁劳动者生命健康和财产安全，需要紧急处理的；

（二）生产设备、交通运输线路、公共设施发生故障，影响生产和公众利益，必须及时抢修的；

（三）法律、行政法规规定的其他情形。

第四十三条　用人单位不得违反本法规定延长劳动者的工作时间。

第四十四条　有下列情形之一的，用人单位应当按照下列标准支付高于劳动者正常工作时间工资的工资报酬：

（一）安排劳动者延长工作时间的，支付不低于工资的百分之一百五十的工资报酬；

（二）休息日安排劳动者工作又不能安排补休的，支付不低于工资的百分之二百的工资报酬；

（三）法定休假日安排劳动者工作的，支付不低于工资的百分之三百的工资报酬。

第四十五条　国家实行带薪年休假制度。

劳动者连续工作一年以上的，享受带薪年休假。具体办法由国务院规定。

第五章 工资

第四十六条 工资分配应当遵循按劳分配原则,实行同工同酬。

工资水平在经济发展的基础上逐步提高。国家对工资总量实行宏观调控。

第四十七条 用人单位根据本单位的生产经营特点和经济效益,依法自主确定本单位的工资分配方式和工资水平。

第四十八条 国家实行最低工资保障制度。最低工资的具体标准由省、自治区、直辖市人民政府规定,报国务院备案。

用人单位支付劳动者的工资不得低于当地最低工资标准。

第四十九条 确定和调整最低工资标准应当综合参考下列因素:

(一)劳动者本人及平均赡养人口的最低生活费用;

(二)社会平均工资水平;

(三)劳动生产率;

(四)就业状况;

(五)地区之间经济发展水平的差异。

第五十条 工资应当以货币形式按月支付给劳动者本人。不得克扣或者无故拖欠劳动者的工资。

第五十一条 劳动者在法定休假日和婚丧假期间以及依法参加社会活动期间,用人单位应当依法支付工资。

第六章 劳动安全卫生

第五十二条 用人单位必须建立、健全劳动安全卫生制度,严格执行国家劳动安全卫生规程和标准,对劳动者进行劳动安全卫生教育,防止劳动过程中的事故,减少职业危害。

第五十三条 劳动安全卫生设施必须符合国家规定的标准。

新建、改建、扩建工程的劳动安全卫生设施必须与主体工程同时设计、同时施工、同时投入生产和使用。

第五十四条 用人单位必须为劳动者提供符合国家规定的劳动安全卫生条件和必要的劳动防护用品,对从事有职业危害作业的劳动者应当定期进行健康检查。

第五十五条 从事特种作业的劳动者必须经过专门培训并取得特种作业资格。

第五十六条 劳动者在劳动过程中必须严格遵守安全操作规程。

劳动者对用人单位管理人员违章指挥、强令冒险作业,有权拒绝执行;对危害生命安全和身体健康的行为,有权提出批评、检举和控告。

第五十七条 国家建立伤亡事故和职业病统计报告和处理制度。县级以上各级人民政府劳动行政部门、有关部门和用人单位应当依法对劳动者在劳动过程中发生的伤亡事故和劳动者的职业病状况,进行统计、报告和处理。

第七章 女职工和未成年工特殊保护

第五十八条 国家对女职工和未成年工实行特殊劳动保护。

未成年工是指年满十六周岁未满十八周岁的劳动者。

第五十九条 禁止安排女职工从事矿山井下、国家规定的第四级体力劳动强度的劳动和其他禁忌从事的劳动。

第六十条 不得安排女职工在经期从事高处、低温、冷水作业和国家规定的第三级体力劳动强度的劳动。

第六十一条 不得安排女职工在怀孕期间从事国家规定的第三级体力劳动强度的劳动和孕期禁忌从事的劳动。对怀孕七个月以上的女职工,不得安排其延长工作时间和夜班劳动。

第六十二条 女职工生育享受不少于九十天的产假。

第六十三条 不得安排女职工在哺乳未满一周岁的婴儿期间从事国家规定的第三级体力劳动强度的劳动和哺乳期禁忌从事的其他劳动,不得安排其延长工作时间和夜班劳动。

第六十四条 不得安排未成年工从事矿山井下、有毒有害、国家规定的第四级体力劳动强度的劳动和其他禁忌从事的劳动。

第六十五条 用人单位应当对未成年工定期进行健康检查。

第八章 职业培训

第六十六条 国家通过各种途径,采取各种措施,发展职业培训事业,开发劳动者的职业技能,提高劳动者素质,增强劳动者的就业能力和工作能力。

第六十七条 各级人民政府应当把发展职业培训纳入社会经济发展的规划,鼓励和支持有条件的企业、事业组织、社会团体和个人进行各种形式的职业培训。

第六十八条 用人单位应当建立职业培训制度,按照国家规定提取和使用职业培训经费,根据本单位实际,有计划地对劳动者进行职业培训。

从事技术工种的劳动者,上岗前必须经过培训。

第六十九条 国家确定职业分类,对规定的职业制定职业技能标准,实行职业资格证书制度,由经过政府批准的考核鉴定机构负责对劳动者实施职业技能考核鉴定。

第九章 社会保险和福利

第七十条 国家发展社会保险事业,建立社会保险制度,设立社会保险基金,使劳动者在年老、患病、工伤、失业、生育等情况下获得帮助和补偿。

第七十一条 社会保险水平应当与社会经济发展水平和社会承受能力相适应。

第七十二条 社会保险基金按照保险类型确定资金来源,逐步实行社会统筹。用人单位和劳动者必须依法参加社会保险,缴纳社会保险费。

第七十三条 劳动者在下列情形下,依法享受社会保险待遇:

(一)退休;

(二)患病、负伤;

(三)因工伤残或者患职业病;

(四)失业;

(五)生育。

劳动者死亡后,其遗属依法享受遗属津贴。

劳动者享受社会保险待遇的条件和标准由法律、法规规定。

劳动者享受的社会保险金必须按时足额支付。

第七十四条 社会保险基金经办机构依照法律规定收支、管理和运营社会保险基金,并负有使社会保险基金保值增值的责任。

社会保险基金监督机构依照法律规定,对社会保险基金的收支、管理和运营实施监督。

社会保险基金经办机构和社会保险基金监督机构的设立和职能由法律规定。

任何组织和个人不得挪用社会保险基金。

第七十五条 国家鼓励用人单位根据本单位实际情况为劳动者建立补充保险。

国家提倡劳动者个人进行储蓄性保险。

第七十六条 国家发展社会福利事业,兴建公共福利设施,为劳动者休息、休养和疗养提供条件。

用人单位应当创造条件,改善集体福利,提高劳动者的福利待遇。

第十章 劳动争议

第七十七条 用人单位与劳动者发生劳动争议,当事人可以依法申请调解、仲裁、提起诉讼,也可以协商解决。

调解原则适用于仲裁和诉讼程序。

第七十八条 解决劳动争议,应当根据合法、公正、及时处理的原则,依法维护劳动争议当事人的合法权益。

第七十九条 劳动争议发生后,当事人可以向本单位劳动争议调解委员会申请调解;调解不成,当事人一方要求仲裁的,可以向劳动争议仲裁委员会申请仲裁。当事人一方也可以直接向劳动争议仲裁委员会申请仲裁。对仲裁裁决不服的,可以向人民法院提起诉讼。

第八十条 在用人单位内,可以设立劳动争议调解委员会。劳动争议调解委员会由职工代表、用人单位代表和工会代表组成。劳动争议调解委员会主任由工会代表担任。

劳动争议经调解达成协议的,当事人应当履行。

第八十一条 劳动争议仲裁委员会由劳动行政部门代表、同级工会代表、用人单位方面的代表组成。劳动争议仲裁委员会主任由劳动行政部门代表担任。

第八十二条 提出仲裁要求的一方应当自劳动争议发生之日起六十日内向劳动争议仲裁委员会提出书面申请。仲裁裁决一般应在收到仲裁申请的六十日内作出。对仲裁裁决无异议的,当事人必须履行。

第八十三条 劳动争议当事人对仲裁裁决不服的,可以自收到仲裁裁决书之日起十五日内向人民法院提起诉讼。一方当事人在法定期限内不起诉又不履行仲裁裁决的,另一方当事人可以申请人民法院强制执行。

第八十四条 因签订集体合同发生争议,当事人协商解决不成的,当地人民政府劳动行政部门可以组织有关各方协调处理。

因履行集体合同发生争议,当事人协商解决不成的,可以向劳动争议仲裁委员会申请仲裁;对仲裁裁决不服的,可以自收到仲裁裁决书之日起十五日内向人民法院提起诉讼。

第十一章 监督检查

第八十五条 县级以上各级人民政府劳动行政部门依法对用人单位遵守劳动法律、法规的情况进行监督检查,对违反劳动法律、法规的行为有权制止,并责令改正。

第八十六条 县级以上各级人民政府劳动行政部门监督检查人员执行公务,有权进入用人单位了解执行劳动法律、法规的情况,查阅必要的资料,并对劳动场所进行检查。

县级以上各级人民政府劳动行政部门监督检查人员执行公务,必须出示证件,秉公执法并遵守有关规定。

第八十七条 县级以上各级人民政府有关部门在各自职责范围内,对用人单位遵守劳动法律、法规的情况进行监督。

第八十八条 各级工会依法维护劳动者的合法权益,对用人单位遵守劳动法律、法规的情况进行监督。

任何组织和个人对于违反劳动法律、法规的行为有权检举和控告。

第十二章 法律责任

第八十九条 用人单位制定的劳动规章制度违反法律、法规规定的,由劳动行政部门给予警告,责令改正;对劳动者造成损害的,应当承担赔偿责任。

第九十条 用人单位违反本法规定,延长劳动者工作时间的,由劳动行政部门给予警告,责令改正,并可以处以罚款。

第九十一条 用人单位有下列侵害劳动者合法权益情形之一的,由劳动行政部门责令支付劳动者的工资报酬、经济补偿,并可以责令支付赔偿金:

(一)克扣或者无故拖欠劳动者工资的;
(二)拒不支付劳动者延长工作时间工资报酬的;
(三)低于当地最低工资标准支付劳动者工资的;
(四)解除劳动合同后,未依照本法规定给予劳动者经济补偿的。

第九十二条 用人单位的劳动安全设施和劳动卫生条件不符合国家规定或者未向劳动者提供必要的劳动防护用品和劳动保护设施的,由劳动行政部门或者有关部门责令改正,可以处以罚款;情节严重的,提请县级以上人民政府决定责令停产整顿;对事故隐患不采取措施,致使发生重大事故,造成劳动者生命和财产损失的,对责任人员比照刑法第一百八十七条的规定追究刑事责任。

第九十三条 用人单位强令劳动者违章冒险作业,发生重大伤亡事故,造成严重后果的,对责任人员依法追究刑事责任。

第九十四条 用人单位非法招用未满十六周岁的未成年人的,由劳动行政部门责令改正,处以罚款;情节严重的,由工商行政管理部门吊销营业执照。

第九十五条 用人单位违反本法对女职工和未成年工的保护规定,侵害其合法权益的,由劳动行政部门责令改正,处以罚款;对女职工或者未成年工造成损害的,应当承担赔偿责任。

第九十六条 用人单位有下列行为之一,由公安机关对责任人员处以十五日以下拘留、罚款或者警告；构成犯罪的，对责任人员依法追究刑事责任：

（一）以暴力、威胁或者非法限制人身自由的手段强迫劳动的；

（二）侮辱、体罚、殴打、非法搜查和拘禁劳动者的。

第九十七条 由于用人单位的原因订立的无效合同，对劳动者造成损害的，应当承担赔偿责任。

第九十八条 用人单位违反本法规定的条件解除劳动合同或者故意拖延不订立劳动合同的，由劳动行政部门责令改正；对劳动者造成损害的，应当承担赔偿责任。

第九十九条 用人单位招用尚未解除劳动合同的劳动者，对原用人单位造成经济损失的，该用人单位应当依法承担连带赔偿责任。

第一百条 用人单位无故不缴纳社会保险费的，由劳动行政部门责令其限期缴纳，逾期不缴的，可以加收滞纳金。

第一百零一条 用人单位无理阻挠劳动行政部门、有关部门及其工作人员行使监督检查权，打击报复举报人员的，由劳动行政部门或者有关部门处以罚款；构成犯罪的，对责任人员依法追究刑事责任。

第一百零二条 劳动者违反本法规定的条件解除劳动合同或者违反劳动合同中约定的保密事项，对用人单位造成经济损失的，应当依法承担赔偿责任。

第一百零三条 劳动行政部门或者有关部门的工作人员滥用职权、玩忽职守、徇私舞弊，构成犯罪的，依法追究刑事责任；不构成犯罪的，给予行政处分。

第一百零四条 国家工作人员和社会保险基金经办机构的工作人员挪用社会保险基金，构成犯罪的，依法追究刑事责任。

第一百零五条 违反本法规定侵害劳动者合法权益，其他法律、法规已规定处罚的，依照该法律、行政法规的规定处罚。

第十三章 附则

第一百零六条 省、自治区、直辖市人民政府根据本法和本地区的实际情况，规定劳动合同制度的实施步骤，报国务院备案。

第一百零七条 本法自1995年1月1日起施行。

附录二 中华人民共和国劳动合同法

第一章 总则

第一条 为了完善劳动合同制度,明确劳动合同双方当事人的权利和义务,保护劳动者的合法权益,构建和发展和谐稳定的劳动关系,制定本法。

第二条 中华人民共和国境内的企业、个体经济组织、民办非企业单位等组织(以下称用人单位)与劳动者建立劳动关系,订立、履行、变更、解除或者终止劳动合同,适用本法。

国家机关、事业单位、社会团体和与其建立劳动关系的劳动者,订立、履行、变更、解除或者终止劳动合同,依照本法执行。

第三条 订立劳动合同,应当遵循合法、公平、平等自愿、协商一致、诚实信用的原则。

依法订立的劳动合同具有约束力,用人单位与劳动者应当履行劳动合同约定的义务。

第四条 用人单位应当依法建立和完善劳动规章制度,保障劳动者享有劳动权利、履行劳动义务。

用人单位在制定、修改或者决定有关劳动报酬、工作时间、休息休假、劳动安全卫生、保险福利、职工培训、劳动纪律以及劳动定额管理等直接涉及劳动者切身利益的规章制度或者重大事项时,应当经职工代表大会或者全体职工讨论,提出方案和意见,与工会或者职工代表平等协商确定。

在规章制度和重大事项决定实施过程中,工会或者职工认为不适当的,有权向用人单位提出,通过协商予以修改完善。

用人单位应当将直接涉及劳动者切身利益的规章制度和重大事项决定公示,或者告知劳动者。

第五条 县级以上人民政府劳动行政部门会同工会和企业方面代表,建立健全协调劳动关系三方机制,共同研究解决有关劳动关系的重大问题。

第六条 工会应当帮助、指导劳动者与用人单位依法订立和履行劳动合同,并与用人单位建立集体协商机制,维护劳动者的合法权益。

第二章 劳动合同的订立

第七条 用人单位自用工之日起即与劳动者建立劳动关系。用人单位应当建立职工名册备查。

第八条 用人单位招用劳动者时,应当如实告知劳动者工作内容、工作条件、工作地点、职业危害、安全生产状况、劳动报酬,以及劳动者要求了解的其他情况;用人单位有权了解劳动者与劳动合同直接相关的基本情况,劳动者应当如实说明。

第九条 用人单位招用劳动者,不得扣押劳动者的居民身份证和其他证件,不得要求劳动者提供担保或者以其他名义向劳动者收取财物。

第十条 建立劳动关系,应当订立书面劳动合同。

已建立劳动关系,未同时订立书面劳动合同的,应当自用工之日起一个月内订立书面劳动合同。

用人单位与劳动者在用工前订立劳动合同的,劳动关系自用工之日起建立。

第十一条 用人单位未在用工的同时订立书面劳动合同,与劳动者约定的劳动报酬不明确的,新招用的劳动者的劳动报酬按照集体合同规定的标准执行;没有集体合同或者集体合同未规定的,实行同工同酬。

第十二条 劳动合同分为固定期限劳动合同、无固定期限劳动合同和以完成一定工作任务为期限的劳动合同。

第十三条 固定期限劳动合同,是指用人单位与劳动者约定合同终止时间的劳动合同。

用人单位与劳动者协商一致,可以订立固定期限劳动合同。

第十四条 无固定期限劳动合同,是指用人单位与劳动者约定无确定终止时间的劳动合同。

用人单位与劳动者协商一致,可以订立无固定期限劳动合同。有下列情形之一,劳动者提出或者同意续订、订立劳动合同的,除劳动者提出订立固定期限劳动合同外,应当订立无固定期限劳动合同:

(一)劳动者在该用人单位连续工作满十年的;

(二)用人单位初次实行劳动合同制度或者国有企业改制重新订立劳动合同时,劳动者在该用人单位连续工作满十年且距法定退休年龄不足十年的;

(三)连续订立二次固定期限劳动合同,且劳动者没有本法第三十九条和第四十条第一项、第二项规定的情形,续订劳动合同的。

用人单位自用工之日起满一年不与劳动者订立书面劳动合同的,视为用人单位与劳动者已订立无固定期限劳动合同。

第十五条 以完成一定工作任务为期限的劳动合同,是指用人单位与劳动者约定以某项工作的完成为合同期限的劳动合同。

用人单位与劳动者协商一致,可以订立以完成一定工作任务为期限的劳动合同。

第十六条 劳动合同由用人单位与劳动者协商一致,并经用人单位与劳动者在劳动合同文本上签字或者盖章生效。

劳动合同文本由用人单位和劳动者各执一份。

第十七条 劳动合同应当具备以下条款:

(一)用人单位的名称、住所和法定代表人或者主要负责人;

(二)劳动者的姓名、住址和居民身份证或者其他有效身份证件号码;

(三)劳动合同期限;

(四)工作内容和工作地点;

(五)工作时间和休息休假;

(六)劳动报酬;

(七)社会保险;

（八）劳动保护、劳动条件和职业危害防护；

（九）法律、法规规定应当纳入劳动合同的其他事项。

劳动合同除前款规定的必备条款外，用人单位与劳动者可以约定试用期、培训、保守秘密、补充保险和福利待遇等其他事项。

第十八条 劳动合同对劳动报酬和劳动条件等标准约定不明确，引发争议的，用人单位与劳动者可以重新协商；协商不成的，适用集体合同规定；没有集体合同或者集体合同未规定劳动报酬的，实行同工同酬；没有集体合同或者集体合同未规定劳动条件等标准的，适用国家有关规定。

第十九条 劳动合同期限三个月以上不满一年的，试用期不得超过一个月；劳动合同期限一年以上不满三年的，试用期不得超过二个月；三年以上固定期限和无固定期限的劳动合同，试用期不得超过六个月。

同一用人单位与同一劳动者只能约定一次试用期。

以完成一定工作任务为期限的劳动合同或者劳动合同期限不满三个月的，不得约定试用期。

试用期包含在劳动合同期限内。劳动合同仅约定试用期的，试用期不成立，该期限为劳动合同期限。

第二十条 劳动者在试用期的工资不得低于本单位相同岗位最低档工资或者劳动合同约定工资的百分之八十，并不得低于用人单位所在地的最低工资标准。

第二十一条 在试用期中，除劳动者有本法第三十九条和第四十条第一项、第二项规定的情形外，用人单位不得解除劳动合同。用人单位在试用期解除劳动合同的，应当向劳动者说明理由。

第二十二条 用人单位为劳动者提供专项培训费用，对其进行专业技术培训的，可以与该劳动者订立协议，约定服务期。

劳动者违反服务期约定的，应当按照约定向用人单位支付违约金。违约金的数额不得超过用人单位提供的培训费用。用人单位要求劳动者支付的违约金不得超过服务期尚未履行部分所应分摊的培训费用。

用人单位与劳动者约定服务期的，不影响按照正常的工资调整机制提高劳动者在服务期期间的劳动报酬。

第二十三条 用人单位与劳动者可以在劳动合同中约定保守用人单位的商业秘密和与知识产权相关的保密事项。

对负有保密义务的劳动者，用人单位可以在劳动合同或者保密协议中与劳动者约定竞业限制条款，并约定在解除或者终止劳动合同后，在竞业限制期限内按月给予劳动者经济补偿。劳动者违反竞业限制约定的，应当按照约定向用人单位支付违约金。

第二十四条 竞业限制的人员限于用人单位的高级管理人员、高级技术人员和其他负有保密义务的人员。竞业限制的范围、地域、期限由用人单位与劳动者约定，竞业限制的约定不得违反法律、法规的规定。

在解除或者终止劳动合同后，前款规定的人员到与本单位生产或者经营同类产品、从事同类业务的有竞争关系的其他用人单位，或者自己开业生产或者经营同类产品、从事同类业务的竞业限制期限,不得超过二年。

第二十五条 除本法第二十二条和第二十三条规定的情形外,用人单位不得与劳动者约定由劳动者承担违约金。

第二十六条 下列劳动合同无效或者部分无效:

(一) 以欺诈、胁迫的手段或者乘人之危,使对方在违背真实意思的情况下订立或者变更劳动合同的;

(二) 用人单位免除自己的法定责任、排除劳动者权利的;

(三) 违反法律、行政法规强制性规定的。

对劳动合同的无效或者部分无效有争议的,由劳动争议仲裁机构或者人民法院确认。

第二十七条 劳动合同部分无效,不影响其他部分效力的,其他部分仍然有效。

第二十八条 劳动合同被确认无效,劳动者已付出劳动的,用人单位应当向劳动者支付劳动报酬。劳动报酬的数额,参照本单位相同或者相近岗位劳动者的劳动报酬确定。

第三章　劳动合同的履行和变更

第二十九条 用人单位与劳动者应当按照劳动合同的约定,全面履行各自的义务。

第三十条 用人单位应当按照劳动合同约定和国家规定,向劳动者及时足额支付劳动报酬。

用人单位拖欠或者未足额支付劳动报酬的,劳动者可以依法向当地人民法院申请支付令,人民法院应当依法发出支付令。

第三十一条 用人单位应当严格执行劳动定额标准,不得强迫或者变相强迫劳动者加班。用人单位安排加班的,应当按照国家有关规定向劳动者支付加班费。

第三十二条 劳动者拒绝用人单位管理人员违章指挥、强令冒险作业的,不视为违反劳动合同。

劳动者对危害生命安全和身体健康的劳动条件,有权对用人单位提出批评、检举和控告。

第三十三条 用人单位变更名称、法定代表人、主要负责人或者投资人等事项,不影响劳动合同的履行。

第三十四条 用人单位发生合并或者分立等情况,原劳动合同继续有效,劳动合同由承继其权利和义务的用人单位继续履行。

第三十五条 用人单位与劳动者协商一致,可以变更劳动合同约定的内容。变更劳动合同,应当采用书面形式。

变更后的劳动合同文本由用人单位和劳动者各执一份。

第四章　劳动合同的解除和终止

第三十六条 用人单位与劳动者协商一致,可以解除劳动合同。

第三十七条 劳动者提前三十日以书面形式通知用人单位,可以解除劳动合同。劳动者在试用期内提前三日通知用人单位,可以解除劳动合同。

第三十八条 用人单位有下列情形之一的,劳动者可以解除劳动合同:

（一）未按照劳动合同约定提供劳动保护或者劳动条件的；

（二）未及时足额支付劳动报酬的；

（三）未依法为劳动者缴纳社会保险费的；

（四）用人单位的规章制度违反法律、法规的规定，损害劳动者权益的；

（五）因本法第二十六条第一款规定的情形致使劳动合同无效的；

（六）法律、行政法规规定劳动者可以解除劳动合同的其他情形。

用人单位以暴力、威胁或者非法限制人身自由的手段强迫劳动者劳动的，或者用人单位违章指挥、强令冒险作业危及劳动者人身安全的，劳动者可以立即解除劳动合同，不需事先告知用人单位。

第三十九条 劳动者有下列情形之一的，用人单位可以解除劳动合同：

（一）在试用期间被证明不符合录用条件的；

（二）严重违反用人单位的规章制度的；

（三）严重失职，营私舞弊，给用人单位造成重大损害的；

（四）劳动者同时与其他用人单位建立劳动关系，对完成本单位的工作任务造成严重影响，或者经用人单位提出，拒不改正的；

（五）因本法第二十六条第一款第一项规定的情形致使劳动合同无效的；

（六）被依法追究刑事责任的。

第四十条 有下列情形之一的，用人单位提前三十日以书面形式通知劳动者本人或者额外支付劳动者一个月工资后，可以解除劳动合同：

（一）劳动者患病或者非因工负伤，在规定的医疗期满后不能从事原工作，也不能从事由用人单位另行安排的工作的；

（二）劳动者不能胜任工作，经过培训或者调整工作岗位，仍不能胜任工作的；

（三）劳动合同订立时所依据的客观情况发生重大变化，致使劳动合同无法履行，经用人单位与劳动者协商，未能就变更劳动合同内容达成协议的。

第四十一条 有下列情形之一，需要裁减人员二十人以上或者裁减不足二十人但占企业职工总数百分之十以上的，用人单位提前三十日向工会或者全体职工说明情况，听取工会或者职工的意见后，裁减人员方案经向劳动行政部门报告，可以裁减人员：

（一）依照企业破产法规定进行重整的；

（二）生产经营发生严重困难的；

（三）企业转产、重大技术革新或者经营方式调整，经变更劳动合同后，仍需裁减人员的；

（四）其他因劳动合同订立时所依据的客观经济情况发生重大变化，致使劳动合同无法履行的。

裁减人员时，应当优先留用下列人员：

（一）与本单位订立较长期限的固定期限劳动合同的；

（二）与本单位订立无固定期限劳动合同的；

（三）家庭无其他就业人员，有需要扶养的老人或者未成年人的。

用人单位依照本条第一款规定裁减人员，在六个月内重新招用人员的，应当通知被裁减的人员,并在同等条件下优先招用被裁减的人员。

第四十二条 劳动者有下列情形之一的,用人单位不得依照本法第四十条、第四十一条的规定解除劳动合同:

(一)从事接触职业病危害作业的劳动者未进行离岗前职业健康检查,或者疑似职业病病人在诊断或者医学观察期间的;

(二)在本单位患职业病或者因工负伤并被确认丧失或者部分丧失劳动能力的;

(三)患病或者非因工负伤,在规定的医疗期内的;

(四)女职工在孕期、产期、哺乳期的;

(五)在本单位连续工作满十五年,且距法定退休年龄不足五年的;

(六)法律、行政法规规定的其他情形。

第四十三条 用人单位单方解除劳动合同,应当事先将理由通知工会。用人单位违反法律、行政法规规定或者劳动合同约定的,工会有权要求用人单位纠正。用人单位应当研究工会的意见,并将处理结果书面通知工会。

第四十四条 有下列情形之一的,劳动合同终止:

(一)劳动合同期满的;

(二)劳动者开始依法享受基本养老保险待遇的;

(三)劳动者死亡,或者被人民法院宣告死亡或者宣告失踪的;

(四)用人单位被依法宣告破产的;

(五)用人单位被吊销营业执照、责令关闭、撤销或者用人单位决定提前解散的;

(六)法律、行政法规规定的其他情形。

第四十五条 劳动合同期满,有本法第四十二条规定情形之一的,劳动合同应当续延至相应的情形消失时终止。但是,本法第四十二条第二项规定丧失或者部分丧失劳动能力劳动者的劳动合同的终止,按照国家有关工伤保险的规定执行。

第四十六条 有下列情形之一的,用人单位应当向劳动者支付经济补偿:

(一)劳动者依照本法第三十八条规定解除劳动合同的;

(二)用人单位依照本法第三十六条规定向劳动者提出解除劳动合同并与劳动者协商一致解除劳动合同的;

(三)用人单位依照本法第四十条规定解除劳动合同的;

(四)用人单位依照本法第四十一条第一款规定解除劳动合同的;

(五)除用人单位维持或者提高劳动合同约定条件续订劳动合同,劳动者不同意续订的情形外,依照本法第四十四条第一项规定终止固定期限劳动合同的;

(六)依照本法第四十四条第四项、第五项规定终止劳动合同的;

(七)法律、行政法规规定的其他情形。

第四十七条 经济补偿按劳动者在本单位工作的年限,每满一年支付一个月工资的标准向劳动者支付。六个月以上不满一年的,按一年计算;不满六个月的,向劳动者支付半个月工资的经济补偿。

劳动者月工资高于用人单位所在直辖市、设区的市级人民政府公布的本地区上年度职工月平均工资三倍的,向其支付经济补偿的标准按职工月平均工资三倍的数额支付,向其支付经济补偿的年限最高不超过十二年。

本条所称月工资是指劳动者在劳动合同解除或者终止前十二个月的平均工资。

第四十八条 用人单位违反本法规定解除或者终止劳动合同，劳动者要求继续履行劳动合同的，用人单位应当继续履行；劳动者不要求继续履行劳动合同或者劳动合同已经不能继续履行的，用人单位应当依照本法第八十七条规定支付赔偿金。

第四十九条 国家采取措施，建立健全劳动者社会保险关系跨地区转移接续制度。

第五十条 用人单位应当在解除或者终止劳动合同时出具解除或者终止劳动合同的证明，并在十五日内为劳动者办理档案和社会保险关系转移手续。

劳动者应当按照双方约定，办理工作交接。用人单位依照本法有关规定应当向劳动者支付经济补偿的，在办结工作交接时支付。

用人单位对已经解除或者终止的劳动合同的文本，至少保存二年备查。

第五章 特别规定

第一节 集体合同

第五十一条 企业职工一方与用人单位通过平等协商，可以就劳动报酬、工作时间、休息休假、劳动安全卫生、保险福利等事项订立集体合同。集体合同草案应当提交职工代表大会或者全体职工讨论通过。

集体合同由工会代表企业职工一方与用人单位订立；尚未建立工会的用人单位，由上级工会指导劳动者推举的代表与用人单位订立。

第五十二条 企业职工一方与用人单位可以订立劳动安全卫生、女职工权益保护、工资调整机制等专项集体合同。

第五十三条 在县级以下区域内，建筑业、采矿业、餐饮服务业等行业可以由工会与企业方面代表订立行业性集体合同，或者订立区域性集体合同。

第五十四条 集体合同订立后，应当报送劳动行政部门；劳动行政部门自收到集体合同文本之日起十五日内未提出异议的，集体合同即行生效。

依法订立的集体合同对用人单位和劳动者具有约束力。行业性、区域性集体合同对当地本行业、本区域的用人单位和劳动者具有约束力。

第五十五条 集体合同中劳动报酬和劳动条件等标准不得低于当地人民政府规定的最低标准；用人单位与劳动者订立的劳动合同中劳动报酬和劳动条件等标准不得低于集体合同规定的标准。

第五十六条 用人单位违反集体合同，侵犯职工劳动权益的，工会可以依法要求用人单位承担责任；因履行集体合同发生争议，经协商解决不成的，工会可以依法申请仲裁、提起诉讼。

第二节 劳务派遣

第五十七条 劳务派遣单位应当依照公司法的有关规定设立，注册资本不得少于五十万元。

第五十八条 劳务派遣单位是本法所称用人单位，应当履行用人单位对劳动者的义务。

劳务派遣单位与被派遣劳动者订立的劳动合同,除应当载明本法第十七条规定的事项外,还应当载明被派遣劳动者的用工单位以及派遣期限、工作岗位等情况。

劳务派遣单位应当与被派遣劳动者订立二年以上的固定期限劳动合同,按月支付劳动报酬;被派遣劳动者在无工作期间,劳务派遣单位应当按照所在地人民政府规定的最低工资标准,向其按月支付报酬。

第五十九条 劳务派遣单位派遣劳动者应当与接受以劳务派遣形式用工的单位(以下称用工单位)订立劳务派遣协议。劳务派遣协议应当约定派遣岗位和人员数量、派遣期限、劳动报酬和社会保险费的数额与支付方式以及违反协议的责任。

用工单位应当根据工作岗位的实际需要与劳务派遣单位确定派遣期限,不得将连续用工期限分割订立数个短期劳务派遣协议。

第六十条 劳务派遣单位应当将劳务派遣协议的内容告知被派遣劳动者。

劳务派遣单位不得克扣用工单位按照劳务派遣协议支付给被派遣劳动者的劳动报酬。

劳务派遣单位和用工单位不得向被派遣劳动者收取费用。

第六十一条 劳务派遣单位跨地区派遣劳动者的,被派遣劳动者享有的劳动报酬和劳动条件,按照用工单位所在地的标准执行。

第六十二条 用工单位应当履行下列义务:

(一)执行国家劳动标准,提供相应的劳动条件和劳动保护;

(二)告知被派遣劳动者的工作要求和劳动报酬;

(三)支付加班费、绩效奖金,提供与工作岗位相关的福利待遇;

(四)对在岗被派遣劳动者进行工作岗位所必需的培训;

(五)连续用工的,实行正常的工资调整机制。

用工单位不得将被派遣劳动者再派遣到其他用人单位。

第六十三条 被派遣劳动者享有与用工单位的劳动者同工同酬的权利。用工单位无同类岗位劳动者的,参照用工单位所在地相同或者相近岗位劳动者的劳动报酬确定。

第六十四条 被派遣劳动者有权在劳务派遣单位或者用工单位依法参加或者组织工会,维护自身的合法权益。

第六十五条 被派遣劳动者可以依照本法第三十六条、第三十八条的规定与劳务派遣单位解除劳动合同。

被派遣劳动者有本法第三十九条和第四十条第一项、第二项规定情形的,用工单位可以将劳动者退回劳务派遣单位,劳务派遣单位依照本法有关规定,可以与劳动者解除劳动合同。

第六十六条 劳务派遣一般在临时性、辅助性或者替代性的工作岗位上实施。

第六十七条 用人单位不得设立劳务派遣单位向本单位或者所属单位派遣劳动者。

第三节 非全日制用工

第六十八条 非全日制用工,是指以小时计酬为主,劳动者在同一用人单位一般平均每日工作时间不超过四小时,每周工作时间累计不超过二十四小时的用工形式。

第六十九条 非全日制用工双方当事人可以订立口头协议。

从事非全日制用工的劳动者可以与一个或者一个以上用人单位订立劳动合同;但是,后订立的劳动合同不得影响先订立的劳动合同的履行。

第七十条 非全日制用工双方当事人不得约定试用期。

第七十一条 非全日制用工双方当事人任何一方都可以随时通知对方终止用工。终止用工,用人单位不向劳动者支付经济补偿。

第七十二条 非全日制用工小时计酬标准不得低于用人单位所在地人民政府规定的最低小时工资标准。

非全日制用工劳动报酬结算支付周期最长不得超过十五日。

第六章 监督检查

第七十三条 国务院劳动行政部门负责全国劳动合同制度实施的监督管理。

县级以上地方人民政府劳动行政部门负责本行政区域内劳动合同制度实施的监督管理。

县级以上各级人民政府劳动行政部门在劳动合同制度实施的监督管理工作中,应当听取工会、企业方面代表以及有关行业主管部门的意见。

第七十四条 县级以上地方人民政府劳动行政部门依法对下列实施劳动合同制度的情况进行监督检查:

(一)用人单位制定直接涉及劳动者切身利益的规章制度及其执行的情况;

(二)用人单位与劳动者订立和解除劳动合同的情况;

(三)劳务派遣单位和用工单位遵守劳务派遣有关规定的情况;

(四)用人单位遵守国家关于劳动者工作时间和休息休假规定的情况;

(五)用人单位支付劳动合同约定的劳动报酬和执行最低工资标准的情况;

(六)用人单位参加各项社会保险和缴纳社会保险费的情况;

(七)法律、法规规定的其他劳动监察事项。

第七十五条 县级以上地方人民政府劳动行政部门实施监督检查时,有权查阅与劳动合同、集体合同有关的材料,有权对劳动场所进行实地检查,用人单位和劳动者都应当如实提供有关情况和材料。

劳动行政部门的工作人员进行监督检查,应当出示证件,依法行使职权,文明执法。

第七十六条 县级以上人民政府建设、卫生、安全生产监督管理等有关主管部门在各自职责范围内,对用人单位执行劳动合同制度的情况进行监督管理。

第七十七条 劳动者合法权益受到侵害的,有权要求有关部门依法处理,或者依法申请仲裁、提起诉讼。

第七十八条 工会依法维护劳动者的合法权益,对用人单位履行劳动合同、集体合同的情况进行监督。用人单位违反劳动法律、法规和劳动合同、集体合同的,工会有权提出意见或者要求纠正;劳动者申请仲裁、提起诉讼的,工会依法给予支持和帮助。

第七十九条 任何组织或者个人对违反本法的行为都有权举报,县级以上人民政府劳动行政部门应当及时核实、处理,并对举报有功人员给予奖励。

第七章 法律责任

第八十条 用人单位直接涉及劳动者切身利益的规章制度违反法律、法规规定的,由劳动行政部门责令改正,给予警告;给劳动者造成损害的,应当承担赔偿责任。

第八十一条 用人单位提供的劳动合同文本未载明本法规定的劳动合同必备条款或者用人单位未将劳动合同文本交付劳动者的,由劳动行政部门责令改正;给劳动者造成损害的,应当承担赔偿责任。

第八十二条 用人单位自用工之日起超过一个月不满一年未与劳动者订立书面劳动合同的,应当向劳动者每月支付二倍的工资。

用人单位违反本法规定不与劳动者订立无固定期限劳动合同的,自应当订立无固定期限劳动合同之日起向劳动者每月支付二倍的工资。

第八十三条 用人单位违反本法规定与劳动者约定试用期的,由劳动行政部门责令改正;违法约定的试用期已经履行的,由用人单位以劳动者试用期满月工资为标准,按已经履行的超过法定试用期的期间向劳动者支付赔偿金。

第八十四条 用人单位违反本法规定,扣押劳动者居民身份证等证件的,由劳动行政部门责令限期退还劳动者本人,并依照有关法律规定给予处罚。

用人单位违反本法规定,以担保或者其他名义向劳动者收取财物的,由劳动行政部门责令限期退还劳动者本人,并以每人五百元以上二千元以下的标准处以罚款;给劳动者造成损害的,应当承担赔偿责任。

劳动者依法解除或者终止劳动合同,用人单位扣押劳动者档案或者其他物品的,依照前款规定处罚。

第八十五条 用人单位有下列情形之一的,由劳动行政部门责令限期支付劳动报酬、加班费或者经济补偿;劳动报酬低于当地最低工资标准的,应当支付其差额部分;逾期不支付的,责令用人单位按应付金额百分之五十以上百分之一百以下的标准向劳动者加付赔偿金:

(一)未按照劳动合同的约定或者国家规定及时足额支付劳动者劳动报酬的;

(二)低于当地最低工资标准支付劳动者工资的;

(三)安排加班不支付加班费的;

(四)解除或者终止劳动合同,未依照本法规定向劳动者支付经济补偿的。

第八十六条 劳动合同依照本法第二十六条规定被确认无效,给对方造成损害的,有过错的一方应当承担赔偿责任。

第八十七条 用人单位违反本法规定解除或者终止劳动合同的,应当依照本法第四十七条规定的经济补偿标准的二倍向劳动者支付赔偿金。

第八十八条 用人单位有下列情形之一的,依法给行政处罚;构成犯罪的,依法追究刑事责任;给劳动者造成损害的,应当承担赔偿责任:

(一)以暴力、威胁或者非法限制人身自由的手段强迫劳动的;

(二)违章指挥或者强令冒险作业危及劳动者人身安全的;

(三)侮辱、体罚、殴打、非法搜查或者拘禁劳动者的;

(四)劳动条件恶劣、环境污染严重,给劳动者身心健康造成严重损害的。

第八十九条　用人单位违反本法规定未向劳动者出具解除或者终止劳动合同的书面证明，由劳动行政部门责令改正；给劳动者造成损害的，应当承担赔偿责任。

第九十条　劳动者违反本法规定解除劳动合同，或者违反劳动合同中约定的保密义务或者竞业限制，给用人单位造成损失的，应当承担赔偿责任。

第九十一条　用人单位招用与其他用人单位尚未解除或者终止劳动合同的劳动者，给其他用人单位造成损失的，应当承担连带赔偿责任。

第九十二条　劳务派遣单位违反本法规定的，由劳动行政部门和其他有关主管部门责令改正；情节严重的，以每人一千元以上五千元以下的标准处以罚款，并由工商行政管理部门吊销营业执照；给被派遣劳动者造成损害的，劳务派遣单位与用工单位承担连带赔偿责任。

第九十三条　对不具备合法经营资格的用人单位的违法犯罪行为，依法追究法律责任；劳动者已经付出劳动的，该单位或者其出资人应当依照本法有关规定向劳动者支付劳动报酬、经济补偿、赔偿金；给劳动者造成损害的，应当承担赔偿责任。

第九十四条　个人承包经营违反本法规定招用劳动者，给劳动者造成损害的，发包的组织与个人承包经营者承担连带赔偿责任。

第九十五条　劳动行政部门和其他有关主管部门及其工作人员玩忽职守、不履行法定职责，或者违法行使职权，给劳动者或者用人单位造成损害的，应当承担赔偿责任；对直接负责的主管人员和其他直接责任人员，依法给予行政处分；构成犯罪的，依法追究刑事责任。

第八章　附　则

第九十六条　事业单位与实行聘用制的工作人员订立、履行、变更、解除或者终止劳动合同，法律、行政法规或者国务院另有规定的，依照其规定；未作规定的，依照本法有关规定执行。

第九十七条　本法施行前已依法订立且在本法施行之日存续的劳动合同，继续履行；本法第十四条第二款第三项规定连续订立固定期限劳动合同的次数，自本法施行后续订固定期限劳动合同时开始计算。

本法施行前已建立劳动关系，尚未订立书面劳动合同的，应当自本法施行之日起一个月内订立。

本法施行之日存续的劳动合同在本法施行后解除或者终止，依照本法第四十六条规定应当支付经济补偿的，经济补偿年限自本法施行之日起计算；本法施行前按照当时有关规定，用人单位应当向劳动者支付经济补偿的，按照当时有关规定执行。

第九十八条　本劳动合同法自2008年1月1日起施行。

附录三　中华人民共和国劳动争议调解仲裁法

第一章　总则

第一条　为了公正及时解决劳动争议,保护当事人合法权益,促进劳动关系和谐稳定,制定本法。

第二条　中华人民共和国境内的用人单位与劳动者发生的下列劳动争议,适用本法:
(一)因确认劳动关系发生的争议;
(二)因订立、履行、变更、解除和终止劳动合同发生的争议;
(三)因除名、辞退和辞职、离职发生的争议;
(四)因工作时间、休息休假、社会保险、福利、培训以及劳动保护发生的争议;
(五)因劳动报酬、工伤医疗费、经济补偿或者赔偿金等发生的争议;
(六)法律、法规规定的其他劳动争议。

第三条　解决劳动争议,应当根据事实,遵循合法、公正、及时、着重调解的原则,依法保护当事人的合法权益。

第四条　发生劳动争议,劳动者可以与用人单位协商,也可以请工会或者第三方共同与用人单位协商,达成和解协议。

第五条　发生劳动争议,当事人不愿协商、协商不成或者达成和解协议后不履行的,可以向调解组织申请调解;不愿调解、调解不成或者达成调解协议后不履行的,可以向劳动争议仲裁委员会申请仲裁;对仲裁裁决不服的,除本法另有规定的外,可以向人民法院提起诉讼。

第六条　发生劳动争议,当事人对自己提出的主张,有责任提供证据。与争议事项有关的证据属于用人单位掌握管理的,用人单位应当提供;用人单位不提供的,应当承担不利后果。

第七条　发生劳动争议的劳动者一方在十人以上,并有共同请求的,可以推举代表参加调解、仲裁或者诉讼活动。

第八条　县级以上人民政府劳动行政部门会同工会和企业方面代表建立协调劳动关系三方机制,共同研究解决劳动争议的重大问题。

第九条　用人单位违反国家规定,拖欠或者未足额支付劳动报酬,或者拖欠工伤医疗费、经济补偿或者赔偿金的,劳动者可以向劳动行政部门投诉,劳动行政部门应当依法处理。

第二章　调解

第十条　发生劳动争议,当事人可以到下列调解组织申请调解:
(一)企业劳动争议调解委员会;

（二）依法设立的基层人民调解组织；

（三）在乡镇、街道设立的具有劳动争议调解职能的组织。

企业劳动争议调解委员会由职工代表和企业代表组成。职工代表由工会成员担任或者由全体职工推举产生，企业代表由企业负责人指定。企业劳动争议调解委员会主任由工会成员或者双方推举的人员担任。

第十一条 劳动争议调解组织的调解员应当由公道正派、联系群众、热心调解工作，并具有一定法律知识、政策水平和文化水平的成年公民担任。

第十二条 当事人申请劳动争议调解可以书面申请，也可以口头申请。口头申请的，调解组织应当当场记录申请人基本情况、申请调解的争议事项、理由和时间。

第十三条 调解劳动争议，应当充分听取双方当事人对事实和理由的陈述，耐心疏导，帮助其达成协议。

第十四条 经调解达成协议的，应当制作调解协议书。

调解协议书由双方当事人签名或者盖章，经调解员签名并加盖调解组织印章后生效，对双方当事人具有约束力，当事人应当履行。

自劳动争议调解组织收到调解申请之日起十五日内未达成调解协议的，当事人可以依法申请仲裁。

第十五条 达成调解协议后，一方当事人在协议约定期限内不履行调解协议的，另一方当事人可以依法申请仲裁。

第十六条 因支付拖欠劳动报酬、工伤医疗费、经济补偿或者赔偿金事项达成调解协议，用人单位在协议约定期限内不履行的，劳动者可以持调解协议书依法向人民法院申请支付令。人民法院应当依法发出支付令。

第三章 仲裁

第一节 一般规定

第十七条 劳动争议仲裁委员会按照统筹规划、合理布局和适应实际需要的原则设立。省、自治区人民政府可以决定在市、县设立；直辖市人民政府可以决定在区、县设立。直辖市、设区的市也可以设立一个或者若干个劳动争议仲裁委员会。劳动争议仲裁委员会不按行政区划层层设立。

第十八条 国务院劳动行政部门依照本法有关规定制定仲裁规则。省、自治区、直辖市人民政府劳动行政部门对本行政区域的劳动争议仲裁工作进行指导。

第十九条 劳动争议仲裁委员会由劳动行政部门代表、工会代表和企业方面代表组成。劳动争议仲裁委员会组成人员应当是单数。

劳动争议仲裁委员会依法履行下列职责：

（一）聘任、解聘专职或者兼职仲裁员；

（二）受理劳动争议案件；

（三）讨论重大或者疑难的劳动争议案件；

（四）对仲裁活动进行监督。

劳动争议仲裁委员会下设办事机构,负责办理劳动争议仲裁委员会的日常工作。

第二十条 劳动争议仲裁委员会应当设仲裁员名册。

仲裁员应当公道正派并符合下列条件之一：

（一）曾任审判员的；

（二）从事法律研究、教学工作并具有中级以上职称的；

（三）具有法律知识,从事人力资源管理或者工会等专业工作满五年的；

（四）律师执业满三年的。

第二十一条 劳动争议仲裁委员会负责管辖本区域内发生的劳动争议。

劳动争议由劳动合同履行地或者用人单位所在地的劳动争议仲裁委员会管辖。双方当事人分别向劳动合同履行地和用人单位所在地的劳动争议仲裁委员会申请仲裁的,由劳动合同履行地的劳动争议仲裁委员会管辖。

第二十二条 发生劳动争议的劳动者和用人单位为劳动争议仲裁案件的双方当事人。

劳务派遣单位或者用工单位与劳动者发生劳动争议的,劳务派遣单位和用工单位为共同当事人。

第二十三条 与劳动争议案件的处理结果有利害关系的第三人,可以申请参加仲裁活动或者由劳动争议仲裁委员会通知其参加仲裁活动。

第二十四条 当事人可以委托代理人参加仲裁活动。委托他人参加仲裁活动,应当向劳动争议仲裁委员会提交有委托人签名或者盖章的委托书,委托书应当载明委托事项和权限。

第二十五条 丧失或者部分丧失民事行为能力的劳动者,由其法定代理人代为参加仲裁活动；无法定代理人的,由劳动争议仲裁委员会为其指定代理人。劳动者死亡的,由其近亲属或者代理人参加仲裁活动。

第二十六条 劳动争议仲裁公开进行,但当事人协议不公开进行或者涉及国家秘密、商业秘密和个人隐私的除外。

第二节 申请和受理

第二十七条 劳动争议申请仲裁的时效期间为一年。仲裁时效期间从当事人知道或者应当知道其权利被侵害之日起计算。

前款规定的仲裁时效,因当事人一方向对方当事人主张权利,或者向有关部门请求权利救济,或者对方当事人同意履行义务而中断。从中断时起,仲裁时效期间重新计算。

因不可抗力或者有其他正当理由,当事人不能在本条第一款规定的仲裁时效期间申请仲裁的,仲裁时效中止。从中止时效的原因消除之日起,仲裁时效期间继续计算。

劳动关系存续期间因拖欠劳动报酬发生争议的,劳动者申请仲裁不受本条第一款规定的仲裁时效期间的限制；但是,劳动关系终止的,应当自劳动关系终止之日起一年内提出。

第二十八条 申请人申请仲裁应当提交书面仲裁申请,并按照被申请人人数提交副本。

仲裁申请书应当载明下列事项：

（一）劳动者的姓名、性别、年龄、职业、工作单位和住所,用人单位的名称、住所和法定代表人或者主要负责人的姓名、职务；

（二）仲裁请求和所根据的事实、理由；

（三）证据和证据来源、证人姓名和住所。

书写仲裁申请确有困难的,可以口头申请,由劳动争议仲裁委员会记入笔录,并告知对方当事人。

第二十九条　劳动争议仲裁委员会收到仲裁申请之日起五日内,认为符合受理条件的,应当受理,并通知申请人;认为不符合受理条件的,应当书面通知申请人不予受理,并说明理由。对劳动争议仲裁委员会不予受理或者逾期未作出决定的,申请人可以就该劳动争议事项向人民法院提起诉讼。

第三十条　劳动争议仲裁委员会受理仲裁申请后,应当在五日内将仲裁申请书副本送达被申请人。

被申请人收到仲裁申请书副本后,应当在十日内向劳动争议仲裁委员会提交答辩书。劳动争议仲裁委员会收到答辩书后,应当在五日内将答辩书副本送达申请人。被申请人未提交答辩书的,不影响仲裁程序的进行。

第三节　开庭和裁决

第三十一条　劳动争议仲裁委员会裁决劳动争议案件实行仲裁庭制。仲裁庭由三名仲裁员组成,设首席仲裁员。简单劳动争议案件可以由一名仲裁员独任仲裁。

第三十二条　劳动争议仲裁委员会应当在受理仲裁申请之日起五日内将仲裁庭的组成情况书面通知当事人。

第三十三条　仲裁员有下列情形之一,应当回避,当事人也有权以口头或者书面方式提出回避申请：

（一）是本案当事人或者当事人、代理人的近亲属的；

（二）与本案有利害关系的；

（三）与本案当事人、代理人有其他关系,可能影响公正裁决的；

（四）私自会见当事人、代理人,或者接受当事人、代理人的请客送礼的。

劳动争议仲裁委员会对回避申请应当及时作出决定,并以口头或者书面方式通知当事人。

第三十四条　仲裁员有本法第三十三条第四项规定情形,或者有索贿受贿、徇私舞弊、枉法裁决行为的,应当依法承担法律责任。劳动争议仲裁委员会应当将其解聘。

第三十五条　仲裁庭应当在开庭五日前,将开庭日期、地点书面通知双方当事人。当事人有正当理由的,可以在开庭三日前请求延期开庭。是否延期,由劳动争议仲裁委员会决定。

第三十六条　申请人收到书面通知,无正当理由拒不到庭或者未经仲裁庭同意中途退庭的,可以视为撤回仲裁申请。

被申请人收到书面通知,无正当理由拒不到庭或者未经仲裁庭同意中途退庭的,可以缺席裁决。

第三十七条　仲裁庭对专门性问题认为需要鉴定的,可以交由当事人约定的鉴定机构鉴定；当事人没有约定或者无法达成约定的,由仲裁庭指定的鉴定机构鉴定。

根据当事人的请求或者仲裁庭的要求,鉴定机构应当派鉴定人参加开庭。当事人经仲裁庭许可,可以向鉴定人提问。

第三十八条 当事人在仲裁过程中有权进行质证和辩论。质证和辩论终结时,首席仲裁员或者独任仲裁员应当征询当事人的最后意见。

第三十九条 当事人提供的证据经查证属实的,仲裁庭应当将其作为认定事实的根据。

劳动者无法提供由用人单位掌握管理的与仲裁请求有关的证据,仲裁庭可以要求用人单位在指定期限内提供。用人单位在指定期限内不提供的,应当承担不利后果。

第四十条 仲裁庭应当将开庭情况记入笔录。当事人和其他仲裁参加人认为对自己陈述的记录有遗漏或者差错的,有权申请补正。如果不予补正,应当记录该申请。

笔录由仲裁员、记录人员、当事人和其他仲裁参加人签名或者盖章。

第四十一条 当事人申请劳动争议仲裁后,可以自行和解。达成和解协议的,可以撤回仲裁申请。

第四十二条 仲裁庭在作出裁决前,应当先行调解。

调解达成协议的,仲裁庭应当制作调解书。

调解书应当写明仲裁请求和当事人协议的结果。调解书由仲裁员签名,加盖劳动争议仲裁委员会印章,送达双方当事人。调解书经双方当事人签收后,发生法律效力。

调解不成或者调解书送达前,一方当事人反悔的,仲裁庭应当及时作出裁决。

第四十三条 仲裁庭裁决劳动争议案件,应当自劳动争议仲裁委员会受理仲裁申请之日起四十五日内结束。案情复杂需要延期的,经劳动争议仲裁委员会主任批准,可以延期并书面通知当事人,但是延长期限不得超过十五日。逾期未作出仲裁裁决的,当事人可以就该劳动争议事项向人民法院提起诉讼。

仲裁庭裁决劳动争议案件时,其中一部分事实已经清楚,可以就该部分先行裁决。

第四十四条 仲裁庭对追索劳动报酬、工伤医疗费、经济补偿或者赔偿金的案件,根据当事人的申请,可以裁决先予执行,移送人民法院执行。

仲裁庭裁决先予执行的,应当符合下列条件:

(一)当事人之间权利义务关系明确;

(二)不先予执行将严重影响申请人的生活。

劳动者申请先予执行的,可以不提供担保。

第四十五条 裁决应当按照多数仲裁员的意见作出,少数仲裁员的不同意见应当记入笔录。仲裁庭不能形成多数意见时,裁决应当按照首席仲裁员的意见作出。

第四十六条 裁决书应当载明仲裁请求、争议事实、裁决理由、裁决结果和裁决日期。裁决书由仲裁员签名,加盖劳动争议仲裁委员会印章。对裁决持不同意见的仲裁员,可以签名,也可以不签名。

第四十七条 下列劳动争议,除本法另有规定的外,仲裁裁决为终局裁决,裁决书自作出之日起发生法律效力:

(一)追索劳动报酬、工伤医疗费、经济补偿或者赔偿金,不超过当地月最低工资标准十二个月金额的争议;

(二)因执行国家的劳动标准在工作时间、休息休假、社会保险等方面发生的争议。

第四十八条 劳动者对本法第四十七条规定的仲裁裁决不服的,可以自收到仲裁裁决书之日起十五日内向人民法院提起诉讼。

第四十九条 用人单位有证据证明本法第四十七条规定的仲裁裁决有下列情形之一,可以自收到仲裁裁决书之日起三十日内向劳动争议仲裁委员会所在地的中级人民法院申请撤销裁决:

(一)适用法律、法规确有错误的;

(二)劳动争议仲裁委员会无管辖权的;

(三)违反法定程序的;

(四)裁决所根据的证据是伪造的;

(五)对方当事人隐瞒了足以影响公正裁决的证据的;

(六)仲裁员在仲裁该案时有索贿受贿、徇私舞弊、枉法裁决行为的。

人民法院经组成合议庭审查核实裁决有前款规定情形之一的,应当裁定撤销。

仲裁裁决被人民法院裁定撤销的,当事人可以自收到裁定书之日起十五日内就该劳动争议事项向人民法院提起诉讼。

第五十条 当事人对本法第四十七条规定以外的其他劳动争议案件的仲裁裁决不服的,可以自收到仲裁裁决书之日起十五日内向人民法院提起诉讼;期满不起诉的,裁决书发生法律效力。

第五十一条 当事人对发生法律效力的调解书、裁决书,应当依照规定的期限履行。一方当事人逾期不履行的,另一方当事人可以依照民事诉讼法的有关规定向人民法院申请执行。受理申请的人民法院应当依法执行。

第四章 附 则

第五十二条 事业单位实行聘用制的工作人员与本单位发生劳动争议的,依照本法执行;法律、行政法规或者国务院另有规定的,依照其规定。

第五十三条 劳动争议仲裁不收费。劳动争议仲裁委员会的经费由财政予以保障。

第五十四条 本法自 2008 年 5 月 1 日起施行。

参 考 文 献

[1] 陈桂华,焦洪宝,陆宇雷. 经济法概论[M]. 天津:天津人民出版社,2008.
[2] 韩盼,叶先宝. 我国社会医疗保险谈判:机制与改进[J]. 发展研究,2015.
[3] 胡彩霄. 劳动法精要[M]. 北京:中国政法大学出版社,2007.
[4] 黄松有,黎建飞. 劳动争议调解仲裁法实务操作指南[M]. 北京:人民法院出版社,2008.
[5] 黄松有,黎建飞. 劳动争议调解仲裁法条文讲解与案例分析[M]. 北京:人民法院出版社,2008.
[6] 黄炜炼. 论我国劳动争议调解协议的法律效力[D]. 广西师范大学,2011.
[7] 惠微. 劳动争议处理体制改革探索[D]. 西北大学,2011.
[8] 季丽琛. 论集体劳动争议的现状及处理机制[D]. 华东政法大学,2015.
[9] 江伟. 民事诉讼法[M]. 2版. 北京:高等教育出版社,北京大学出版社,2004.
[10] 林正. 哈佛辩护[M]. 上海:世界图书出版公司,2000.
[11] 庞春云. 职场维权方略——律师以案支招[M]. 北京:中国法制出版社,2008.
[12] 田秋园. 我国公务员养老保险制度研究[D]. 北京交通大学,2011.
[13] 王昌硕. 劳动法学[M]. 北京:中国政法大学出版社,1999.
[14] 王伟. 劳动纠纷处理中的法律社会工作介入研究[D]. 西北大学,2015.
[15] 杨燕绥. 劳动和社会保障法[M]. 北京:中国劳动社会保障出版社,2005.
[16] 杨婉婷. 劳动争议的预防和处理[A]. 当代法学论坛,2010.
[17] 赵学昌. 经济法基础[M]. 北京:中国轻工业出版社,2006.